A GUERRA DO RETORNO

COMO RESOLVER
O PROBLEMA DOS REFUGIADOS
E ESTABELECER A PAZ ENTRE
PALESTINOS E ISRAELENSES

Proibida a reprodução total ou parcial em qualquer mídia
sem a autorização escrita da editora.
Os infratores estão sujeitos às penas da lei.

A Editora não é responsável pelo conteúdo deste livro.
Os Autores conhecem os fatos narrados, pelos quais são responsáveis,
assim como se responsabilizam pelos juízos emitidos.

Consulte nosso catálogo completo e últimos lançamentos em www.editoracontexto.com.br.

A GUERRA DO RETORNO

COMO RESOLVER
O PROBLEMA DOS REFUGIADOS
E ESTABELECER A PAZ ENTRE
PALESTINOS E ISRAELENSES

ADI SCHWARTZ
EINAT WILF

Tradução
Rachel Meneguello

Copyright © 2020 by Adi Schwartz and Einat Wilf

Todos os direitos desta edição reservados à
Editora Contexto (Editora Pinsky Ltda.)

Montagem de capa e diagramação
Gustavo S. Vilas Boas

Revisão de tradução
Mirna Pinsky

Preparação de textos
Lilian Aquino

Revisão
Mariana Cardoso

Dados Internacionais de Catalogação na Publicação (CIP)

Schwartz, Adi
A guerra do retorno : como resolver o problema
dos refugiados e estabelecer a paz entre palestinos
e israelenses / Adi Schwartz, Einat Wilf ; tradução
de Rachel Meneguello. – São Paulo : Contexto, 2021.
304 p.

Bibliografia
ISBN 978-65-5541-147-8
Título original: The war of return: how western
indulgence of the palestinian dream has obstructed the
path to peace

1. Conflito Árabe-israelense 2. Refugiados
3. Palestina – Emigração – Imigração 4. Árabes – Israel
I. Título II. Wilf, Einat III. Meneguello, Rachel

21-3428   CDD 956.9405

Angélica Ilacqua CRB-8/7057

Índice para catálogo sistemático:
1. Conflito Árabe-israelense

2021

EDITORA CONTEXTO
Diretor editorial: *Jaime Pinsky*

Rua Dr. José Elias, 520 – Alto da Lapa
05083-030 – São Paulo – SP
PABX: (11) 3832 5838
contexto@editoracontexto.com.br
www.editoracontexto.com.br

Em memória de Robert L. Bernstein (1923-2019),
que dedicou sua vida à busca por paz,
justiça e direitos humanos para todos.

Sumário

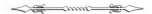

PREFÁCIO 9

TRAVANDO A GUERRA 16
(1948)

EXIGINDO O RETORNO 42
(1949)

RECUSANDO A INTEGRAÇÃO 90
(1950-1959)

EXERCENDO O TERROR 136
(1960-1987)

NEGOCIANDO A PAZ 178
(1988-até o presente)

CONCLUSÃO: SEGUINDO EM FRENTE 220

BIBLIOGRAFIA 267

NOTAS 279

OS AUTORES 303

Prefácio

O que haveria de novo sobre o conflito entre árabes e israelenses?

Por ser um dos embates mais discutidos do planeta, e por provocar fortes emoções entre árabes e judeus, cristãos e muçulmanos, historiadores, acadêmicos, políticos e diplomatas, seria possível afirmar que tudo já foi minuciosamente examinado e discutido. Quase 70 anos de tentativas fracassadas no sentido de resolver a contenda, incluindo 30 anos de negociações de paz, deixaram uma profusão de livros, artigos, discursos, testemunhos e trajetórias despedaçadas.

Contudo, como descobrimos em nossa jornada intelectual, política e histórica nos últimos anos, ainda há, na verdade, muito a ser dito.

Nós dois viemos da esquerda política de Israel. Einat foi membro do Parlamento pelo Partido Trabalhista, trabalhou perto e assessorou alguns dos mais conhecidos líderes de Israel no campo da paz, entre eles Shimon Peres e Yossi Beilin, o autor dos Acordos de Oslo. Adi trabalhou por uma década no conhecido jornal diário progressista de Israel *Haaretz,* identificando-se com a esquerda política israelense.

Temos defendido com veemência a solução dos dois Estados e apoiado todos os principais esforços para alcançar a paz baseados nessa proposta. Assim como muitos israelenses, crescemos acreditando que os palestinos desejavam exatamente o mesmo que os judeus – o direito à autodeterminação em um Estado próprio. Acreditávamos que, quando os palestinos pudessem estabelecer seu próprio Estado na Margem Ocidental e na Faixa de Gaza, haveria paz.

Para nós e para muitos israelenses, especialmente da esquerda política, os anos 1990 foram de grande esperança. Eram os anos dos Acordos de Oslo e do início do processo de paz. Na primeira eleição em que pudemos votar, em 1992, apoiamos o governo trabalhista liderado por Yitzhak Rabin. Foi esse governo que realizou os Acordos de Oslo em 1993 com a Organização pela Libertação da Palestina (OLP) e assinou um acordo de paz com a Jordânia em 1994. Apesar dos terríveis ataques suicidas perpetrados pelos palestinos contra civis israelenses – após a assinatura dos Acordos de Oslo – e do assassinato de Rabin, os israelenses mantiveram a esperança na paz. Esses israelenses deram a Ehud Barak uma vitória esmagadora sobre Benjamin Netanyahu em 1999. Como eles, acompanhamos com expectativa a ida do primeiro-ministro Barak a Camp David, no verão de 2000, para cumprir sua promessa eleitoral de assinar um acordo final de paz com os palestinos.

No entanto, como muitos da esquerda israelense, fomos ficando aturdidos à medida que os repetidos esforços para alcançar um acordo entre israelenses e palestinos falhavam, apesar das propostas apresentadas estarem alinhadas com o que os palestinos diziam buscar. O fato de eles virarem as costas para duas oportunidades concretas e recentes – em 2000 e 2008 – de fundar seu próprio Estado, livre de assentamentos, na Margem Ocidental e na Faixa de Gaza, com uma capital em Jerusalém Oriental, nos deixou com sérias dúvidas. Acreditávamos que um povo que busca a independência e um Estado próprio abraçaria a oportunidade quando ela se apresentasse.

Ocorre que não somente deixaram de aproveitar essas oportunidades de fazer a paz com Israel e ter um Estado próprio, como iniciaram, quase imediatamente após Yasser Arafat ter deixado a cúpula de paz de Camp David no verão de 2000, a Segunda Intifada: uma série de massacres brutais cometidos por homens-bomba em ônibus, cafés e ruas por toda Israel.

E assim, passamos a duvidar cada vez mais de nossos pressupostos básicos sobre o conflito entre israelenses e palestinos – que seria um conflito territorial passível de ser solucionado com a repartição da terra em dois Estados; que os palestinos apenas desejavam um Estado próprio nos territórios; e que a ocupação israelense e os assentamentos eram o principal obstáculo à paz. Então nos perguntamos: *O que houve de errado?* Será que havia algo mais profundo que não conseguíamos perceber? Essas questões nos levaram a um processo de busca interior e, mais importante, de pesquisa e investigação dos fatos.

O que descobrimos realmente surpreendeu a ambos. Embora visível a todos por décadas, uma das questões centrais do conflito tem estado totalmente fora do radar tanto dos israelenses quanto dos pacificadores ao redor do mundo.

A questão dos refugiados palestinos – e a exigência de árabes e palestinos para que esses refugiados possam exercer o que denominam "direito de retorno" – atrai pouca atenção. Nem os líderes de Israel, nem o seu povo, e certamente nem a comunidade internacional, investem muito tempo discutindo essa questão; ao contrário do que acontece com outras questões centrais. Há, por exemplo, discussões infindáveis sobre os assentamentos e a ocupação militar dos territórios, certamente temas importantes; mas a questão do refugiado palestino mal e mal recebeu algum debate substancial. Não houve tentativas sérias para uma solução ou mesmo esforços para colocar essa questão em pauta. O problema, apesar de ser sempre mencionado como um dos centrais do conflito, tem sido essencialmente obscurecido, relegado à margem, postergado para quando todas as outras questões estiverem resolvidas.

No entanto, descobrimos que, de todos os problemas centrais, o tópico do refugiado talvez seja o que de fato merece estar na primeira posição. Nossa pesquisa revelou que a questão do refugiado palestino não é apenas um ponto a mais no conflito; ela é provavelmente *a* questão. A concepção dos palestinos de si próprios como "refugiados da Palestina" e sua exigência no sentido de exercer o chamado "direito de retorno" refletem suas mais profundas crenças sobre a relação com a terra e a disposição ou recusa de compartilhar qualquer parte dela com os judeus. Ademais, o apoio estrutural das Nações Unidas, bem como o apoio financeiro do Ocidente a essas crenças palestinas levaram à criação de uma população permanente e cada vez maior de refugiados palestinos e ao que é agora um obstáculo quase intransponível para a paz.

A exigência palestina para "retornar" ao que se tornou o Estado soberano de Israel em 1948 é uma prova da rejeição palestina à legitimidade de um Estado para os judeus, em qualquer parte de sua pátria ancestral. Nossa pesquisa nos levou a concluir que praticamente nada pode ser entendido sobre a posição palestina no processo de paz e no conflito em si – e nenhum passo efetivo poderia ser tomado na direção de sua solução – sem investigar profundamente esse assunto.

Percebendo isso, decidimos pesquisar, analisar e descrever essa questão desde seu início real, na guerra de 1948, até os dias atuais. Seguindo figuras históricas importantes, desvendando novos documentos, examinando e analisando pontos-chave de decisões, este livro indaga e responde a questões importantes sobre esse ponto fundamental e esquecido. Por que ainda existem palestinos "refugiados" de uma guerra que terminou há 70 anos? Por que os palestinos insistem que cada um dos refugiados palestinos, por gerações até a eternidade, tem um direito individual e, na verdade, "sagrado", de retornar ao Estado soberano de Israel, apesar de não haver bases legais concretas para isso? Quem e o que impediu os refugiados palestinos de serem readaptados, como foram os refugiados judeus de 1948? Foi falta de interesse ou de dinheiro, ou havia outros motivos, ideológicos? O "direito de retorno" é uma exigência real ou apenas uma moeda de troca palestina, que pode ser negociada quando outras exigências forem obtidas? Quando os palestinos marcham pelo "retorno" desde Gaza em direção a Israel, pelo que exatamente estão marchando? O que significa um "direito de retorno" no contexto de um amplo acordo de paz? E se essa exigência é real, nós podemos seguir em frente? E em caso afirmativo, como?

Ao responder a essas questões, este livro conta uma trágica história da política ocidental, que atira repetidamente no próprio pé e trabalha com objetivos desconexos. O livro explora como a Agência das Nações Unidas de Assistência aos Refugiados da Palestina no Oriente Próximo (UNRWA, na sigla em inglês – United Nations Relief and Works Agency for Palestine Refugees in the Near East), encarregada de cuidar dos refugiados palestinos originários no imediato pós-guerra e que tem sido sustentada há décadas por fundos ocidentais com bilhões de dólares, tornou-se, em vez disso, um dos principais obstáculos à paz e um veículo de perpetuação do conflito.

Prefácio ■ 13

Chegando à conclusão de que, a cada passo histórico, a UNRWA é parte do problema e não parte da solução, fazemos um apelo à comunidade internacional para desmantelar e substituir a agência. Para essa finalidade, nosso livro oferece propostas políticas específicas sobre como obter esse fim, sem privar os palestinos dos serviços sociais atualmente fornecidos pela UNRWA.

Este livro também desafia o pensamento tradicional sobre o papel dos diplomatas e negociadores em conflitos prolongados. Embora a perspectiva tradicional os veja como autoridades que fazem o trabalho de pacificadores alternando-se entre as capitais, forçando os lados relutantes a encarar concessões contra as quais têm fortes resistências, *A guerra do retorno* defende que, para serem efetivos, esses diplomatas e negociadores devem, em primeiro lugar, analisar corretamente as raízes do conflito e, então, trabalhar continuamente para remover os reais obstáculos que impedem o caminho da paz.

Nosso livro demonstra que, no caso de Israel e dos palestinos, décadas de idas e vindas, com os lados fortemente armados e horas infindáveis de negociações, resultaram em nada, porque nenhum dos diplomatas ou negociadores entendeu verdadeiramente e lidou com as raízes básicas do conflito, escolhendo, em vez disso, desviar-se e concentrar-se naquilo que parecia mais fácil. Como dizem os sábios judeus, não se espera que completemos a tarefa, mas tampouco podemos evitá-la. Assim, os diplomatas e negociadores devem abandonar as buscas infrutíferas por uma falsa pacificação em favor do trabalho árduo realmente necessário para a obtenção da verdadeira paz.

Nosso interesse na paz entre israelenses e palestinos e entre israelenses e árabes não é teórico. Ambos vivemos e construímos famílias em Israel. Estar em um Estado permanentemente em guerra com os palestinos e com o mundo árabe significa que, todo dia, há a perspectiva de um ente querido ser ferido ou morto por causa do conflito, além do fato de criarmos nossos filhos sabendo que eles deverão se juntar ao exército e enfrentar a guerra e, possivelmente, a morte. A paz, para nós, não é um tema leve de conversa à mesa de jantar, mas uma necessidade existencial. É nossa grande esperança que este livro possa contribuir de forma significativa para uma paz real e duradoura.

Iniciamos a obra abordando os eventos que antecederam e envolveram a guerra de 1948. Da primeira guerra entre árabes e israelenses, Israel emergiu como um Estado independente e os árabes, como derrotados e deslocados. Essa foi também a guerra da qual duas populações refugiadas despontaram: centenas de milhares de refugiados judeus que deixaram ou foram forçados a deixar as terras árabes durante aquele período e viram-se rapidamente absorvidos por Israel ou outros países e iniciaram suas vidas como cidadãos; e centenas de milhares de refugiados palestinos que deixaram ou foram forçados a deixar o que veio a ser Israel e permanecem, 70 anos depois, através de gerações, como refugiados deslocados. Frequentemente se argumenta que as circunstâncias da criação do problema do refugiado palestino foram tão singulares, tão incomparáveis no seu escopo e brutalidade que perduram até hoje. Mas, realmente, é esse o caso? Iniciamos esse livro com uma extensa e cuidadosa análise histórica e com comparações internacionais para responder a essa questão fundamental.

Travando a guerra (1948)

"Os historiadores podem pesquisar, mas eles não encontrarão nenhuma nação submetida a tanto sofrimento como a nossa."

Yasser Arafat

NÚMERO DE REFUGIADOS: 0

Poucas noites antes de entrar em batalha, no dia 8 de abril de 1948, observando a estrada para Jerusalém no Monte Castel, Abd al-Qadir al-Husseini encontrou tempo para escrever uma carta poética ao seu filho Faisal. "Essa terra de bravos", escreveu o comandante das forças milicianas palestinas no território de Jerusalém, durante a Guerra da Independência de Israel, "é a terra de nossos antepassados. Os judeus não têm direito a essa terra. Como eu posso dormir enquanto o inimigo a governa? Algo queima em meu coração. Minha pátria me chama".[1]

Abd al-Qadir al-Husseini era uma figura notável na sociedade palestina – seu pai, Musa, foi prefeito de Jerusalém e seu primo Amin foi um mufti* da cidade e o mais proeminente líder palestino durante o período do Mandato Britânico. Apesar de sua linhagem aristocrática, al-Husseini costumava sair para combater com seus soldados de baixa patente e lutar lado a lado com eles. Mas a herança religiosa que ele deixou a seu filho Faisal – de opor-se vigorosamente à tentativa judaica de

---

* N.T.: Indivíduo com autoridade de jurisconsulto.

independência – não foi uma exceção. Ela refletia a posição de todos os segmentos da sociedade palestina à época.[2]

Os árabes e palestinos iriam alegar mais tarde que a guerra de 1948 causou a ultrajante injustiça do problema do refugiado. Mas isso é anacrônico: de fato, a crença de que o sionismo era uma injustiça aviltante antecedia a guerra e causava a oposição violenta dos árabes ao movimento judeu de libertação nacional havia muitas décadas. Antes mesmo de um único palestino ter fugido de sua casa no território do Mandato Britânico, já prevalecia a noção no mundo árabe de que a soberania judaica na região era um crime contra a justiça. Foi essa visão árabe do sionismo como uma injustiça inerente que conduziu, primeiramente, à guerra de 1947-49 e, depois, à criação do problema do refugiado palestino.

Os árabes da Palestina da época do Mandato[3] estavam separados entre a aldeia e a cidade, a costa e a montanha, e eram divididos entre os apoiadores do clã de Husseini e o clã rival de Nashashibi. No entanto, eram muito unidos politicamente na rejeição ao princípio da soberania judaica sobre qualquer parte do território. Em momento algum aceitaram a exigência judaica de independência, mesmo em uma parte da Terra de Israel. Durante os anos do Mandato – dado à Grã-Bretanha em 1920 pela recém-criada Liga das Nações para governar o território com o objetivo de estabelecer um lar nacional para o povo judeu –,[4] os árabes nunca deixaram de se opor a esse objetivo, considerando toda a terra como árabe e as concessões como inadmissíveis.[5]

A violenta luta intercomunidades entre judeus e árabes, que começou quase no início do governo britânico nos anos 1920, acabou por exaurir a Grã-Bretanha, que decidiu encaminhar a questão da Palestina para as Nações Unidas após a Segunda Guerra Mundial. Em um discurso no Parlamento em 18 de fevereiro de 1947, o secretário britânico das relações exteriores, Ernest Bevin – conhecido por sua atitude hostil ao sionismo e à comunidade pré-estatal (Yishuv)* –, explicou a decisão de seu país: "O governo de Sua Majestade deparou com um conflito irreconciliável de interesses... Para os judeus, o ponto essencial de sua reivindicação é a criação de um Estado judeu soberano. Para os árabes, o ponto essencial é resistir até o fim ao estabelecimento da soberania judaica *em qualquer parte da Palestina*" (destaque nosso). Bevin compreendeu que esse não era um conflito entre dois movimentos nacionais, cada um buscando, acima de tudo, sua própria independência, mas, antes, sobre um grupo (os árabes) buscando, em primeiro lugar, frustrar a independência do outro (os judeus).[6]

Em 29 de novembro de 1947, após a recomendação da partilha da Palestina da época do Mandato feita pelo Comitê Especial das Nações Unidas sobre a Palestina (UNSCOP, na sigla em inglês – United Nations Special Committee on Palestine), a Assembleia Geral da Organização das Nações Unidas (ONU) votou pela partilha da terra em dois Estados, um judeu e um árabe.[7] Em seu relatório explicativo, o comitê escreveu que "a premissa básica, subjacente à proposta de partilha, é que as reivindicações da Palestina da parte de árabes e judeus, ambas válidas, são irreconciliáveis, e que, dentre todas as soluções avançadas, a partilha proporcionará o acordo mais realista e praticável, e é o mais provável... [de contemplar] *em parte* as demandas e aspirações nacionais de ambas as partes" (destaque nosso). Ao endossar a partição entre um Estado judeu e um Estado árabe, a comunidade internacional aceitou a legitimidade de ambas as reclamações, árabe e judaica, pela terra.[8]

O Estado judeu deveria abranger 55% do território da Palestina da época do Mandato, englobando a maior parte do Deserto de Neguev, a planície costeira entre Rehovot e Haifa, a Galileia oriental, o vale de Jezreel e a porção norte do vale do

---

* N.T.: Comunidade judaica estabelecida na Palestina – doravante mencionada dessa forma.

Jordão (incluindo o Dedo da Galileia). O Estado árabe deveria incluir o noroeste do Deserto de Neguev, a planície costeira do sul ao redor de Gaza, as áreas montanhosas da Samaria e da Judeia, seguindo ao sul até Beersheba e o centro e oeste da Galileia. Jerusalém foi designada como um *corpus separatum* – uma região separada – a ser administrada pelas Nações Unidas.

O Estado judeu deveria conter uma ampla minoria árabe de 450 mil pessoas, que constituiriam cerca de 47% da população naquele momento. Essa minoria se tornaria uma proporção muito menor da população total assim que o recém-estabelecido Estado soberano de Israel finalmente fosse capaz de abrir as portas às centenas de milhares de sobreviventes do Holocausto: alguns estavam esperando em campos de deslocados em toda a Europa e outros em campos britânicos de confinamento no Chipre, depois que a Grã-Bretanha cedeu à pressão árabe e negou a entrada dos sobreviventes no Estado soberano de Israel.[9]

O lado judeu reagiu com entusiasmo. David Ben-Gurion (que mais tarde se tornou primeiro-ministro de Israel) considerou o plano a maior conquista do povo judeu, e Moshe Dayan, mais tarde, relembrou que seu coração vibrou de emoção a cada embaixador que dizia "sim" na votação das Nações Unidas. Em Jerusalém, centenas de pessoas se reuniram na parte de fora do National Institutions Building na rua King George. Às duas horas da manhã, quando o resultado da votação foi conhecido, elas começaram a cantar e a dançar, enquanto ônibus lotados continuavam a trazer mais e mais judeus para a área. Em Tel Aviv, as massas se aglomeraram na Praça Magen David e explodiram em canções e danças exuberantes, assim que ouviram o resultado da votação.[10]

O movimento sionista havia exigido inicialmente toda a Palestina da época do Mandato (solicitando ainda mais no final da Primeira Guerra Mundial), mas desde meados dos anos 1930, começou a expressar consistentemente uma abertura para o compromisso territorial e para a partilha, porque seu objetivo era a soberania. Dessa forma, os líderes judeus viam o plano de partilha como uma tremenda conquista que preenchia o principal propósito do sionismo: a independência política, mesmo que apenas em parte, da Terra de Israel. "Nossas aspirações foram reduzidas, nosso território foi encolhido e as fronteiras são política e militarmente ruins", disse Ben-Gurion em 3 de dezembro de 1947, "mas nunca houve conquista maior que essa. Nós recebemos a maior parte da planície costeira, a maior parte dos vales, a maior parte das fontes de água no norte, a maior parte dos espaços vazios, dois mares e o reconhecimento de nossa independência pela maior parte do mundo".[11]

Em contrapartida, o mundo árabe rejeitou completamente a partilha.

Em sua opinião, toda a terra, delineada a partir do extinto Império Otomano, deveria ter sido dada para um Estado árabe. Desde o início do Mandato Britânico, tentaram evitar a imigração judaica para a Terra de Israel por meio da violência, rejeitando duramente qualquer possibilidade de compromisso (incluindo a proposta da Comissão Peel de 1937, primeiro plano de partilha).[12] Julgavam que os judeus não tinham direitos políticos ou direitos coletivos sobre a terra porque não eram uma nação.[13] No máximo, se enquadravam no *status* dos tratados das religiões monoteístas não muçulmanas do Islã: o *status* de pessoas protegidas (*dhimmis*), que podem viver e manter sua propriedade e fé, mas se submetendo a uma inferioridade social e política com relação aos muçulmanos.[14]

Na prática, a partilha teria significado que, dos 11,5 milhões de km^2 abrangidos pelos Estados árabes à época, muito dos quais também localizados no território do Império Otomano, cerca de 15 mil km^2 (um milésimo) seriam alocados para o povo judeu, que também era um povo nativo. Na verdade, se tivesse sido alocada ao povo judeu a justa dimensão das terras do Império Otomano com base em sua população, o espaço deveria ser mais que sete vezes maior. A partilha também significava que, dos 60 milhões de árabes, apenas algumas centenas de milhares (um pouco mais que 0,5%) viveriam como uma minoria em um Estado judeu.[15] Mas para os árabes, a própria ideia de um Estado soberano em que o povo judeu se beneficiaria do *status* internacional equivalente ao dos Estados árabes e muçulmanos era um golpe à justiça natural e, portanto, um anátema.

Em 1944, por exemplo, o Partido Árabe Palestino, que representava a base de centro da sociedade palestina, exigiu a imediata "dissolução do lar nacional judeu"; e na conferência inaugural da Liga Árabe, em outubro de 1944, foi declarado que "a Palestina constitui uma parte importante do mundo árabe". A Alta Comissão Árabe, que conduzia os palestinos antes e durante a guerra de 1948, informou à Comissão Especial das Nações Unidas para a Palestina, em sua visita de 1947, que "toda a Palestina deve ser árabe". O membro da Alta Comissão Árabe Hussein al-Khalidi disse à delegação que os judeus sempre usufruíram de vidas confortáveis nos países árabes até que passaram a exigir seu próprio Estado soberano. Ele rejeitou a possibilidade de partilha territorial e clamou por um Estado único com uma maioria árabe.[16]

De fato, assim que o resultado da votação das Nações Unidas foi conhecido, Haj Amin Al-Husseini declarou que os árabes nem reconheciam a resolução da partilha, nem pretendiam respeitá-la. Seu irmão, Jamal al-Husseini, jurou que "o sangue correria como rios no Oriente Médio". Abdul Rahman Hassan Azzam (também conhecido como Azzam Pasha), secretário-geral da Liga Árabe, saiu furioso da sala da Assembleia Geral e advertiu os judeus de que "até o último momento, e além dele, eles [os árabes] vão lutar para evitar o estabelecimento de seu Estado. Em nenhuma circunstância eles concordarão com isso".[17]

A oposição dos árabes ao plano de partilha e às aspirações dos judeus pela independência foi o que tornou a guerra, a perda de vidas e a criação de refugiados necessárias. Os árabes fizeram essa afirmação explicitamente, e até se orgulharam dela. Isso foi o que Abba Eban, então um membro do Departamento Político da Agência Judaica, ouviu do secretário-geral da Liga Árabe, Azzam Pasha, após Eban ter se oferecido para tentar alcançar um entendimento na véspera da resolução da partilha. No encontro entre eles no Hotel Savoy de Londres, Azzam disse a Eban:

> Se você ganhar a guerra, você terá seu Estado. Se você não ganhar a guerra, então você não o terá...Se você estabelecer seu Estado, os árabes terão um dia que aceitá-lo, embora mesmo isso não seja tranquilo. Mas você realmente acha que nós temos a opção de não tentar evitar que vocês obtenham algo que viola nosso sentimento e nosso interesse? É uma questão de orgulho histórico. Não é vergonha ser compelido pela força a aceitar uma situação injusta e indesejada. Mas seria vergonhoso aceitar sem tentar evitar. Não, é necessária uma decisão, e a decisão terá que ser pela força.[18]

Muitas tentativas foram feitas para evitar a guerra, mas os árabes as condicionaram à completa renúncia à ideia de uma independência judaica em qualquer parte do território e com quaisquer fronteiras. Imediatamente após a adoção da resolução da partilha, as Nações Unidas estabeleceram um comitê especial para a transferência ordenada do poder das autoridades britânicas para os dois Estados que seriam estabelecidos, mas os árabes o boicotaram. No seu relatório especial para o Conselho de Segurança da ONU em fevereiro de 1948, o comitê escreveu sobre "os fortes elementos árabes dentro e fora da Palestina, [determinados] a evitar a implementação do plano de partição da Assembleia e a frustrar seus objetivos por meio de ameaças e atos de violência".[19]

A violência explodiu quase imediatamente após a promulgação da resolução da partilha. A Alta Comissão Árabe convocou uma greve geral em todo o território. No dia seguinte, um ônibus transportando passageiros judeus foi atacado perto de Kfar Sirkin. Dois dias depois, uma multidão palestina invadiu um centro comercial perto do Portão de Jaffa, em Jerusalém. A guerra havia começado. Ao final, o jovem Estado judeu foi mantido, mas a um alto preço: 6 mil judeus (1% da população judaica) foram mortos e outros milhares foram feridos e ficaram permanentemente incapacitados.

Os palestinos também pagaram um alto preço: eles não estabeleceram seu próprio Estado perto de Israel. Milhares foram mortos; centenas de milhares foram forçados a deixar suas casas. Mas o fato é que ninguém teria sido retirado se não fosse pela guerra que os próprios árabes insistiram em travar, a partir da crença dos árabes no espírito de Abd al-Qadir al-Husseini, de que "os judeus não têm direito a essa terra".[20]

* * *

Nos primeiros anos após a guerra, Israel afirmou que o conflito não havia expulsado ninguém e que aqueles que perderam suas casas tinham fugido ou então responderam aos apelos da liderança árabe para deixarem suas casas até que a guerra terminasse com uma vitória árabe. Em contrapartida, os palestinos acreditam até hoje que o Yishuv judaico conduziu uma expulsão deliberada e premeditada da população árabe, denominando-a de "limpeza étnica". O conhecimento histórico moderno rejeita essas duas posições apresentando, em vez disso, uma cadeia mais complexa de eventos.[21]

A guerra teve dois principais momentos: no primeiro, do final de novembro de 1947 (a votação da partição pela ONU) até maio de 1948 (a declaração de independência de Israel), houve luta entre as forças da comunidade judaica na Palestina e as milícias palestinas aliadas às fileiras de voluntários árabes dos Estados vizinhos. Na segunda fase da guerra, de 15 de maio de 1948 a maio de 1949 (quando os tratados de armistício foram assinados), as Forças de Defesa de Israel (IDF, na sigla em inglês – Israel Defense Forces) lutaram contra os exércitos árabes, que invadiram Israel imediatamente após a declaração de independência.

O historiador israelense Benny Morris, importante especialista sobre a guerra de 1948 e amplamente respeitado por ambos os lados devido aos estudos sobre o surgimento da crise do refugiado palestino, considerou várias etapas na retirada dos palestinos.[22] Na primeira, de novembro de 1947, seguindo a promulgação do plano de partição da ONU, até março de 1948, cerca de 100 mil palestinos deixaram seus lares. Durante essa etapa, a luta ocorreu principalmente nas estradas e em cidades mistas de árabes e judeus, em grande parte por iniciativa dos palestinos. Seu objetivo era isolar e conquistar as cidades judaicas mais distantes. A resposta da força de luta judaica, a Haganá, limitou-se a repelir esses ataques e a manter o contato com as cidades mais distantes. Nenhuma área ou aldeia palestina fora conquistada até esse momento, e os palestinos que deixaram suas casas o fizeram sobretudo por medo de serem apanhados em violentos confrontos, e não por terem sido expulsos. A maioria dos que partiram eram famílias palestinas de classe média alta – médicos, advogados, líderes de comunidade e professores –, cuja fuga atingiu seriamente a moral palestina e abriu o caminho para retiradas posteriores. As massas foram deixadas efetivamente sem lideranças: por volta de março de 1948, quase todos os membros da Alta Comissão Árabe já haviam deixado o país.

A segunda etapa ocorreu de março até maio de 1948, seguindo uma decisão dos líderes do Yishuv para mudar a estratégia. Até aquele ponto, as milícias árabes haviam obtido vantagem e conseguido isolar todo o Deserto de Neguev – a parte sul do país que havia sido alocada aos judeus pela ONU – da planície costeira, assim como a maior parte do oeste da Galileia e a área de Jerusalém. Também conseguiram isolar, nessas regiões, muitas cidades judaicas entre si.

Uma série de tentativas dos judeus de levar alimentos e suprimentos para essas cidades isoladas falhou, e no final de março já havia mil judeus mortos. Em 27 de março, por exemplo, um comboio judaico de veículos tentou romper o cerco sobre o *kibutz* Yehiam na Galileia, mas sofreu uma emboscada das milícias árabes. Quarenta e sete judeus foram mortos e seus corpos mutilados. O pior era a situação nas áreas judaicas de Jerusalém que estavam sob o cerco árabe e em perigo de total colapso. Havia fome na cidade, conforme relatado por Yitzhak Ben-Zvi, um líder do sionismo trabalhista que mais tarde foi o segundo presidente de Israel. Ben-Gurion previu que toda a batalha seria decidida em Jerusalém. Se Jerusalém caísse, disse ele, o resto não resistiria.[23]

A terrível situação militar e o crescente derramamento de sangue nos poucos meses desde a resolução da partilha da ONU tiveram implicações políticas de longo alcance. Testemunhando a dificuldade de realizar a divisão política da terra, o governo dos Estados Unidos abandonou o apoio para a criação de um Estado judeu independente e propôs um regime de tutela internacional.[24] Compreendendo as implicações dramáticas, em abril de 1948 os judeus no Yishuv decidiram passar da defesa para o ataque. Cidades e aldeias em todo o país começaram a cair sob as forças judaicas. O objetivo, definido por Ben-Gurion e formulado pelos líderes da Haganá, era tomar os territórios alocados ao Estado judeu no plano de partilha e criar uma contiguidade territorial judaica com o propósito de se preparar melhor para a iminente e inevitável invasão do exército árabe.[25]

O plano militar formulado pelo Yishuv judeu, conhecido como Plano Dalet, tinha como objetivo mudar o curso da guerra com o propósito de assegurar um Estado.[26] Os planos anteriores (Aleph, Bet e Gimel) foram formulados na década anterior, seguindo a Grande Revolta Árabe de 1936-1939 e a recomendação da Comissão Peel em 1937 para estabelecer um Estado judeu.[27] As revoltas árabes eram oficialmente contra o domínio britânico, mas incluíam ataques extremamente violentos contra os judeus locais. Esses ataques levaram as lideranças do Yishuv, e, sobretudo, Ben-Gurion, a concluir que a coexistência pacífica com os árabes era altamente improvável e que a independência judaica iria requerer séria capacitação da defesa militar.[28]

O plano traçado para as forças de combate refletiu as necessidades militares do Yishuv. O documento instruía os comandantes locais a salvaguardar o território destinado ao Estado judeu. Uma vez que o território estivesse assegurado, os comandantes deveriam garantir sua capacidade de defendê-lo, tomando as estações de polícia e os serviços básicos. Com relação aos árabes em seu território, o plano instruía os comandantes locais a diferenciar os árabes hostis dos não hostis e, dado que essas considerações eram militares, os árabes não eram vistos *a priori* como hostis. De acordo com o plano, os que não eram considerados agressivos e não ameaçavam as forças judaicas de combate podiam permanecer no local, e muitos permaneceram. Um primeiro exemplo foram as aldeias na estrada para Jerusalém, como Abu Ghosh. Mas as aldeias que provaram ser hostis e que estavam envolvidas no combate, ou que deram apoio às milícias árabes, eram cercadas, suas armas confiscadas, as milícias destruídas e a população local afastada para a fronteira.[29]

Muitas décadas depois, o Plano Dalet continua a ser acusado pelos ativistas anti-Israel de dar um aval à limpeza étnica dos árabes do país.[30] Mas não é nada disso. O plano, que está acessível para qualquer um, era muito claro nos seus propósitos militares, e o fator diferenciador não era o fato de as pessoas serem árabes ou não, mas serem ou não hostis.[31]

Travando a guerra (1948) ■ 27

O sucesso das forças judaicas foi maior do que esperado: as forças locais palestinas de combate foram derrotadas em semanas, e quase todas as áreas designadas para o Estado judeu foram asseguradas. Nessa etapa, entre 200 mil e 300 mil palestinos abandonaram suas casas, incluindo as populações árabes da Galileia e os povos das cidades árabes localizadas na direção da estreita faixa que liga Tel Aviv a Jerusalém através das colinas e das cidades mistas de Tiberíades, Safed e Jaffa. Embora a fuga de muitos árabes não tenha envolvido expulsões e tenha se dado quando as bombas começavam a cair ou quando as forças da Haganá se aproximaram, houve também algumas expulsões forçadas. As milícias árabe-palestinas estavam misturadas com as populações não combatentes de muitas dessas cidades, e no calor da batalha, as forças judaicas não tinham nem tempo nem capacidade de distinguir entre as duas.

Na etapa seguinte, após a declaração de independência de Israel em 14 de maio de 1948, o número de expulsões cresceu. O Yishuv judeu encontrou-se em uma situação de guerra total contra cinco exércitos árabes. A crescente taxa de mortos, a intensidade da guerra travada de porta em porta, de aldeia em aldeia, e os numerosos exemplos de selvageria árabe fizeram com que as forças de combate judaicas ficassem menos tolerantes com a população árabe local e menos propensas a aceitar sua hostilidade.

Yoram Kaniuk, um reconhecido autor israelense, chamou, no seu romance *1948*, de "inferno do massacre" o processo no qual ele e seus amigos estavam perdendo a empatia pelos árabes, em que muitos amigos estavam morrendo como moscas à sua volta, ou tendo seus corpos feridos e mutilados. O autor narrou ainda a cena em que "um dos nossos, a quem eu conhecia, mas de quem eu não lembro o nome, foi pendurado em uma árvore, seu corpo cortado em pedaços e amarrado com cordas, seu pênis cortado preso em sua boca". Kaniuk descreveu como um amigo enlouqueceu e como "suas feições se contorceram de raiva" diante de um amigo mutilado, passando a conclamar por retaliação contra qualquer árabe que encontrasse.[32]

Um dos episódios mais brutais, que abalou profundamente o Yishuv, ocorreu em 15 de janeiro de 1948, quando 35 membros da Haganá caminhavam a pé em direção à cidade sitiada de Jerusalém. Pastores árabes os avistaram e chamaram um grupo grande de habitantes locais armados para bloquear a estrada. A batalha durou até o dia seguinte, e os soldados judeus lutaram até a última bala, até o último membro do grupo ser morto. Um oficial britânico encontrou os corpos mutilados e os levou a uma aldeia judaica das proximidades. "Quando a escuridão caiu", contou uma testemunha, "três caminhões apareceram, cobertos com lonas, [e] o oficial britânico pediu às mulheres que fossem para dentro de suas casas. Os homens se aproximaram dos caminhões e viram corpos nus em um amontoado de sangue, com sinais de mutilação... os soldados britânicos ficaram parados, impressionados".[33]

Em 13 de abril, um comboio de enfermeiras, médicos, estudantes de medicina e acadêmicos saíram em direção à Universidade Hebraica e ao Hospital Hadassah, no Monte Scopus, no alto de Jerusalém. Centenas de milícias árabes colocaram bloqueios no caminho e derrubaram o primeiro dos quatro ônibus blindados do comboio. Os membros da Haganá que estavam nos ônibus reagiram, mas sua munição terminou. Por quatro horas, os árabes atacaram o comboio com granadas, metralhadoras Bren e coquetéis molotov. Por fim, eles jogaram gasolina nos veículos e atearam fogo, e depois atiraram nos judeus que conseguiram escapar. No ataque, 77 judeus morreram, mas apenas 30 corpos foram recuperados; o restante foi transformado em cinzas. Entre os mortos estavam os eminentes cientistas: Dr. Chaim Yassky, diretor do Hospital Hadassah;

Dr. Benjamin Klar, filologista; Dr. Abraham Freimann, autoridade do judiciário; e Dr. Moshe Ben-David e Dr. Leonid Dolzhansky, que haviam tratado muitos árabes.[34]

Em 12 de maio, no assentamento Kfar Etzion, poucas milhas ao sul de Jerusalém, mais de cem judeus renderam-se às forças árabes, saindo de seus bunkers e trincheiras, carregando bandeiras brancas. Uma grande parte deles reuniu-se em uma área aberta no centro da cidade. Soldados árabes "nos ordenaram sentar e manter as mãos levantadas", contou-me um dos soldados judeus. "Então, chegou um fotógrafo com uma kafia e tirou fotografias de nós... Quando o fotógrafo parou de fotografar-nos, foi aberto fogo sobre nós por todas as direções". Quase todos os homens e mulheres que defendiam a aldeia, 133 deles, foram mortos ou assassinados naquele dia.[35]

Enquanto isso, nas partes árabes de Jerusalém, um jornalista americano viu à venda fotos repugnantes de corpos queimados e mutilados de homens da Haganá. "Essas fotos expostas", ele contou, "sempre chegavam aos mercados da Cidade Sagrada após cada batalha, e eram vendidas rapidamente. Os árabes as levavam em suas carteiras e frequentemente as exibiam".[36]

Nessa etapa da guerra, os comandantes da Força de Defesa de Israel ordenaram a expulsão dos árabes residentes das muitas aldeias capturadas para que as forças que as guardavam ficassem livres para reforçar os exércitos. Muitos palestinos já haviam fugido para escapar da violência. Em meados de julho de 1948, por exemplo, 100 mil palestinos deixaram suas casas: metade deles foi expulsa quando as Forças de Defesa de Israel conquistaram a região de Lod-Ramla – duas cidades árabes com posição estratégica, voltadas para a estrada de Tel Aviv a Jerusalém –, enquanto em Nazaré, os palestinos fugiram da cidade, mesmo havendo uma ordem explícita para não expulsar os habitantes de lá (alguns retornaram um pouco depois). Essa combinação de expulsão e fuga ocorreu em dimensões variáveis na Galileia e no Neguev até o fim da guerra; e de outubro a novembro de 1948, outros 200 mil palestinos saíram durante a Operação Hiram no norte e a Operação Yoav no sul.[37]

As estimativas do número total de palestinos que fugiram ou foram expulsos durante a guerra variam de 500 mil a 900 mil.[38] O exato número não é conhecido, mas o cálculo mais aceito tende para a média que, em 1949, a Missão de Pesquisa Econômica da ONU para o Oriente Médio avaliou em 726 mil emigrantes.[39] Desses, cerca de dois terços permaneceram dentro das fronteiras da Palestina da época do Mandato, no que veio a ser a Margem Ocidental, ocupada pela Jordânia, e a Faixa de Gaza, ocupada pelo Egito. Um terço, provavelmente 250 mil pessoas, deixou a Palestina para os países árabes vizinhos, especificamente o Líbano, a Síria, a Transjordânia e o Egito.[40]

Após a guerra, diferentes atores – incluindo o governo britânico, o Departamento de Estado americano e a Missão de Pesquisa Econômica da ONU – forneceram estimativas contraditórias em relação ao número preciso de refugiados palestinos. Naturalmente, os porta-vozes árabes tentaram exagerar o fenômeno e Israel tentou diminuí-lo tanto quanto possível, enquanto a Agência das Nações Unidas de Assistência aos Refugiados da Palestina no Oriente Próximo (UNRWA) concluiu, em 1950, que era "improvável" a possibilidade de fornecer uma "afirmação acurada sobre o número de refugiados genuínos decorrentes da guerra na Palestina [...] agora ou no futuro".[41]

O uso do termo "refugiados genuínos" pela UNRWA era adequado, pois muitos daqueles contabilizados como refugiados palestinos naquele período não eram refugiados de fato. Em primeiro lugar, não é de todo clara, dentre os árabes que se encontravam no país na véspera da guerra e que fugiram, qual a proporção de residentes permanentes e de regulares no território.

Durante o período do Mandato Britânico, e mesmo antes, os árabes dos países vizinhos haviam imigrado para a Palestina, alguns ilegalmente, sobretudo devido a razões econômicas, chegando como trabalhadores sazonais na agricultura. Logicamente, essas pessoas não podem ser consideradas "refugiados genuínos" já que sua presença na Palestina era temporária.

Era também recorrente os refugiados fornecerem informações falsas sobre o tamanho de suas famílias: chefes de família abstinham-se de comunicar mortes e registravam nascimentos que nunca aconteceram. Os refugiados que mudavam de um lugar para outro eram, às vezes, registrados mais de uma vez ou com diferentes nomes. Mesmo árabes de países vizinhos que não tinham sido afetados pela guerra, mas que viviam em áreas que receberam refugiados, registravam-se como refugiados para obter apoio material das agências internacionais de assistência.[42] Outra agência da ONU estimou, em 1949, que cerca de um quinto dos nomes nas listas de beneficiários de provisão não eram refugiados.[43]

A UNRWA só se tornou operacional em 1950, e assumiu os esforços antes realizados por outras organizações. Quando essas agências internacionais de assistência, como a Cruz Vermelha, começaram a prestar assistência àqueles que viviam na Palestina durante os combates, elas o fizeram com base nas necessidades reais, sem se ater a uma aplicação rigorosa do *status* de refugiado real. A questão que elas enfrentavam era operacional, não formal – era sobre se uma família específica tinha necessidade de assistência. Portanto, as pessoas que não eram residentes regulares da Palestina passaram a ser contabilizadas entre os beneficiários de assistência.

Quando a UNRWA assumiu a operação, herdou listas de beneficiários de assistência de seus antecessores e precisou, então, decidir a quem continuaria a prestar ajuda. A decisão da UNRWA não se baseou em nenhum critério jurídico claro ou especificamente definido; e, dessa forma, enfrentando restrições orçamentárias e sob a pressão da ONU e dos Estados Unidos, a agência reduziu em várias dezenas de milhares o número de beneficiários, que era de 940 mil.[44]

Com o tempo, a UNRWA formulou uma definição operacional para "refugiados palestinos registrados", mesmo que eles não fossem refugiados autênticos, no sentido jurídico convencional do termo, tal como entendido e aplicado então (ou agora). De acordo com a definição da UNRWA, que passou por uma série de redefinições nos primeiros anos, o fato de um árabe ter sido residente da Palestina por apenas dois anos antes do início da guerra era suficiente para ser considerado um refugiado. Não houve aqui certamente qualquer intenção maliciosa. Essa era apenas uma atividade *ad hoc* no calor da guerra e por suas consequências complexas, em que as principais considerações eram operacionais e orçamentárias. As agências que prestavam assistência, incluindo a UNRWA, forneciam ajuda a qualquer um que considerassem em necessidade. Ninguém imaginou que essa definição operacional temporária e não obrigatória do uso do termo "refugiado" formaria a base para tentativas de os palestinos exigirem direitos legais – para eles próprios e para os seus descendentes – 70 anos depois.

* * *

Inicialmente, a saída de tantos árabes de suas casas surpreendeu as lideranças do Yishuv judeu. Algumas chegaram mesmo a acreditar que se tratava de uma conspiração destinada a ajudar os Estados árabes e desacreditar Israel no exterior. James Grover McDonald, o primeiro embaixador norte-americano em Israel, escreveu em suas memórias que os líderes de Israel eram "muito despreparados". "Eu não conseguia entender", escreveu David

Ben-Gurion em seu diário, em visita a Jaffa poucos dias depois de dezenas de milhares de árabes terem partido. "Por que os habitantes fugiram?". Em maio de 1948, Golda Meir disse ao Comitê Central do Mapai* que o Yishuv não havia entrado na guerra para vencer – se assim fosse, teria planejado antecipadamente o que fazer com as localidades árabes capturadas.[45]

Outras declarações dos líderes do Yishuv também mostram que quando a liderança israelense aceitou a partilha, não tinha planos prévios de expulsar os árabes de Israel, e se não fosse a rejeição árabe à partilha e a guerra que travaram para evitá-la, todos poderiam ter permanecido em suas casas. Mais tarde, os palestinos afirmariam que o sionismo, pela própria natureza, era um movimento voltado para a transferência de população e não teria atingido os objetivos sem a expulsão dos árabes da Palestina. Nessa tese, a guerra era apenas uma desculpa: a expulsão teria ocorrido de qualquer maneira.

Mas é fato que a saída dos árabes foi resultado da guerra e apenas dela. Antes de declarar guerra contra a partilha, os árabes não abandonaram suas casas. A fuga árabe e os refugiados da guerra não eram inevitáveis, necessários, tampouco inerentes ao sionismo. O ministro das Relações Internacionais, Moshe Sharett, atestou no fim da guerra, por exemplo, que se os árabes tivessem se reconciliado com a decisão da partilha da ONU, "o Estado de Israel teria emergido com uma grande minoria árabe, que teria deixado suas marcas no Estado, na sua maneira de governar e na sua vida econômica, e [essa minoria árabe] teria representado uma parte orgânica do Estado".[46]

No auge da guerra, quando a vitória de Israel estava longe de ser assegurada e as batalhas ocorriam com grande intensidade por todo o território, Ben-Gurion leu a Declaração de Independência em Tel Aviv, convocando os árabes "a

---

* N.T.: Partido Trabalhista de centro-esquerda.

participarem da construção do Estado com base em uma cidadania plena e igualitária". De fato, cerca de 150 mil árabes, então um quinto da população do jovem Estado, permaneceram dentro das fronteiras de Israel e tornaram-se seus cidadãos.[47]

No entanto é fato que centenas de milhares de árabes deixaram efetivamente suas casas ao longo do conflito. Foi uma guerra sangrenta, violenta e existencial. Israel lutou por sua vida contra um inimigo que, repetidamente, declarou oposição à própria existência do Estado judeu, dentro de quaisquer fronteiras. Como em toda guerra dessa natureza, quando uma milícia de combate se mistura com a população local, e quando não há tempo nem condições para distinguir combatentes de não combatentes, as expulsões ocorrem, como parece ter ocorrido em Lod.

Em alguns lugares, os palestinos obedeceram às ordens da liderança árabe para sair, como parte de uma estratégia global de combate; em outros, como no Dedo da Galileia, a campanha de guerra psicológica do Yishuv foi fundamental para fazer os árabes abandonarem suas casas.

Muito árabes temiam que, se caíssem nas mãos do inimigo, eles se vingariam e os puniriam. Esse temor era fortemente estimulado por relatos frequentes e algumas vezes falsos na mídia árabe sobre as alegadas atrocidades cometidas pelos judeus. A história de Deir Yassin se destaca nesse contexto. Durante a conquista dessa aldeia nas colinas de Jerusalém em abril de 1948, civis árabes desarmados foram mortos a tiros. A imensa publicidade dada ao confronto e os relatos exacerbados pelos líderes árabes, que pretendiam inicialmente convocar os árabes palestinos para o confronto, conseguiram exatamente o oposto, desencadeando uma fuga em massa de árabes de todo país.[48]

Houve também casos – o mais notável em Haifa – em que líderes do Yishuv imploraram aos árabes que permanecessem, mas eles preferiram fugir por medo de serem considerados traidores.

Ocorreram ainda outros motivos para a fuga de árabes. Por um lado, a saída no início da guerra de milhares de famílias da elite palestina acabou por arrastar também a população em geral. Além disso, o prolongamento da guerra causou impacto na economia, e muitos não podiam mais suportar as dificuldades e turbulências. E a fuga de Jaffa foi favorecida pelo comportamento de voluntários árabes: enviados para lutar contra os judeus, na realidade também abusaram da população árabe local e cometeram numerosos assassinatos e estupros.[49]

A natureza do conflito foi o que mais contribuiu para a partida dos árabes, muito mais do que qualquer situação específica de combate durante a guerra, de tal forma que o lado árabe a definiu no início como uma luta entre a vida e a morte. O secretário geral da Liga Árabe declarou na véspera da guerra: "Essa será uma guerra de extermínio e massacre monumental, de que se falará como o massacre dos mongóis e dos cruzados".[50] Em um telegrama para a Liga Árabe no início das hostilidades, Ismail Safwat, que estava encarregado da coordenação entre as diferentes forças árabes, descreveu os objetivos da guerra, começando por "eliminar os judeus da Palestina e limpar completamente o país deles".[51] Em março de 1948, Haj Amin Al-Husseini, o líder dos palestinos, declarou que os árabes "continuariam a lutar até os sionistas serem eliminados, e toda a Palestina ser um Estado puramente árabe".[52]

O fato é que nenhum judeu permaneceu nas áreas conquistadas pelas forças árabes. Os combatentes palestinos procuraram expulsá-los e destruir suas comunidades, como em Gush Etzion, nos arredores ao sul de Jerusalém, e no Quarteirão Judaico da Cidade Velha de Jerusalém, onde os judeus viveram por milênios. Todas as 12 cidades e aldeias judaicas capturadas pelos exércitos árabes foram completamente arrasadas e seus habitantes fugiram, foram assassinados ou capturados.[53]

Com tal estado de coisas, no contexto de uma guerra sangrenta pela sobrevivência – que, da perspectiva dos judeus que aceitaram a partilha, era inteiramente desnecessária –, a crescente intolerância dos israelenses em relação à população árabe local era compreensível. O líder do Ahdut HaAvoda (uma facção sionista socialista), Yitzhak Tabenkin, descreveu bem esse sentimento em outubro de 1948 ao dizer: "Nós discutimos entre nós mesmos se deveríamos expulsar ou não [os árabes]. Os árabes nunca nem perguntaram aos nossos que eles capturaram ou mataram brutalmente [sobre expulsá-los ou não]... Se nós nos deparássemos com a escolha, a expulsão [dos árabes] ou o assassinato [dos judeus], todos escolheriam a expulsão".[54]

* * *

Os palestinos alegam que a guerra lhes impôs uma terrível tragédia e que sofreram uma injustiça excepcional. Esta é, no mínimo, uma afirmação improcedente. Aqueles que travam a guerra para eliminar outro povo e evitar que ele obtenha a independência não podem legitimamente reclamar que "sofreram uma injustiça excepcional" quando perdem e fogem do território. A alegação de excepcionalidade também não é verdadeira, quando comparada com outros acontecimentos do século XX. Uma análise comparativa revela que não havia nada de especial nas circunstâncias em torno do surgimento do problema do refugiado palestino, nem em termos de sua natureza, nem quanto à sua escala e sua severidade. Isso se torna especialmente claro quando se constata que, ao julgar a legalidade e a moralidade de um evento histórico, são considerados relevantes os padrões internacionais em vigência naquele momento, e não os padrões adotados décadas mais tarde.

As expulsões e as transferências de população, tanto voluntárias quanto forçadas, foram, na verdade, muito comuns ao longo do século XX. Até o fim da Guerra Fria, não apenas as transferências de população foram consideradas legítimas pelo Direito Internacional, mas também a separação das partes em conflito – com o objetivo de minimizar a presença de minorias nacionais – foi tida como central para a pacificação entre diferentes grupos étnicos. No tratado de paz entre a Grécia e a Bulgária de 1919, por exemplo, concordou-se em transferir 46 mil cidadãos étnicos gregos da Bulgária para a Grécia, ao passo que 96 mil cidadãos étnicos búlgaros seriam transferidos para a Bulgária. Quatro anos mais tarde, quando a Grécia e a Turquia assinaram um tratado de paz, acertaram a transferência forçada de 1,2 milhão de cidadãos étnicos gregos da Turquia em troca de 600 mil cidadãos étnicos turcos da Grécia.[55]

Na década de 1940, na época em que surgiu o problema do refugiado palestino, houve muitas ondas de refugiados em larga escala, pois a vitória dos Aliados na Segunda Guerra Mundial provocou uma série de expulsões e transferências de população. Na maioria dos casos (assim como com os palestinos), os membros de nações derrotadas na guerra foram obrigados a arcar com as consequências. Nada menos do que 12 milhões de alemães fugiram ou foram expulsos do que se tornou a Polônia ocidental, da antiga Tchecoslováquia, da Hungria, da Ucrânia, da Romênia, da então Iugoslávia e dos Países Bálticos. Eles não foram tratados como indivíduos, mas como um grupo étnico coletivo. Trezentos mil italianos foram forçados a sair da Iugoslávia.[56]

Essas expulsões foram terrivelmente brutais. Todas elas ocorreram após o fim da guerra e após a Alemanha ter assinado uma rendição incondicional; então, não ocorreram devido a exigências militares. Na Tchecoslováquia, por exemplo, estudantes alemães étnicos foram arrastados pelas ruas de Praga até a Praça Venceslau, onde foi jogada gasolina sobre eles e então foram incendiados. Também na Tchecoslováquia, milhares de alemães marcharam para o antigo campo de concentração em Terezín, mais conhecido como Theresienstadt, antes utilizado pelos nazistas; centenas morreram a caminho do campo. Uma vez lá, foram conduzidos através de um túnel a um pátio lamacento, espancados no trajeto por guardas tchecos; aqueles que estavam muito velhos ou doentes foram mortos no local.[57]

Na Polônia, milhares de alemães étnicos foram levados de trem à fronteira com a Alemanha. Um sobrevivente lembrou que levou semanas para percorrer poucas dezenas de quilômetros. Os trens moviam-se dolorosamente devagar e muitas vezes eram mantidos em ramais durante dias. "Homens, mulheres e crianças foram todos misturados, amontoados em vagões trancados por fora. Quando os vagões foram abertos pela primeira vez, eu vi tirarem de um deles dez corpos e os jogarem em caixões... Notei que muitas pessoas estavam perturbadas. As pessoas estavam cobertas de excrementos."[58] Alemães confinados em um campo de concentração polonês testemunharam que os presos "tinham os olhos golpeados com porretes de borracha... grupos de trabalhadores eram enterrados vivos em esterco líquido", e um homem "que teve um sapo empurrado garganta abaixo engasgou até a morte", enquanto os guardas olhavam, rindo.[59]

Muitas vezes, essas transferências de população eram consequência de alterações nas fronteiras: o motivo de meio milhão de poloneses terem deixado a Ucrânia ocidental e a Bielorrússia ocidental se deveu à anexação dessas áreas à União Soviética após a guerra. Líderes ocidentais apoiaram as expulsões por meio dos acordos da Conferência de Potsdam de agosto de 1945. O presidente norte-americano Franklin D. Roosevelt havia apoiado a criação de Estados etnicamente homogêneos e o primeiro-ministro britânico Winston Churchill havia dito que a "expulsão [dos alemães] é o método que... será o mais satisfatório e duradouro" para a criação da paz.[60]

A Ásia também testemunhou expulsões em massa e transferências de população: perto do fim do domínio britânico no subcontinente indiano, com o estabelecimento da Índia e do Paquistão, áreas religiosamente mistas do subcontinente foram tomadas por uma onda de violência, com uma estimativa de 3,5 milhões de mortos e cerca de 14 milhões de pessoas abandonando suas casas e tornando-se refugiadas. Os muçulmanos fugiram da Índia para o Paquistão; os hindus e sikhs fizeram a jornada inversa. Esse foi um dos maiores e mais rápidos movimentos populacionais da história da humanidade. Todas essas dezenas de milhões de refugiados, tanto na Europa e como na Ásia, acabaram por ser realocados nos países em que chegaram.[61]

No contexto árabe-judeu, é também de fundamental importância lembrar que centenas de milhares de judeus foram forçados a deixar suas casas nos países árabes durante e depois da guerra. Entre 1947 e meados dos anos 1950, as antigas comunidades judaicas do Egito, Iraque, Síria, Líbia e Iêmen, que precederam o nascimento do Islã e as conquistas árabes do Oriente Médio, foram eliminadas. Além das expulsões, dos atos de violência e dos *pogroms* que amedrontaram os judeus do mundo árabe, as autoridades tomaram medidas que forçaram os judeus a partir (incluindo confisco de propriedade, revogação de cidadania e congelamento das contas bancárias).

Os judeus do mundo árabe sofreram uma vingança feroz nas mãos dos árabes porque eram membros do mesmo povo e nação que havia resistido e derrotado com sucesso os exércitos árabes. O mundo árabe, que por mais de um milênio foi o lar das comunidades judaicas estabelecidas desde a destruição do Primeiro Templo na Antiguidade, expulsou todos os seus judeus, muitos dos quais se refugiaram em Israel.[62] Mas, diferentemente dos palestinos que fugiram ou foram forçados a deixar o território que se tornou o Estado de Israel, nenhum desses judeus permaneceu

40 ■ A guerra do retorno

como refugiado. Eles partiram para construir novas vidas em Israel e em outros países.

O número de mortes de palestinos na guerra não foi excepcional. Estima-se que 12 mil palestinos, 1% da população, foram mortos no conflito – uma taxa equivalente à taxa de mortos entre os judeus, de 6 mil em uma população de 600 mil. Para colocar em contexto essa comparação, na onda da violência que engoliu o subcontinente indiano, a taxa de mortos é estimada em até 3 milhões de pessoas, que também equivale a 1% da população local.[63]

A derrota palestina foi onerosa ao povo, mas ela não era nem necessária nem excepcional. Se os árabes da Palestina tivessem aceitado a proposta da ONU de partilha da terra com os judeus da Palestina, eles estariam celebrando décadas de independência em um Estado próprio, e não teria havido registro do deslocamento que sofreram ao rejeitar a proposta e opor-se violentamente à sua implementação; mas nada nas condições da guerra e da expulsão – seja na intensidade da violência ou nos números – foi excepcional.

A resposta sobre por que o problema do refugiado palestino ainda existe não reside nem nas condições de seu surgimento, nem na sua escala, tampouco no número de vítimas: nada aqui é único. A resposta deve estar em outro lugar.

Exigindo o retorno (1949)

*"A razão da fuga dos palestinos é irrelevante.
O que importa é que eles têm o direito de retornar."*

Edward Said

NÚMERO DE REFUGIADOS: 726.000[1]

Kenneth Bilby era correspondente no Oriente Médio para o *New York Herald Tribune* no final dos anos 1940. Ex-oficial da infantaria norte-americana que lutou na Segunda Guerra Mundial e homenageado com a Ordem Nacional da Legião de Honra francesa, Bilby chegou em Israel em 1948 e lá permaneceu por um tempo. Algumas horas antes do término do Mandato Britânico, acompanhou a comitiva do último alto comissário britânico, Sir Alan Cunningham, ao aeroporto de Qalandiya. Mais tarde, Bilby narrou a conquista de Lod e Ramla pelas Forças de Defesa de Israel e se juntou às colunas da Haganá transportando combustível e alimentos para Jerusalém. Quando os israelenses criaram uma rota de desvio para a cidade sitiada, foi ele quem a batizou "Estrada da Birmânia", reportando-se à lendária estrada homônima na China, utilizada pelos britânicos na Segunda Guerra Mundial para transportar suprimentos durante o conflito com o Japão.

As proezas de Bilby naquele tempo eram instigantes. Em *New Star in the Near East* (Uma Nova Estrela no Oriente Próximo), suas memórias publicadas em 1950, descreveu como certa vez entrou, de forma furtiva, no escritório do secretário-geral da Liga Árabe, Azzam Pasha, que ficava no Palácio Al Bustan no Cairo, e tomou café turco com ele. Na surdina, aventurava-se a investigar a vida noturna da capital egípcia e os rumores sobre o extravagante estilo de vida do jovem rei Farouk. Durante a guerra entre árabes e israelenses de 1948, o rei da Jordânia e o primeiro-ministro de Israel utilizavam as entrevistas que concediam a Bilby para se comunicarem, enviando, indiretamente, mensagens um ao outro. Além disso, costumava ser conduzido ao escritório de Ben-Gurion (localizado no segundo andar da casa no Keren Kayemet Boulevard em Tel Aviv) pela esposa do primeiro-ministro, Pola.

Quando a guerra terminou, Bilby procurou investigar se havia alguma possibilidade de paz entre Israel e os Estados árabes. No intuito de avaliar a percepção sobre o assunto no mundo árabe, viajou durante várias semanas por Jordânia, Síria, Líbano e Margem Ocidental, conversando com autoridades, diplomatas e jornalistas, e também com pessoas comuns.

A impressão de Bilby foi que os vizinhos de Israel estavam consumidos pelo sentimento de humilhação e sede de vingança, sem qualquer desejo de um novo período com boas relações de vizinhança. A partir de suas viagens, Bilby avaliou que o mundo árabe não havia aceitado a nova realidade criada pela independência de Israel e que preparava uma segunda rodada de guerra. Concluiu que naquilo que lhes dizia respeito, Israel era um implante estrangeiro envenenando o mundo árabe, e tudo seria feito para erradicá-lo. "Nenhum tratado, nenhum pedaço de papel", profetizou o jornalista americano, "será capaz de secar o vasto reservatório de animosidade e suspeição no Oriente Médio."[2]

Certa vez Bilby encontrou um empresário árabe no lobby do Hotel Filadélfia, em Amã, que lhe disse, enquanto tocava piano, "Se levar cem anos, nós vamos tirar os judeus de nosso país. Não se esqueça das Cruzadas!". No Hotel Orient Palace, em Damasco, um oficial palestino, recém-regresso da guerra em

44 ■ *A guerra do retorno*

Israel, comentou, "Nós precisamos de uma pausa para nos erguer novamente. Mas o tempo virá – talvez dez anos, talvez vinte – quando retomaremos nossas casas e nossas propriedades. Minha família viveu na Palestina por 12 séculos... Nós encontraremos apoio em algum lugar e vamos continuar a atacar Israel".[3]

Entre os representantes dos refugiados e nos seus campos, Bilby descobriu a mais intensa hostilidade contra Israel e descreveu como esses líderes apareciam nos encontros com os estadistas árabes para exigir uma ação contra os judeus. Os refugiados que encontrou nas viagens repetiam a mesma mensagem: a derrota árabe na guerra não foi nem o fim da luta contra Israel, nem a palavra final.

Certa noite, Bilby encontrou dois jovens líderes refugiados em Beirute e perguntou se concordariam em retornar a suas casas e viver sob o domínio israelense. "Eu faria qualquer coisa para ter de volta o meu negócio de família e o pomar de citros", respondeu um deles. "Então você admitiria que Israel está aqui para ficar?", perguntou Bilby. "Apenas temporariamente", respondeu o jovem, acrescentando, "Se você me perguntar o que farei se não puder voltar para casa, responderei: Vou levar minha mulher e meus filhos para as colinas em torno de Tulkarm, com vista para a planície costeira que os judeus tomaram. Dia após dia levarei meus filhos para o topo da colina e direi 'Isso era seu. Isso foi roubado de você. Você foi roubado, enganado e traído. Nunca esqueça isso!'".[4]

Bilby retornou das viagens pessimista sobre as perspectivas de um acordo de paz. Os árabes, avaliou, não eram ainda capazes de se reconciliar com a existência de Israel: para eles, a aproximação com Israel estava fora de cogitação. Essa era também a apreciação das lideranças judaicas no nascente Estado de Israel, o que as levou à conclusão de que deveriam se preparar para uma segunda rodada de luta com os Estados árabes. "Os árabes planejam uma segunda rodada [de guerra contra Israel]", advertiu Ben-Gurion, já no início de 1949, "e nós precisamos estar preparados para ganhar."[5] Por isso, Israel decidiu evitar a entrada dos refugiados, que tinham acabado de lutar contra o jovem país e não haviam ainda aceitado sua existência. Segundo os líderes israelenses, enquanto o mundo árabe e os próprios refugiados palestinos permanecessem hostis à existência de Israel, não havia sentido permitir que adentrassem suas fronteiras.

Os palestinos diriam mais tarde que essa decisão de negar o retorno fora responsável pela perpetuação do problema do refugiado e que a insensibilidade de Israel frustrara o desejo dos refugiados de retornar para casa. Atualmente, em uma tentativa de desvincular o fenômeno de qualquer associação ou contexto político, os árabes tendem a defini-lo como exclusivamente humanitário e legal: argumentam que Israel deveria ter permitido que os refugiados retornassem para casa e que os palestinos possuíam o direito de retornar, mesmo que fossem as mesmas pessoas que começaram a guerra e a perderam, e mesmo que tal direito não existisse. Nem as circunstâncias políticas nas quais se tornaram refugiados e nem as suas intenções importam, segundo os palestinos.

O intelectual palestino-americano Edward W. Said menciona esses fatores em seu livro *A questão da Palestina*. Proeminente crítico social e literário e autor de *Orientalismo: o Oriente como invenção do Ocidente*, Said afirmou falar a vida toda pelos refugiados, alegando, inclusive, que sua família era de refugiados. Próximo ao fim da vida, veio à tona que isso era um exagero: sua família costumava se dividir entre Cairo e Jerusalém, e quando eclodiu o combate em dezembro de 1947, deixou o Mandato Britânico e se estabeleceu no Cairo. Em *A questão da Palestina*, Said escreve: "A razão da fuga dos palestinos é, definitivamente, irrelevante. O que importa é que eles têm o direito de retornar".[6]

Esse argumento se esquiva da rejeição dos palestinos ao plano de partilha e ignora a escolha declarada do mundo árabe em combater o Estado de Israel, absolvendo-os, portanto, da responsabilidade pela criação do problema. Ele também se baseia em direitos legais que simplesmente não existiam. Os palestinos argumentam que tudo que tinha que acontecer, e que ainda tem que ocorrer, é a permissão para que os refugiados retornem a Israel. De acordo com os palestinos, não foi a guerra que causou o problema dos refugiados – mas a proibição por parte de Israel de um massivo retorno dos refugiados depois dela.

Mais criticamente, e ainda mais importante, é que esse argumento ofusca a motivação por trás da exigência árabe de retorno. Um exame profundo da disposição pós-guerra do mundo árabe e das intenções com relação a Israel revela que a exigência de retorno, imediatamente após a guerra, dificilmente era inocente ou baseada em requisitos legais ou humanitários. Ao contrário, ela era precisamente designada e construída como alternativa para continuar a guerra no campo de batalha.

* * *

Em 20 de julho de 1949, um pouco mais de um ano depois que o exército sírio invadiu Israel, os enviados dos dois Estados se encontraram na Colina 232, algumas milhas ao norte do Mar da Galileia, para assinar um acordo de armistício. O evento pode ter parecido um ponto de virada nos laços entre os dois Estados e o início de um aquecimento de relações, mas, no mesmo dia, o embaixador da Síria nas Nações Unidas anunciou que "a [próxima] guerra contra o sionismo está se aproximando". Faris al-Khoury, um dos mais proeminentes diplomatas árabes à época e primeiro-ministro da Síria, instou os Estados árabes a formar uma aliança militar.[7] Poucos dias depois, o principal jornal de Damasco, *Al-Ayyam*, chamou o acordo de armistício de "um estigma na história dos árabes", que duraria "enquanto esse abominável Estado chamado Israel continuar existindo bem no coração do mundo árabe".[8] Uma atmosfera similar prevalecia no vizinho ao sul de Israel, o Egito. Pouco mais de duas semanas após a assinatura do acordo de armistício entre Israel e Egito, em fevereiro de 1949, o ministro das Relações Exteriores do Egito declarou que um acordo de paz com Israel não era possível porque o Cairo não reconhecia Israel por uma questão de princípio.[9] Logo depois, um diplomata egípcio declarou que "nenhum governo árabe está preparado nesse momento para assinar tratados de paz com Israel".[10]

Embora os acordos de armistício de 1949 entre Israel e seus vizinhos tenham colocado fim aos combates em curso, eles foram compreendidos de forma completamente diferente pelos dois lados. O historiador Avi Shlaim escreveu em *A muralha de ferro* que Israel entendia que ambos haviam encerrado o estado de beligerância. Os árabes, ao contrário, podiam até ter se comprometido com um cessar-fogo, mas ainda viam as partes como beligerantes. Israel considerou as linhas do armistício como fronteiras para todos os fins e propósitos, dentro das quais tinha o direito de fazer o que quisesse; mas os Estados árabes opinaram que os palestinos tinham direito de lutar com todos os meios contra o que eles viam como a expropriação de suas terras, e que os acordos não requeriam que os Estados árabes detivessem os palestinos.[11]

Logo ficou claro que os resultados da guerra não causaram uma mudança na atitude árabe com relação a Israel, e que sua aversão a Israel e a rejeição à sua existência haviam, ao contrário, se intensificado. Os Estados árabes continuaram a ver o Estado de Israel como uma entidade colonial estrangeira e agressiva a que deveriam resistir, sem desenvolver qualquer compreensão ou tolerância perante o sionismo como movimento nacional de libertação de outro povo. O mundo árabe, em vez de reconhecer tanto a existência concreta de Israel quanto o seu direito de existir, uniu-se em torno de uma abrangente luta política contra Israel, tratou-o como um estado pária e fez esforços para persuadir o restante do mundo a agir de forma semelhante.[12]

Um dos principais intelectuais árabes da época, Constantine Zurayk, que cunhou o termo *Nakba* para designar a derrota árabe na guerra, escreveu já em 1948, em meio à guerra e ao colapso dos palestinos, que "o objetivo do imperialismo sionista é trocar um país por outro e aniquilar um povo. Isso é imperialismo, revelado e terrível, na sua cor mais verdadeira e na sua pior forma".[13] De acordo com ele, a derrota árabe era apenas "uma batalha de uma longa guerra". "Se nós perdemos essa batalha", ele continuou, "isso não significa que nós perdemos toda a guerra ou que fomos finalmente derrotados sem possibilidade de uma recuperação posterior. Essa batalha é decisiva, pois dela depende o estabelecimento ou a extinção do estado sionista."[14]

Os 30 anos de esforços políticos e militares de larga escala para derrotar o projeto sionista – desde que a Grã-Bretanha concedeu o Mandato para a Palestina a fim de estabelecer um lar nacional para o povo judeu – não beneficiaram os palestinos e o mundo árabe. Ao contrário, resultaram na fundação do Estado de Israel e em uma derrota militar dolorosa, que foi um dos eventos mais traumáticos para o mundo árabe no século XX. A derrota foi descrita no mundo árabe em termos duros como o "Desastre da Palestina" ou a "Catástrofe da Palestina" (*Nakba*, na língua árabe), com os judeus e seu Estado culpados de causá-la.[15] O poeta árabe Burhan al-Deen al-Abushi publicou, em 1949, uma peça teatral sobre a *Nakba* da Palestina, denominada *The Ghost of Andalusia* (*O fantasma de Andaluzia*), na qual ele foi mais longe e comparou a perda da Palestina à histórica derrota muçulmana na Espanha na Idade Média.[16]

Arif al-Arif, um jornalista, historiador e político palestino que nos anos 1950 foi prefeito de Jerusalém Oriental ocupada pela Jordânia, publicou um livro, em 1956, com o nome *The Nakba of Jerusalem and the Lost Paradise* (*A Nakba de Jerusalém e o paraíso perdido*) e escreveu o seguinte com relação ao título:

> Como eu posso não chamá-lo [o livro] de "A Catástrofe"? Nós fomos assolados por uma catástrofe, nós, os árabes em geral e os palestinos em particular,

Exigindo o retorno (1949) ▪ **49**

durante esse período e de uma forma catastrófica como nunca havia ocorrido em séculos em outro período: nossa pátria foi roubada, nós fomos expulsos de nossas casas, nós perdemos um grande número de nossos filhos e de nossos jovens e, para além de tudo isso, o cerne de nossa dignidade foi também atingido.[17]

Em 1950, outro proeminente acadêmico palestino, o teólogo Taqiuddin al-Nabhani, que fundou o partido político islâmico Hizb ut-Tahrir* em 1953, escreveu em seu livro *Saving Palestine (Salvando a Palestina)* que "o desastre da Palestina é um importante evento histórico em geral e para a história dos árabes em particular... é o mais terrível desastre que se abateu sobre os árabes e os muçulmanos na história moderna... É um desastre profundamente enraizado, de longo alcance e repleto de perigos. É um mal que cresce a cada dia e a cada hora".[18]

O conflito entre os dois lados já era intenso antes da guerra, a qual apenas o conduziu a novas profundezas de ódio e desconfiança. Para os árabes, os resultados da guerra foram uma completa humilhação – uma pequena comunidade de cerca de 650 mil judeus teve êxito em dominar a milícia árabe palestina e os exércitos conjuntos dos Estados ao redor. O senso de injustiça dos árabes, tendo encarado o empreendimento sionista, mesmo antes da guerra, como um roubo de terras árabes, via-se mergulhado em sentimentos de ódio e frustração pela dolorosa derrota. Os árabes não estavam preparados para aceitar o novo Estado judeu no seu meio, qualquer que fosse seu tamanho; a paz era vista como nada menos que traição.

"A derrota dos árabes na Palestina não é um simples ou ligeiro revés, um mal passageiro", escreveu Zurayk. "Ela é um desastre em todos os sentidos, e uma das mais duras aflições e provações que os árabes viveram ao longo de toda sua história... A história não conheceu um caso mais exato ou mais completo que esse."[19]

---

* N.T.: Partido da Libertação.

Zurayk descreveu a emergente luta contra o sionismo como uma batalha existencial, um jogo de soma zero, para a qual o mundo árabe deveria se mobilizar e estar disposto a sacrificar tudo. "O perigo sionista é o maior perigo para a essência árabe", ele escreveu.

> Esse perigo ameaça o próprio centro da essência árabe, sua totalidade, a base de sua existência... Esse é o fato que deve ser colocado diante do povo árabe... [É isso] que devemos ensinar a nossas crianças e aos estudantes de nossas escolas dia e noite. Os departamentos de propaganda em nossos governos devem inicialmente dedicar-se a isso, utilizando a imprensa, o rádio e todos os outros meios de comunicação, com o objetivo de intensificar nas almas de todos os árabes a consciência do perigo – do maior e único perigo –, de forma que cada pensamento que tenhamos e cada ação que realizemos sejam influenciados por esse sentimento e que ele nos impulsione a enfrentar o perigo com toda a vontade que temos e com todas as forças que possamos reunir.[20]

* * *

O lado árabe agiu de acordo. Quando as Nações Unidas convocaram uma conferência de paz entre Israel e os Estados árabes no início de 1949 em Lausanne, na Suíça, os árabes anunciaram que não se sentariam à mesma mesa e nem mesmo ficariam na mesma sala com os enviados israelenses. Eles se recusaram a reconhecer Israel como um lado das negociações e evitavam usar a palavra *Israel*. Seus mapas detalhavam o território israelense ou como um marco vazio ou com o nome de *Palestina*. Eles fecharam suas fronteiras para todo movimento de dentro ou fora de Israel, votaram em uníssono contra Israel nos fóruns internacionais e recusaram estabelecer quaisquer vínculos culturais ou esportivos com Israel. As resoluções da Liga Árabe em 1949-1950

Exigindo o retorno (1949) ■ 51

impuseram um boicote econômico amplo a Israel, incluindo o fechamento do canal de Suez e do estreito de Tiran para todo o transporte israelense e a proibição de vínculos comerciais com as companhias que negociavam com Israel.[21]

Ademais, tanto os hesitantes contatos iniciais como as comunicações diretas entre os enviados árabes e israelenses – que no fim não levaram a lugar nenhum – revelaram que o mundo árabe continuava inflexível na sua recusa de aceitar o recém-fundado Estado de Israel. Os negociadores árabes na época exigiam que Israel cedesse suas posses territoriais – o Egito, por exemplo, pleiteou que Israel abandonasse o Deserto de Neguev (mais da metade de seu território), e a Síria exigiu que Israel cedesse metade do Mar da Galileia, que era a principal fonte de água de Israel. Tudo isso em troca de promessas extremamente vagas de não beligerância – promessas que frequentemente desapareciam tão rapidamente quanto surgiam.

O coronel Husni Za'im, que assumiu o comando da Síria em março de 1949, ofereceu-se para se reunir com Ben-Gurion e discutir um tratado de paz. Aparentemente Za'im estava tentando usar Israel para obter apoio econômico e militar ocidental, mas suas verdadeiras intenções provavelmente nunca serão conhecidas: ele foi em seguida demovido em um contragolpe e executado. De qualquer forma, as autoridades americanas e britânicas concluíram na época que, mesmo que Israel concordasse com suas exigências, os Estados árabes não teriam assinado tratados de paz com Israel.[22]

Os oficiais árabes enviados foram sinceros a esse respeito. "Por que nós precisamos de paz agora?", perguntou em voz alta o diplomata egípcio Abdul Monem Mustafa para um diplomata israelense na primavera de 1949: "A paz permitiria apenas que vocês crescessem economicamente e se entrincheirassem". Essa crença – de que o mundo árabe não se beneficiaria de um acordo com Israel – foi também expressa por Azzam Pasha para Abba Eban:

Nós temos uma arma secreta que podemos usar melhor que revólveres, e agora é a hora. *Enquanto nós não fizermos as pazes com os sionistas, a guerra não acaba* [ênfase nossa] e, enquanto a guerra não acabar, não há nem vitorioso nem vencido. À medida que reconhecermos a existência de Israel, teremos admitido por esse próprio ato que fomos vencidos.[23]

Em junho de 1949, o embaixador da Síria na ONU, Faris al-Khoury, declarou que a guerra com o sionismo era "a pedra fundamental da política externa dos Estados árabes".[24] Em abril de 1950, a Liga Árabe aprovou uma resolução segundo a qual "nenhum Estado-membro da Liga Árabe pode negociar ou celebrar de fato uma paz separada (tratado) ou qualquer (outro) acordo político, militar ou econômico com Israel. Qualquer Estado que enverede por tal via deve ser considerado desligado da Liga."[25] Em junho de 1951, o ministro das Relações Exteriores do Egito anunciou: "Não é de forma alguma nossa intenção fazer a paz com os judeus ou mesmo reconhecer [Israel]".[26] Mais tarde, em setembro, o porta-voz egípcio afirmou que "os Estados árabes estão determinados a não reconhecer Israel".[27]

A imprensa árabe foi ainda mais radical, argumentando vigorosamente que outra guerra era inevitável e que "o problema palestino seria resolvido apenas pela força". O jornal egípcio *Akhbar el-Yom* publicou em maio de 1949: "A Guerra Palestina não acabou. O sangue egípcio derramado na Palestina serve de marco para a marcha em busca da vitória que nossos mártires desejaram."[28] Uma rede de rádio de Bagdá, em junho de 1949, disse: "Os árabes nunca vão deixar de considerar Israel um país hostil. *Os judeus são nossos inimigos independentemente do grau de apaziguamento que possam demonstrar com relação a nós e de como possam ser suas intenções de pacificação* [ênfase nossa]. Não suspendemos nem por um momento nossos preparativos para o dia da vingança".[29]

A Jordânia era a exceção entre os Estados árabes quanto à posição em relação a Israel, pela atitude consistentemente conciliatória do rei Abdullah desde os anos 1920. Mesmo antes da guerra, Abdullah ofereceu aos líderes do Yishuv autonomia judaica ou mesmo independência limitada sob seu controle, desejando administrar toda a região, incluindo a Síria e o Líbano. Após a guerra, Abdullah foi o único governante árabe a querer a reconciliação com Israel, inclusive tendo realizado várias rodadas de negociações para esse fim. Essas conversações, entretanto, não amadureceram, e Abdullah foi assassinado em Jerusalém Oriental em 1951 por um palestino, em parte devido à sua abordagem relativamente conciliatória sobre Israel.[30]

E quanto aos próprios palestinos? Qual foi sua atitude com relação a Israel no fim da guerra? Quanto mais a guerra se arrastava e o tempo passava, mais a sociedade palestina ficava desorientada, considerando cada vez mais difícil agir como um ator político significativo. A fuga inicial de boa parte da elite para países árabes vizinhos e o novo abismo entre os palestinos sob o domínio jordaniano e egípcio produziram conflitos ainda mais profundos entre as famílias palestinas influentes. No entanto, todas as facções palestinas permaneceram unidas quanto a um ponto: o não reconhecimento dos direitos dos judeus sobre a terra, a não aceitação do resultado da guerra e da soberania judaica e o desejo de um domínio árabe exclusivo sobre toda a terra.

Um exemplo importante desse estado de espírito foi o ensaio de Musa Alami, "The Lesson of Palestine" ("A Lição da Palestina"), publicado imediatamente após a guerra. Figura palestina eminente e membro da Alta Comissão Árabe, que conduziu os palestinos na guerra contra Israel, Alami explicou em seu ensaio por que os árabes perderam a guerra e o que eles deveriam fazer no futuro. Ele afirmou que o triunfo sionista em 1948 não era algo que pudesse ser assimilado e que certamente não deveria ser aceito. Foi a perda da Palestina, ele escreveu, que simbolizou a crise existencial de todo o mundo árabe.[31]

O ensaio é interessante não apenas pelo que contém, mas também pelo que não contém. Alami, que era considerado um palestino moderado nos anos 1930 e até havia conduzido negociações extensas com David Ben-Gurion sobre uma possível cooperação, mencionou, dentre as razões para a derrota, a ausência de unidade entre os árabes, a ineficiência nos preparativos de guerra e munições antiquadas. Mas em nenhum lugar ele reflete ou discute a razão subjacente da guerra – a recusa em aceitar a soberania judaica sobre qualquer parte da terra. No ensaio não há sinal de arrependimento sobre a atitude da sociedade palestina em relação aos direitos dos judeus – atitude que acabou levando à guerra. Isso não é nem citado como possibilidade.

O termo "perigo judeu" aparecia repetidamente no ensaio, com a suposição de que Israel queria se apossar de todo o Oriente Médio, sendo a Palestina apenas a primeira fase da batalha. O sionismo era definido como "opressivo" e "agressor", e o triunfo israelense, uma aberração da justiça natural. O triunfo árabe, por outro lado, era considerado como um retorno à justiça.

Alami expandiu o significado da derrota de 1948, dizendo que ela devia servir como um sinal de alerta para a reforma do mundo árabe. Segundo ele, enquanto os árabes não mudassem seu sistema político, o perigo do sionismo iria pesar sobre suas cabeças. A derrota teria servido como um catalizador para o tão necessário processo de renovação e renascimento do mundo árabe. A total independência árabe, escreveu Alami, poderia ser conquistada apenas se cada traço da presença imperialista estrangeira fosse apagado, incluindo, claro, o sionismo. Assim, seria uma batalha até o fim, e qualquer possibilidade de viver pacificamente ao lado de Israel sequer foi mencionada.

"A Palestina e o autorrespeito dos árabes devem ser recuperados", ele escreveu. "Sem a Palestina não há vida para [os árabes]." Em outra passagem, diz: "o desastre de 1948 nos abalou fortemente, feriu-nos profundamente, e abriu a porta para um

Exigindo o retorno (1949) ■ 55

grande perigo. Se o choque nos despertar, unir e nos impelir a uma nova vida da qual possamos retirar forças, a ferida vai ser curada, o perigo evitado e a Palestina recuperada".[32]

Em setembro de 1948, foi estabelecido em Gaza o autodenominado Governo de Toda-Palestina, consistindo principalmente de parentes e seguidores do mufti e de outros membros da classe governante palestina. Como o nome sugere, ele reivindicava a soberania sobre a totalidade do território do mandato anterior, salientando rejeitar inteiramente o princípio da partilha territorial.

Em 1º de outubro de 1948, o Conselho Nacional de Toda-Palestina reuniu-se em Gaza, tendo o mufti como o seu presidente. Em carta ao secretário-geral das Nações Unidas, o Conselho informou que "os árabes da Palestina, que são os donos do país, haviam solenemente resolvido declarar Estado independente a Palestina em sua totalidade e no interior de suas fronteiras como definido antes do término do Mandato Britânico".[33] O Conselho declarou independência para a Palestina, "limitada pela Síria e o Líbano ao norte, pela Síria e a Transjordânia a leste, pelo Mar Mediterrâneo a oeste, e pelo Egito ao sul"; o Estado de Israel não era encontrado em lugar algum. O curto governo não teve nenhum significado prático, mas deixava claras as posições políticas da liderança palestina com relação ao fim da guerra, incapaz de aceitar a existência do Estado de Israel sob quaisquer circunstâncias.[34]

Outro episódio, em Jericó, no final de 1948, também ilustra o clima entre dignitários palestinos e autoridades políticas – nesse caso, aqueles que chegaram sob o governo jordaniano durante a guerra. O rei Abdullah da Jordânia reuniu seus apoiadores palestinos, os notáveis da Margem Ocidental, sobre a qual ele acabara de estender o controle. A proposta do rei era usar a conferência como um carimbo para iniciar negociações com Israel, mas os palestinos se opuseram, pois isso significaria aceitar a partilha. Estavam prontos para reconhecer Abdullah como seu rei, desde que ele se comprometesse a libertar toda a Palestina. Nas resoluções finais, reivindicaram a "Palestina como uma entidade inteira e indivisível", declarando que "qualquer solução que contrariasse esse princípio não poderia ser considerada final". Eles também conclamaram os Estados árabes para consumar a libertação da Palestina.[35]

E, já em 1950, grupos de estudantes militantes palestinos, alguns deles clandestinos, começaram a surgir no Cairo, em Beirute e em Gaza, todos almejando libertar a Palestina da ocupação sionista. Tais grupos eram a União Geral dos Estudantes Palestinos, fundada no Egito por Yasser Arafat; um agrupamento de estudantes no Líbano, fundado por George Habash, e uma milícia da Faixa de Gaza, fundada por Khalil al-Wazir (um dos fundadores do partido político nacionalista Fatah), que mais tarde seria conhecido como Abu Jihad. A coexistência com Estado de Israel não estava na agenda dessas organizações.[36]

* * *

Em suas viagens pelo mundo árabe logo após a guerra, Kenneth Bilby deparou com milhares de refugiados árabes que haviam fugido da guerra em Israel, caminhando pela margem da estrada, carregando seus pertences nos ombros e amontoando-se em tendas de acampamentos nos arredores das principais cidades. Ele testemunhou o sofrimento humano dos refugiados e compreendeu o fenômeno imediatamente, em seu contexto político, como uma consequência da guerra: a presença dos refugiados, escreveu ele, "constitui um símbolo da derrota diante de uma minoria desprezada", referindo-se aos judeus, e acrescentando que os refugiados "provocam ressentimento... machucam... [e] humilham; eles desmentem todas as proclamações de gloriosas vitórias e conquistas. Tornaram-se o legado de uma guerra que minou a autoridade e a base popular dos governos [árabes], e desferiu um golpe devastador no orgulho coletivo árabe".[37]

Não surpreende que muitos refugiados queriam retornar para suas casas o mais rapidamente possível, mas a liderança palestina era contrária de início, acreditando que isso significaria um reconhecimento efetivo da existência de Israel, que ela rejeitava completamente. A questão do retorno dos refugiados era considerada inteiramente subsidiária à questão maior de reconhecer a legitimidade de Israel. Como o retorno era algo que repercutia uma aceitação da legitimidade de Israel, ele foi rejeitado – independentemente das preocupações humanitárias e emocionais. E assim, no verão de 1948, o mufti assinou um decreto em nome da Alta Comissão Árabe, atacando a disposição dos Estados árabes de devolver os refugiados para Israel, com o argumento de que isso exigiria negociações com o Estado recém-formado.[38]

No mesmo sentido, outra autoridade da Alta Comissão Árabe, Emil Ghury, rejeitou qualquer possibilidade de retorno dos refugiados às suas casas, uma vez que isso "serviria como o primeiro passo na direção do reconhecimento árabe do Estado de Israel e da partilha". A solução, segundo ele, "só seria possível pela reconquista do território capturado pelos judeus e o retorno de seus habitantes". Explicitamente se mostrou contrário a abandonar a luta contra Israel, olhando para o problema com lentes diminutas, como se fosse uma questão puramente humanitária de pessoas retiradas de suas casas: "Eles transformaram um assunto de *jihad* em um problema de refugiados", disse ele. Olhando para o futuro, Ghury foi ainda mais claro e explicou: "Nós estamos determinados a retornar e transformar a situação em uma questão de *jihad*. Nós estamos determinados a armazenar ódio aos judeus no coração de cada árabe".[39]

Esse foi o início do vínculo, presente até hoje, entre o problema do refugiado e os objetivos mais amplos dos árabes no conflito. Os líderes palestinos demonstraram considerar secundária a situação dos refugiados frente à principal questão – a eliminação de Israel, a reversão do resultado da guerra e o impedimento da partilha territorial. Não havia uma política árabe específica sobre os refugiados – apenas a que servia no momento para a causa maior de prejudicar Israel e enfraquecê-lo tanto quanto possível. A liderança palestina sinalizou que preferia prolongar a guerra a possibilitar o retorno dos refugiados aos seus lares, o que envolveria reconhecer Israel.

O retorno, portanto, não era meramente um assunto de geografia, mas também de tempo. Não era simplesmente sobre percorrer 10 ou 20 milhas para as casas deixadas para trás, mas, principalmente, sobre voltar no tempo antes da terrível derrota (*Nakba*) e a fundação do Estado de Israel. Retornar não era apenas mover-se fisicamente de um lugar para outro, mas reverter todos os eventos anteriores. Dado que os refugiados eram um símbolo da derrota dos árabes e da vitória de Israel, como apontou Bilby, o retorno era considerado um meio de apagar tanto aquela derrota, quanto aquela vitória.

O historiador palestino Walid Khalidi, nos anos 1950, ponderou que retornar não era um fim em si mesmo:

> Às vezes, sugere-se que o meio de resolver o problema palestino é abordá-lo de uma forma fragmentada... Assente os refugiados e o maior obstáculo para a solução será removido. Mas o problema palestino permanecerá tão premente quanto antes, mesmo com todos os refugiados palestinos assentados. Os refugiados podem ser a evidência externa de um crime que deve ser eliminado de vista, mas nada removerá a cicatriz da Palestina dos corações árabes... A solução para o problema da Palestina não será encontrada no assentamento dos refugiados.[40]

Esse reconhecimento é o cerne do problema: em vez de ser uma questão legal e humanitária, antes e agora, o problema dos refugiados é, principalmente, um impasse político, que reflete um desejo de dominar toda a região.

Pouco depois, contudo, a liderança palestina mudou radicalmente de posição sobre a questão dos refugiados. Se, inicialmente, rejeitavam o retorno dos refugiados porque, na sua visão, isso acarretava no reconhecimento do *status quo* pós-guerra, logo perceberam o contrário, ou seja, que um retorno poderia de fato abalar o *status quo* e minar a existência do Estado de Israel. Seja por razões demográficas ou de segurança, era óbvio que o retorno massivo dos refugiados significaria a retomada da guerra. A exigência do retorno, escreveu o historiador palestino Rashid Khalidi ao analisar o humor árabe da época, "tinha como premissa clara a libertação da Palestina, ou seja, a dissolução de Israel".[41]

Um consenso foi logo formado no mundo árabe de que apenas Israel era responsável pelo problema dos refugiados e, portanto, não deveria se esquivar da responsabilidade de resolver isso. A solução necessária, sustentaram os líderes árabes contemporâneos, seria permitir que os refugiados retornassem às suas casas. Em março de 1949, a Liga Árabe decidiu que "a solução duradoura e justa do problema dos refugiados é a sua repatriação".[42] Os enviados palestinos, que encontraram diplomatas israelenses no decorrer daquele ano, também argumentaram que o problema tinha que ser resolvido pela volta a Israel, e que caberia aos refugiados escolher entre voltar para Israel ou readaptar-se a países árabes.[43] Em um relatório interno submetido pelo secretário-geral da Liga Árabe ao próprio Conselho, em março de 1950, a posição árabe se definiu por insistir no retorno de todos os refugiados que desejassem voltar.[44]

A exigência do retorno tornou-se a posição oficial acordada entre os Estados árabes, que passaram a pressionar em todas as oportunidades e negociações, apresentando essa exigência como pré-condição para entrar em negociações de paz e não como parte de um futuro acordo. Exigiriam que Israel aceitasse o princípio do retorno e até mesmo iniciasse a implementação sem fazer quaisquer promessas em contrapartida.[45]

Alguns políticos árabes e, explicitamente, a mídia, vincularam a exigência do retorno à eliminação do Estado de Israel. Em outubro de 1949, por exemplo, o ministro das Relações

Exteriores egípcio Muhammad Salah al-Din disse: "É bem conhecido e compreendido que os árabes, ao exigirem o retorno dos refugiados para a Palestina, subentendem o retorno na condição de senhores da Pátria, e não como escravos. Explicitamente, querem dizer a liquidação do Estado de Israel".[46] O jornalista e historiador palestino Nasir al-Din Nashashibi também declarou, "Nós não queremos retornar com a bandeira de Israel tremulando em sequer um único metro quadrado de nosso país, e se de fato nós desejarmos retornar, este deverá ser um retorno honrado e digno, e não um retorno degradante, não um retorno que nos tornaria cidadãos no Estado de Israel".[47]

Um artigo no jornal semanal libanês *Al-Sayyad* declarou, em fevereiro de 1949, quando a guerra terminou:

> Somos incapazes de fazer retornar [os refugiados] honrosamente. Portanto, vamos tentar fazer deles uma quinta-coluna na luta que ainda temos adiante. Até agora, eles [os judeus] argumentaram que havia um estado de guerra entre nós e não se poderia pedir que aceitassem soldados, inimigos, em seu meio. Mas, no momento, se nós aparecermos sob o disfarce de pacificadores, não terão argumento.[48]

Um ano mais tarde, um artigo no mesmo jornal afirmou que o retorno dos palestinos criaria "uma ampla maioria árabe que serviria como o meio mais eficaz de reavivar o caráter árabe na Palestina, ao mesmo tempo que formaria uma poderosa quinta-coluna para o dia da vingança e do ajuste de contas".[49] O jornal libanês *Saut et Ahrar* relatou uma conferência de refugiados no Líbano, em outubro de 1951, que concluiu que "nada impedirá que os refugiados retornem à sua pátria – a Palestina", e que "qualquer tentativa de fazer a paz com Israel será fortemente combatida".[50]

Os refugiados palestinos não estavam, então, interessados em retornar pacificamente para um Estado de Israel soberano e reconhecido, mas em subverter as próprias bases da existência daquele Estado. Seu objetivo estratégico era devolver a terra aos árabes, não apenas os árabes à terra.[51] "Tendo perdido a guerra", escreve o historiador Avi Shlaim, "os governos árabes usaram quaisquer armas que puderam encontrar para continuar a luta contra Israel, e o problema do refugiado era uma arma particularmente eficaz para colocar Israel na defensiva no tribunal da opinião pública internacional". Como escreveu Benny Morris, "os refugiados têm sido, e permanecido, um problema político", e os Estados árabes pensaram que seu retorno para Israel "poderia prejudicar o Estado judeu, cuja existência eles rejeitavam".[52]

A exceção nessa questão foi novamente a Jordânia, onde o rei Abdullah não insistiu no retorno dos refugiados para Israel; e até trabalhou no início para assimilar os palestinos em seu reino. Logo após o fim da guerra, a Jordânia aplicou sua própria lei à parte do Mandato Britânico da Palestina conquistada pela Legião Árabe (a Margem Ocidental), anexando-a formalmente em 1950. O reino concedeu a todos os palestinos locais o direito de votar e de ser eleito para o Parlamento jordaniano, obter um passaporte e adquirir cidadania. Lentamente, mas de forma segura, os palestinos foram eleitos para o Parlamento jordaniano e serviram como ministros; conquistaram muitas posições distintas no serviço público e tiveram um importante papel na economia jordaniana.[53]

Esse tempo todo, o rei Abdullah defendeu explicitamente que o impasse deveria ser resolvido através do reassentamento dos refugiados nos países árabes. No seu entender, se um amplo número de árabes retornasse a Israel, criariam uma fonte eterna de fricção entre Israel e os Estados árabes, o que produziria, definitivamente, uma situação perigosa. As negociações de paz entre a Jordânia e Israel em 1949 e 1950 provaram indubitavelmente que Abdullah não considerava o retorno dos refugiados a Israel: o rei e seus enviados não exigiram qualquer discussão sobre o tema do retorno, nem uma única cláusula nos acordos esboçados.[54]

62 ■ A guerra do retorno

O fato de a Jordânia ser o único país árabe disposto a reconhecer Israel sem a exigência do retorno dos refugiados deixa explícito o vínculo entre o não reconhecimento de Israel e a exigência de retorno de todos os refugiados. Aqueles que estavam dispostos à reconciliação com Israel não exigiram que os refugiados retornassem ao país, ao passo que aqueles que exigiam seu retorno não desejavam a reconciliação, e consideravam o retorno um dos meios mais eficazes para impedir que a guerra fosse encerrada.

* * *

A fuga de centenas de milhares de palestinos de Israel durante a guerra foi uma completa surpresa para os judeus. Embora mais tarde tenha sido alegado que o Yishuv havia planejado previamente a transferência dos palestinos, não há evidência de quaisquer preparações pela liderança israelense para expulsar os palestinos do país. Não apenas os planos não foram feitos previamente, como também ninguém perguntou o que deveria ser feito se os refugiados desejassem retornar. A decisão de não permitir que retornassem foi feita em etapas, no calor da batalha. Na primeira etapa, logo no início de maio de 1948, quando a confusão era ainda evidente, a liderança do Yishuv decidiu não chamar de volta os árabes que estavam deixando o país, mas também não tomou medidas no sentido de impedir eventuais retornos.

Golda Meir, então gerente interina do Departamento Político da Agência Judaica e uma das mais influentes figuras no Yishuv, visitou Haifa no início de maio de 1948, pouco depois da derrota árabe para a Haganá. Após seu retorno, Meir anunciou que "nenhum arranjo extraordinário deveria ser feito para trazer os árabes de volta", dizendo: "Nós não vamos a Acre ou Nazaré para trazer de volta os árabes, mas, ao mesmo tempo, nosso comportamento deve ser tal que se, devido a isso, eles voltarem – [então] vamos deixá-los voltar. Nós não devemos nos comportar rudemente com os árabes [que permaneceram] para que outros [que fugiram] não retornem". David Ben-Gurion expressou um sentimento similar, explicando que embora todos os árabes que permaneceram em Haifa devessem ser tratados com igualdade civil e humana, "não é nossa tarefa nos preocupar com o retorno [daqueles que fugiram]".[55]

A lógica era óbvia: a população árabe era parte da guerra. Assim, enquanto a guerra se arrastava, não havia razão para Israel prejudicar sua posição no campo de batalha, trazendo os palestinos de volta e reavivando a luta. Nas disputas por Haifa, por exemplo, que ocorreram repetidas vezes desde a adoção do plano de partilha das Nações Unidas em novembro de 1947, dezenas de judeus foram mortos e muitos feridos. "Não há sentimentos na guerra", disse um dos líderes civis da cidade. "Melhor causar-lhes uma injustiça do que [sofrermos] um desastre... Nós não temos interesse no seu retorno."[56]

Ben-Gurion expôs claramente a posição israelense em uma reunião de gabinete em meados de junho de 1948, durante a primeira pausa no combate: "Se a guerra for retomada", disse, "será uma guerra de vida ou morte para nós, não para eles. Se ganharmos, nós não vamos aniquilar o povo egípcio ou o povo sírio, mas se nós fracassarmos e perdermos – eles vão nos exterminar". Era por isso, explicou ele, que Israel não iria permitir a volta dos refugiados:

> Guerra é guerra; não fomos nós que a quisemos. [A cidade judaica de] Tel Aviv não fez guerra com [a cidade árabe de] Jaffa. Jaffa fez guerra com Tel Aviv. Isso não pode acontecer novamente. Nós não seremos tolos virtuosos. Não há piedade em devolver os árabes para Jaffa, apenas loucura. Aqueles que fazem guerra contra nós assumirão a responsabilidade por isso quando perderem. Se os árabes retornarem para [as cidades árabes de] Abu Kabir e Jaffa, e a guerra iniciar novamente, as chances de encerrar a guerra como queremos serão menores.[57]

64 ■ *A guerra do retorno*

A decisão de não permitir o retorno dos refugiados foi realizada no auge da guerra. Um mês após a declaração de independência, em junho de 1948, as Forças de Defesa de Israel "estavam esgotadas e seriamente exauridas", como relatou Moshe Sharett. "Elas mal se mantinham em muitas posições vitais". A posição de Ben-Gurion foi aceita em função do justificado temor de que permitir o retorno dos árabes durante a luta enfraqueceria Israel, prolongaria a guerra e aumentaria o número de vítimas israelenses. A Inteligência Militar alertara Ben-Gurion sobre o eventual retorno dos árabes às aldeias que haviam caído para as Forças de Defesa Israelense: "Há um sério perigo de que [se os aldeões que retornarem] se fortalecerem nas aldeias atrás de nossas linhas de frente, e com a retomada da guerra, se constituírem eventualmente em uma quinta-coluna, ou mesmo em atuantes concentrações hostis". As IDF também alertaram que, a menos que o retorno às aldeias conquistadas fosse evitado, seria necessário "reservar novamente reforços consideráveis para limpar a retaguarda e as linhas de comunicação".[58]

Em última análise, essas preocupações com as potenciais implicações de segurança de um regresso em massa levaram as lideranças do país a decidirem pelo impedimento dos refugiados árabes voltarem para casa. Sharett telegrafou aos diplomatas israelenses em julho de 1948 dizendo que estava fora de questão permitir aos árabes retornarem enquanto o estado de guerra continuasse, porque isso significaria a introdução de uma quinta-coluna, a provisão de bases de fora para os inimigos e consequências para a lei e ordem interna.[59]

Ao mesmo tempo, os líderes de Israel começaram a considerar seu posicionamento sobre a questão dos refugiados árabes após o fim da guerra, especialmente se um tratado de paz estivesse para ser assinado. Depois de extensas consultas e deliberações, e perante a oposição de linha-dura do mundo árabe, Israel concluiu que os refugiados deveriam ser readaptados nos países árabes, embora aceitasse um retorno limitado, como parte de um tratado de paz, sujeito aos seus termos.

Ben-Gurion e Sharett acreditavam que a paz para o país nascente e para toda a região requeria a completa readaptação dos refugiados nos países vizinhos. Uma grande e hostil população árabe, que acabara de pegar em armas para tentar destruir Israel, seria um inimigo eterno dentro das fronteiras de Israel. Sharett argumentou que Israel não apenas conquistaria a estabilidade democrática mais rapidamente se os árabes fossem readaptados em outro lugar, mas também que suas "relações pacíficas com o mundo árabe seriam colocadas em bases muito mais firmes". Afirmou que isso resultaria num aumento das chances de Israel garantir a paz com os Estados árabes vizinhos. "Por mais protegida que a minoria árabe seja no Estado de Israel", argumentou, "eles sempre reclamariam de um tratamento injusto, e as queixas funcionariam como um elemento perturbador nas relações entre Israel e seus vizinhos, e serviriam de perene desculpa para estes tentarem interferir nos assuntos daquele. No longo prazo, seria de grande interesse de todos os envolvidos que a minoria árabe no Estado de Israel fosse pequena, e não grande".[60]

Um comitê especial indicado por Ben-Gurion citou numerosas razões pelas quais Israel deveria rejeitar o princípio do retorno dos palestinos e trabalhar para reassentá-los em países vizinhos. A partida dos palestinos, segundo o comitê, era a solução mais realista para o problema territorial, porque tinham sido criadas duas áreas separadas, cada uma com uma relativa homogeneidade demográfica. O retorno dos refugiados imporia uma pesada carga econômica sobre o país. Sua hostilidade a Israel, e a forma como o mundo árabe os incitou contra o país, teriam tornado os refugiados um tipo de quinta-coluna. O comitê concluiu, dessa forma, que a solução mais desejável era o reassentamento nos países vizinhos. Ao submeter suas conclusões em 29 de agosto de 1948, o comitê considerou que os três países árabes mais adequados para a absorção dos refugiados eram o Iraque, a Síria e a Transjordânia, pois eles eram muito pouco povoados e necessitavam seriamente de mão de obra para desenvolver e cultivar suas terras.[61]

Entretanto, a liderança israelense ainda não descartava completamente o retorno de um número de refugiados árabes como parte de um tratado de paz. No final de agosto de 1948, Ben-Gurion escreveu em seu diário: "Nós devemos trazê-los de volta? Sob quais condições? Quando? Quem?". Em março de 1949, Moshe Sharett disse que Israel estaria disposto, sob determinadas condições, a permitir o retorno de uma "certa proporção", mas condicionado a um "tipo de paz". Em abril de 1949, Ben-Gurion disse que não "excluiria a possibilidade de que [Israel] colaborasse para assentar uma parcela deles"; em maio, Abba Eban disse às Nações Unidas que Israel "não rejeita" o princípio de deixar os refugiados retornarem.[62]

Note-se que a objeção de Israel era quanto ao princípio do retorno em massa de refugiados como um grupo étnico, não o retorno de refugiados individuais por considerações humanitárias especiais. Israel ofereceu, portanto, a um pequeno número de refugiados palestinos a oportunidade de retornar em um esquema de reunificação familiar. De fato, no início no verão de 1948, alguns milhares de árabes que haviam deixado Israel durante a guerra, retornaram.[63]

* * *

Essa política israelense era muito alinhada com a prática internacional da época, e talvez ainda mais generosa para os refugiados do que a norma paralela. Na verdade a abordagem da comunidade internacional dava ao problema do refugiado palestino um tratamento excepcional, independente das normas contemporâneas.

A principal preocupação dos Aliados ocidentais no pós-Segunda Guerra era manter a paz. Como observado no capítulo anterior, a criação de Estados etnicamente homogêneos, mesmo através de transferências forçadas de população, era considerada desejável e legal. Não existia nenhuma determinação jurídica ou tratado que impedisse a expulsão dos palestinos na guerra (se e quando isso aconteceu), ou que obrigasse Israel a deixá-los retornar a seu território.[64] Um direito jurídico que os refugiados tinham, como consagrado na Convenção dos Refugiados de 1951, era o de não poder ser repatriados à força para seu país de origem (um procedimento denominado *refoulement*, ou deportação).[65] Em outras palavras, o Direito Internacional tornou ilegal forçar alguém a ser repatriado contra sua vontade. Os Aliados ocidentais, por exemplo, pretendiam assim proteger os antigos residentes da União Soviética que se encontravam em outras partes da Europa no fim da guerra e não queriam retornar para casa, temendo as represálias estalinistas.

O retorno de refugiados ocorreu efetivamente, mas não era o resultado de uma determinação jurídica, tampouco foi um deslocamento forçado contra a vontade do Estado receptor. Esse movimento era comumente chamado "retorno da maioria" – ou seja, o retorno de uma população refugiada que pertencia ao grupo de maioria étnica em um Estado soberano e que, portanto, seguramente não poderia ser considerado uma ameaça à coesão interna do Estado e da paz.[66]

Imediatamente após a Segunda Guerra Mundial, houve um retorno massivo dos refugiados poloneses para a Polônia: cerca de 600 mil voltaram entre 1945 e 1947, a maioria vindos da Alemanha. Poucos anos depois, na onda de descolonização que engoliu a África e a Ásia, muitos refugiados retornaram a seus países após a saída dos governos estrangeiros. Cerca de 200 mil argelinos que fugiram durante a guerra pela independência da França, por exemplo, em 1962, retornaram dos vizinhos, Tunísia e Marrocos. Em 1972, Bangladesh sofreu o maior retorno de refugiados do pós-Segunda Guerra: cerca de 10 milhões de bengaleses, que haviam escapado da vizinha Índia durante a Guerra pela Libertação do Paquistão, voltaram em menos de um ano.[67]

Em cada um desses casos, os refugiados retornados eram membros do grupo majoritário, não estiveram em guerra com a população majoritária, e não havia conflito étnico entre o lado retornado e o lado receptor. O Estado soberano que os possibilitou retornar e os tornou cidadãos, portanto, fez a escolha soberana de possibilitar o regresso desses refugiados, sabendo que estavam seguros ao fazer essa escolha. Essa era a norma internacional na qual Israel operou.

Os árabes estavam solicitando, então, que o Estado de Israel realizasse um ato extraordinário: queriam que Israel admitisse em seu território soberano centenas de milhares de árabes, contra as normas internacionais da época, sem um tratado de paz, enquanto os palestinos e o mundo árabe continuavam a ameaçá-lo com outra guerra – até mesmo considerando os refugiados como uma força impulsionadora para alcançar esse objetivo. Israel tinha toda a razão de recusar essa exigência, que praticamente equivaleria a cometer suicídio.

* * *

O pecado original de introduzir a ideia de um "direito de retorno" palestino não foi cometido por um político árabe, mas por um conde sueco: Folke Bernadotte. Pouco depois da fundação de Israel, Bernadotte foi indicado como mediador da ONU no conflito árabe-israelense e chegou ao Oriente Médio para mediar os lados e encerrar a guerra. Membro da família real sueca, era o vice-chefe da Cruz Vermelha Sueca durante a Segunda Guerra Mundial e tornou-se seu presidente em 1946. Bem ao final da guerra, negociou com a Alemanha nazista a soltura de milhares de prisioneiros escandinavos, incluindo algumas centenas de judeus. Esse resgate inicialmente ajudou a reduzir as

Exigindo o retorno (1949) ■ 69

restrições israelenses à indicação de Bernadotte como mediador da ONU. No verão de 1948, o nobre alto e loiro fixou residência no Hotel de Roses na Rodésia, onde ele se valia de uma aeronave leve "Dakota" pertencente à KLM, para transitar entre Tel Aviv, Cairo, Damasco e Amã. O principal obstáculo em sua missão era a aproximação com o mundo árabe, como observado anteriormente neste capítulo, de oposição vigorosa ao reconhecimento do Estado de Israel em quaisquer fronteiras.

Enquanto sua experiência pessoal incluía atividades humanitárias, agora suas tentativas de assegurar um acordo foram, em primeiro lugar, um assunto de política, dada a rede de interesses e desejos das grandes potências na época. Por um lado, a Grã-Bretanha e os Estados Unidos procuravam preservar a hegemonia ocidental no Oriente Médio de forma a evitar a penetração soviética e garantir o fluxo contínuo de petróleo do Levante para a Europa. Os dois buscavam, portanto, proteger as suas boas relações com os árabes, especialmente os reis submissos da Jordânia e do Egito, e impedi-los de se distanciarem. Por outro lado, a União Soviética buscava prejudicar o controle ocidental na região, subvertendo aqueles mesmos regimes monárquicos pró-Grã-Bretanha. Essa questão de poder geopolítico – não de justiça e moralidade – foi o fator condutor por trás das atividades de Bernadotte, cuja posição se sobrepôs em última instância aos interesses do Ocidente, que estava tentando retirar o conflito da agenda por todos os meios possíveis.[68]

Não fosse essa questão de poder geopolítico, é provável que a exigência dos árabes de retorno tivesse permanecido um assunto de disputa apenas entre Israel e os árabes, sem uma dimensão internacional. Tivesse sido esse o caso, a questão provavelmente teria se dissipado ao longo dos anos, como em qualquer parte do mundo. O que Bernadotte fez, como representante dos interesses das potências ocidentais, foi conceder um selo de aprovação à pretensão árabe para eliminar o Estado de Israel. O mediador sueco fixou o assunto como uma questão internacional de cará-ter moral e legal, na qual os palestinos têm se baseado desde en-tão. A aproximação de Bernadotte em muito divergiu da forma mais aceita na época para tratar problemas de refugiados, e se mantém, hoje, como um dos maiores obstáculos para a obten-ção de um acordo de paz.

Defrontado com a oposição árabe, a solução proposta por Bernadotte foi reverter o plano de partilha e mutilar a recente in-dependência de Israel. Em seu diário, admitiu que considerava o plano de partilha "infeliz" e a causa real da guerra, uma vez que os árabes afirmaram antecipadamente que resistiriam a ele.[69] Em 28 de junho de 1948, Bernadotte apresentou formalmente às par-tes uma proposta para o estabelecimento de uma federação árabe-judaica no antigo território do Mandato. O plano teria minado a soberania do Estado judeu sobre o crítico assunto da absorção da imigração judaica (quando a criação de um abrigo seguro para os judeus perseguidos ao redor do mundo era uma demanda funda-mental do Estado judeu) e teria retirado o Neguev do seu controle. Bernadotte procurou ainda transferir toda Jerusalém para mãos ára-bes, em vez de uma custódia internacional, como decidido previa-mente.[70] Aparentemente ele só não propôs uma abolição completa do Estado de Israel porque o país já existia e ao menos uma dúzia de Estados já o reconhecia, incluindo os Estados Unidos e a União Soviética; e também parece ter feito grandes esforços para limitar a soberania de Israel a ponto de quase anulá-la.[71]

A diferente abordagem que adotou com relação às duas par-tes do conflito foi surpreendente. Durante os encontros com os líderes árabes no Cairo em julho de 1948, Bernadotte ouviu a total rejeição deles ao Estado de Israel. O secretário-geral da Liga Árabe disse-lhe que o mundo árabe "preferia sucumbir a desis-tir da luta". E o primeiro-ministro do Egito, Mahmoud Fahmy al-Nokrashy, disse-lhe que os árabes "nunca poderiam concordar com um acordo de estabelecimento de um Estado judeu". Saindo de um desses encontros, Bernadotte anotou em seu diário: "Eu fiquei satisfeito em saber que a confiança que os representantes árabes tinham em mim não está de forma alguma prejudicada. Senti que eles ainda estavam dispostos a me aceitar como Mediador". Mais tarde, acrescentou: "Não me senti nem um pouco desapontado. Nunca imaginei que poderia abalar a visão árabe".[72]

Como muitos dos enviados estrangeiros que se seguiram a Bernadotte ao longo de décadas, Bernadotte aceitou a objeção dos árabes ao sionismo como um fator natural imutável, sem buscar desafiá-lo, nem alterá-lo. Persistiu naquilo que parecia ser o caminho mais fácil para tentar enfraquecer a soberania de Israel, pressionando-o a fazer ainda mais concessões.

De fato, as conversações em Tel Aviv com as lideranças israelenses ocorreram em um espírito completamente diferente. Enquanto dezenas de milhares de judeus ainda estavam em campos de deslocados na Europa e no Chipre, tentando começar a se recuperar dos horrores do Holocausto, e enquanto seus compatriotas estavam lutando para conquistar a soberania em uma pequena fração de uma parte do Oriente Médio, Bernadotte se achou no direito de ensinar Moshe Sharett a maneira de conquistar os corações das nações do mundo. Ao encontrar o ministro das Relações Exteriores de Israel em agosto, o mediador sueco acusou o governo israelense de "arrogância e hostilidade" em relação aos representantes da ONU, dizendo que "o mais importante para os judeus era aumentar a boa vontade ao redor" e que "se empenhar imediatamente em neutralizar o ódio prevalecente entre árabes e judeus". Se o governo israelense tivesse agido de modo diferente, afirmou, "seu prestígio no mundo teria aumentado incomensuravelmente".[73]

É difícil discernir quais eram os reais motivos de Bernadotte por trás dessa atitude, mas é preocupante imaginar que talvez ele estivesse mais confortável com a velha imagem dos judeus como criaturas impotentes do que com os judeus sionistas independentes e autossuficientes que conheceu em Israel. Em seu diário, por exemplo, ele comentou assim o dia em que encontrou em Jerusalém uma "delegação de veneráveis rabinos de barbas brancas", que falavam muito, e no entanto eram muito simpáticos: "Os judeus ortodoxos não são tão fanáticos como, por exemplo, os sionistas extremistas".

Ao desenvolver esforços para servir aos interesses das grandes potências, ciente de que seu único caminho para apaziguar os árabes seria pressionando Israel tanto quanto possível, Bernadotte introduziu um novo plano em setembro de 1948. Redesenhou as fronteiras de Israel, exigindo que o Estado cedesse boa parte do território já tomado na guerra, assim como o território alocado no plano de partilha da ONU. Isso permitia que Israel mantivesse a Galileia ocidental, que já estava tomada, mas subtraía o Neguev, de forma que Israel de Bernadotte se tornasse ainda menor que o proposto e aprovado pela ONU.[74]

No dia seguinte ao término do plano, Bernadotte foi assassinado em Jerusalém por membros do Lehi (organização pré-estatal paramilitar e separatista) devido à sua posição anti-Israel. Seu plano chegou a ser apresentado por seu vice, Ralph Bunche, mas nunca colocado em prática. A Liga Árabe no Cairo rejeitou a proposta, reafirmando que nunca reconheceria Israel,[75] nem aceitaria sua existência, quaisquer que fossem as fronteiras. Israel também objetou o plano devido às amplas exigências territoriais.[76]

* * *

Embora o plano tivesse sido arquivado, Bernadotte acabou por estabelecer uma série de precedentes com relação aos refugiados árabes, os quais continuariam a assombrar, e mesmo a alimentar, o conflito árabe-israelense. Ele foi o primeiro a decidir que a responsabilidade pelos refugiados palestinos sem pátria deveria recair sobre a comunidade internacional por meio das Nações Unidas: os árabes eram habitantes do território atribuído pela comunidade internacional à Grã-Bretanha como um mandato,

Exigindo o retorno (1949) ■ 73

considerou Bernadotte, de forma que eles, compreensivelmente, esperavam assistência concreta das Nações Unidas.[77] Nesse aspecto, Bernadotte negligenciou a própria responsabilidade dos árabes palestinos pelo seu destino e sua escolha em não fundar o seu próprio Estado, tal como oferecido pela comunidade internacional, o que lhes teria dado território, cidadania e estatuto de Estado.

Bernadotte exigiu também o retorno dos refugiados árabes para o território do Estado de Israel. Ao fazer isso, operou contra a visão convencional na época, como já observado, de que a separação étnica das populações rivais era um instrumento pacificador legal, moral e legítimo. Aceitou a posição árabe e chamou os refugiados de vítimas inocentes. "Teria sido uma ofensa contra os princípios da justiça fundamental", assegurou o mediador sueco, se "lhes fosse negado o direito de retornar para suas casas". Bernadotte também propôs que as Nações Unidas deveriam afirmar "o direito dos refugiados de retornar para seus lares o mais cedo possível", e depois monitorar a realização.[78]

A posição de Bernadotte foi excepcional por sua insistência no retorno de uma população refugiada contra os desejos de um Estado soberano e por ignorar, portanto, o perigo real de perpetuação da guerra (em contradição à essência de seu papel como mediador da paz), quando ele próprio tinha escutado do secretário-geral da Liga Árabe, Azzam Pasha, que seria possível recrutar dentre os refugiados "um exército irregular que estaria em posição de causar uma enorme inconveniência aos judeus por meio de atos de sabotagem".[79]

A posição de Bernadotte também foi inédita na sua definição do retorno como um "direito" e na sua explícita estipulação de um retorno às verdadeiras casas dos refugiados. A posição de Bernadotte foi ainda sem precedente na distinção que delineou entre palestinos como um grupo nacional beligerante e a condição pessoal de indivíduos refugiados. Ao fazer isso, tratou os palestinos de forma completamente diferente de outros refugiados.

Quando a questão, por exemplo, dos refugiados alemães foi discutida depois de 1945, não existia dúvida de que seu destino havia sido diretamente moldado pela responsabilidade da Alemanha pela Segunda Guerra Mundial: assim também ainda que milhões de indianos e paquistaneses tivessem sofrido tragédias pessoais, isso não foi considerado razão para reverter a partilha do subcontinente indiano e restaurá-los às suas antigas casas.[80]

Se Bernadotte não tivesse insistido no retorno dos refugiados às suas próprias casas, e, ao contrário, tivesse se referido à sua "pátria" ou "país", ele teria agido de acordo com o plano de partilha. Tal cenário, ao menos da perspectiva internacional, teria dado aos palestinos apoio apenas para um retorno ao território árabe no antigo território do Mandato (ou seja, a Margem Ocidental ocupada pela Jordânia e a Faixa de Gaza ocupada pelo Egito), e teria proporcionado uma solução racional e pacífica ao problema dos refugiados palestinos. Isso também teria reduzido dramaticamente o escopo da questão, à medida que um número significativo de refugiados palestinos tinha permanecido de fato na Palestina da época do Mandato e, portanto, nunca deixou sua pátria.

Em vez de colocar em movimento um processo que, definitivamente, levaria à paz, Bernadotte abriu a porta para uma guerra prolongada, sob o manto da legitimidade internacional. Na sua forte disposição em aceitar a posição árabe, traiu seu papel de encarregado de promover a paz e colocou explosivos diplomáticos no centro do conflito, que se tornaria uma das mais prolongadas disputas do mundo.

Bernadotte apresentou duas principais razões para suas recomendações. A primeira era humanitária, invocando "princípios de justiça fundamental"; a segunda era consequencialista, uma vez que acreditava que a comunidade internacional tinha que aceitar a responsabilidade pelos "refugiados palestinos" como condição para o sucesso dos esforços de paz da ONU. Bernadotte acreditou que sua abordagem ajudaria a obter a paz.[81]

Exigindo o retorno (1949) ■ 75

Nenhum desses argumentos tinha uma base real. Em primeiro lugar, não se tratava de uma questão de justiça "fundamental", porque nada parecido havia sido feito em qualquer outro lugar além da Palestina da época do Mandato. Como observado antes, a repatriação de populações hostis contra a vontade do Estado receptor simplesmente não ocorreu. Quanto ao aspecto consequencialista da posição de Bernadotte, isso era ainda menos razoável. Tanto antes quanto depois da publicação do plano, os Estados árabes fizeram muito esforço para destacar que nunca aceitariam um Estado judeu em quaisquer fronteiras e sob quaisquer circunstâncias. Bernadotte sabia disso, e foi exatamente por isso que seu plano inferia que o mundo árabe "rejeitaria qualquer recomendação [que a comunidade internacional submetesse a eles] para aceitação do Estado judeu ou seu reconhecimento".[82]

A recomendação para repatriar os refugiados para Israel era, para Bernadotte, assim como para os árabes, um assunto político. Para os árabes, isso era parte de sua contínua guerra contra Israel, e para Bernadotte, um meio de atenuar a raiva dos árabes. A ideia de o povo judeu não ter seu Estado, sobretudo após a devastação da Segunda Guerra, não estava sendo considerada um preço implausível, uma vez que o objetivo de Bernadotte era tentar equilibrar os interesses das grandes potências em um mundo árabe estável.

* * *

Três meses após o assassinato de Bernadotte, a Assembleia Geral da ONU aprovou a Resolução 194, que foi baseada em seu plano. Apesar de ser uma resolução da Assembleia Geral, o que por definição não confere um "direito", os palestinos continuam a citar até hoje essa resolução como um dos pilares centrais para a reivindicação de que possuem um direito de retorno ao Estado de Israel. A resolução, intitulada Relatório de Progresso do Mediador das Nações Unidas, busca solução pacífica de todas as disputas entre Israel e os árabes e compreende 15 parágrafos. O parágrafo 6, por exemplo, requer negociações abrangentes entre os lados, e o parágrafo 10 pede aos governos regionais para facilitarem o desenvolvimento econômico do antigo território do Mandato.[83]

O parágrafo 11 define que "os refugiados que desejam retornar às suas casas e viver em paz com seus vizinhos deveriam ser autorizados a fazê-lo o mais cedo possível", adicionando que "uma compensação deveria ser paga para a propriedade [abandonada] daqueles que escolhessem não retornar".[84] As Nações Unidas tinham a missão, portanto, de facilitar a repatriação, o reassentamento e a recuperação socioeconômica dos refugiados retornados, assim como o pagamento da compensação para aqueles que optassem por não retornar.[85]

Contrariamente à forma como é interpretada atualmente, a Resolução 194 não foi um reflexo da comunidade internacional sobre o julgamento da via justa e moral de resolver o problema do refugiado árabe. Em vez disso, foi um reflexo das aspirações políticas e coloniais do Ocidente para assegurar sua influência no Oriente Médio e manter o mundo árabe sob a sua proteção. Foi também um ato de compensação dos danos causados ao Ocidente no mundo árabe devido ao seu apoio ao plano de partilha. Como a resolução foi conduzida pela Grã-Bretanha e Estados Unidos, todo o bloco comunista, liderado pela União Soviética, opunha-se a ela, tendo tentado sabotar os interesses do Ocidente, especialmente da Grã-Bretanha.[86]

Israel ainda não era um Estado-membro da ONU na época e, portanto, não estava habilitado a votar na Assembleia Geral. Todos os Estados árabes que eram membros da ONU na época da resolução – Egito, Síria, Líbano, Iraque, Arábia Saudita e Iêmen (a Jordânia ainda não havia sido admitida) – se opuseram à resolução em bases políticas: a menção ao nome de Israel e a convocação para iniciar as negociações foram tomadas para

Exigindo o retorno (1949) ∎ 77

inferir o reconhecimento da existência de Israel. Os Estados árabes decidiram que não poderiam aceitar uma solução para o problema do refugiado que requeresse reconhecer Israel.

Poucas semanas depois, entretanto, os líderes árabes decidiram endossar com entusiasmo a resolução. Em vez de a aceitarem amplamente no sentido de avançarem para a paz com Israel, eles se uniram em torno de uma cláusula e a retiraram do contexto da resolução como um todo – a cláusula 11.[87] Ao invocar o parágrafo 11, os árabes sistematicamente violaram, por exemplo, o parágrafo 10, mencionado anteriormente e, em vez de facilitar o desenvolvimento econômico de Israel, impuseram um amplo boicote sobre ele. Os Estados árabes rejeitaram o espírito da resolução – a solução pacífica do conflito árabe-israelense – e se mantiveram firmes à única cláusula que sabiam que, se fosse integralmente promulgada, cancelaria a intenção fundamental de toda a resolução.

O enviado de Israel, Abba Eban, lembrou às Nações Unidas, um ano depois, que, enquanto alguns argumentavam que a Resolução 194 demandava um retorno incondicional dos refugiados, "a Assembleia Geral nunca adotou qualquer resolução desse tipo". "O que a Assembleia Geral fez", Eban afirmou,

> foi adotar uma resolução requerendo que as partes envolvidas no conflito negociassem um acordo final sobre todas as suas notáveis diferenças. Nunca houve qualquer sanção internacional para a visão extravagante de que uma solução ampla do problema do refugiado poderia ser realizada em completo isolamento do contexto mais amplo das relações entre os Estados daquele território. A ideia de que o principal objetivo dessa resolução – a restauração da paz – podia ser ignorado e colocado à margem, enquanto um de seus objetivos específicos que afetam os refugiados poderia ser cumprido, nunca, em nenhum momento, esteve na cabeça de alguém.[88]

Ao sujeitar o parágrafo 11 a essa interpretação radical e descontextualizada, os árabes persistem em evocar a Resolução 194 como se ela lhes desse um completo, imediato, inalienável e incondicional direito de retorno. A liderança palestina cita sistematicamente essa resolução em conversações de paz com Israel como um código para o que considera uma garantia de seu direito de retorno, e os palestinos em campos de refugiados aderem à resolução como apoio ao seu suposto direito absoluto de retornar a Israel.[89]

Em primeiro lugar, o entendimento de que a 194 criou um direito palestino de retorno descaracteriza o *status* jurídico da resolução. Os poderes da Assembleia Geral da ONU são limitados; ela não pode conferir direitos legais ou vinculados. Portanto, a resolução é puramente recomendatória, ela não cria e não pode criar um "direito" a nada, incluindo o de "retorno".[90] Mas mesmo se a Assembleia Geral tivesse a autoridade de conferir direitos legais e vinculados sobre pessoas e nações, uma leitura cuidadosa da 194 torna muito claro que o objetivo não era criar um "direito de retorno".

Em primeiro lugar, ela alterou parte da redação de Bernadotte em favor de uma abordagem mais prática. Embora o mediador tenha feito referência a um "direito de retorno" em seu plano, a Resolução 194 não fala em absoluto sobre um "direito". A resolução define que aos refugiados "deveria ser" – e não "deve ser" – permitido o retorno. Abba Eban observou em suas memórias que essa frase, que deixa efetivamente a decisão final nas mãos da autoridade soberana (ou seja, Israel), foi resultado de seus esforços e aceita pelos Estados Unidos.[91]

Outra importante distinção é que a Resolução 194 introduziu a restrição de que apenas os refugiados "que desejam... viver em paz com seus vizinhos" deveriam ter permissão para o retorno.[92] Isso levanta a questão sobre quem entre os refugiados desejava "viver em paz" com Israel, quem determinaria isso e como isso seria determinado. A realidade era que muitos palestinos refugiados eram aliados ou eram parte da milícia que lutou contra os judeus durante a guerra. Muitos outros eram simpáticos à causa. Os Estados árabes e os refugiados deixaram claro, repetidamente, que não aceitavam a legitimidade de Israel. Distinguir os refugiados palestinos que fizeram a paz com a existência do Estado judeu e que desejavam agora retornar e viver pacificamente dentro do país, dos refugiados palestinos que desejavam retornar e pegar em armas contra os judeus dentro do Estado era uma tarefa totalmente impossível. Teria sido, portanto, evidentemente suicida para o nascente Estado judeu aceitar um influxo maciço desses refugiados palestinos.[93] Em resumo, a intenção da Resolução 194 nunca foi a de um direito incondicional ou superior que nega ou viola a soberania de Israel, como os árabes o descrevem até hoje.[94]

Nos anos posteriores, as próprias Nações Unidas rejeitaram a intepretação mais ampla dos árabes *ex post facto* da resolução, concluindo que aquele retorno incondicional não era nem uma opção prática, nem preferida.[95] Nos anos 1950, uma série de resoluções da ONU apresentou o reassentamento dos refugiados em Estados árabes como uma solução equivalente ao retorno; isto é, as Nações Unidas não viam o retorno como a única e imperiosa solução, nem o reassentamento em Estados árabes como uma violação da "justiça fundamental". De fato, no decorrer dos anos 1950, a comunidade internacional fez várias tentativas para implementar projetos de readaptação em larga escala para ajudar os refugiados. O Conselho de Segurança – indiscutivelmente o órgão de maior importância e autoridade da ONU – nunca decidiu, em qualquer de suas resoluções sobre o conflito entre árabes e israelenses, que os refugiados deveriam retornar para suas casas.[96]

* * *

No início de agosto de 1948, James Grover McDonald, recém-indicado representante especial dos EUA em Israel, chegou a Tel Aviv e fixou residência primeiro no Gat Rimon Hotel na rua HaYarkon, próximo à praia, onde recebeu um quarto com uma vista para o mar. Logo, McDonald pediu para se mudar de aposento: não apenas uma banda tocava toda a noite no térreo, tornando difícil trabalhar, como o quarto acima do seu estava ocupado pelo enviado soviético Pavel Yershov, e muitos membros da delegação soviética viviam nos quartos adjacentes. Cada vez que o diplomata americano era chamado ao telefone público no fim do corredor, as portas de vários dos quartos de diplomatas soviéticos abriam repentinamente. McDonald estava convencido de ser espionado o tempo todo.[97]

Parecia que o telhado do Gat Rimon Hotel era um dos únicos lugares no mundo na época em que as bandeiras americana e soviética tremulavam lado a lado. A Guerra Fria estava se espalhando com força total ao redor do mundo, com cada uma das superpotências tentando tomar maiores pedaços do mapa-múndi. Stalin bloqueou Berlim Ocidental para espremer as potências ocidentais fora da cidade, e Washington implementou seu Plano Marshall para reabilitar a Europa Ocidental e evitar uma ocupação comunista ali. Em outros lugares, o conflito entre os comunistas e seus rivais foi travado com sangue: Mao Tsé-tung estava prestes a controlar toda a China; as forças pró-Ocidente estavam prestes a ganhar sua guerra contra os comunistas na Grécia. Enquanto isso, no coração de Tel Aviv, o representante especial dos EUA obteve uma pequena vitória no protocolo: seu rival Yershov apenas manteve o cargo de ministro, enquanto McDonald foi indicado embaixador.

McDonald, que nasceu em Ohio e ensinou História e Relações Internacionais em algumas universidades americanas, em setembro de 1949 fixou sua residência no subúrbio de Ramat Gan, em Tel Aviv, perto da casa de Moshe Sharett.[98] McDonald era considerado um confidente pessoal do presidente Harry Truman. Sua indicação deveu-se à tensão entre Truman e o secretário de Estado, George Marshall, e ao desacordo sobre a abordagem política correta em relação ao jovem Estado de Israel.

Internacionalmente, Truman encabeçou o campo pró-Israel, inclusive correndo para reconhecer o Estado de Israel 11 minutos após sua declaração de independência. Marshall, entretanto, juntou-se à maioria das bases diplomáticas e de defesa na oposição à criação do Estado de Israel. Embora o antissemitismo possa ter influenciado, essa oposição a Israel estava enraizada primordialmente nas considerações geopolíticas da *Realpolitik*, incluindo a dependência do petróleo árabe e a avaliação de que o equilíbrio regional de poder favorecia os árabes. Em uma coluna no *Washington Post* de 2008, do falecido Richard Holbrooke – que ajudou a organizar os documentos do assessor político presidencial, Clark Clifford, para um livro de memórias em coautoria – foi relatada uma conversa interna de 1948 que expunha a posição do *establishment* militar. "Existem 30 milhões de árabes de um lado e cerca em 600 mil judeus do outro", disse o secretário de defesa dos EUA James Forrestal a Clarck Clifford, um dos únicos assessores de Truman favoráveis ao reconhecimento de Israel. "Por que você não encara a realidade?".[99]

Às vésperas da fundação de Israel, o Pentágono ainda estava advertindo que a cooperação americana com o novo país iria prejudicar os interesses dos Estados Unidos. Ajudar os judeus, argumentaram as autoridades do Departamento de Estado, aumentaria a hostilidade dos árabes e desestabilizaria toda a região. Temiam que a União Soviética pudesse "prontamente explorar" a situação para enviar forças armadas ao Oriente Médio com o objetivo de derrubar governos árabes pro-Ocidente e substituí-los por regimes pró-soviéticos. Os Estados Unidos arriscariam perder a amizade da Arábia Saudita, colocando em risco "importantes concessões americanas de petróleo e direitos de base aérea", assim como os vínculos políticos e econômicos com os Estados árabes. O ódio dos árabes ao sionismo era passível de ser transformado em ódio do Ocidente, dizia o argumento, e os Estados Unidos experimentariam a sua própria onda de antissemitismo, à medida que o povo americano concluísse que o apoio à criação do Estado judeu acontecera "em detrimento dos interesses gerais de segurança dos EUA".[100]

Mesmo o presidente Truman, a figura mais pró-sionista no governo dos EUA, escreveu em seu diário em 1948 sobre a necessidade de conquistar o apoio dos árabes: "A Grã-Bretanha manteve sua posição na área aprimorando relações com os árabes". "Agora que esse país parece não ser mais capaz de manter sua posição, os Estados Unidos devem assumir esse lugar, e isso deve ser feito exatamente da mesma forma; se os árabes forem antagonizados, eles irão para dentro do domínio soviético."[101]

É nesse contexto que devemos entender a pressão que o governo dos EUA começou a exercer sobre Israel quanto ao problema do refugiado palestino. Washington temia que centenas de milhares de palestinos sem casa e sem trabalho, que haviam se refugiado nos Estados árabes vizinhos, provocassem uma instabilidade política e o colapso dos já instáveis regimes árabes, podendo mesmo proporcionar um terreno fértil para revoluções sociais e comunistas. A última coisa que os líderes dos EUA queriam era afastar as nações árabes e ver um posto comunista estabelecido no centro do Oriente Médio.

Ao final de setembro de 1948, antes mesmo da aprovação da Resolução 194 na Assembleia Geral, o chefe do Estado-Maior Conjunto dos EUA, William Leahy, lembrou o Secretário de Estado, Marshall, em um telegrama, que "o Estado-Maior Conjunto tem salientado frequentemente a crítica importância estratégica da região do Oriente Médio e a necessidade, de um ponto de vista militar, de manter o mundo árabe direcionado para os Estados Unidos e o Reino Unido". A situação dos refugiados, continuou Leahy, era uma oportunidade de fortalecer a amizade entre os povos americano e árabe e aumentar o prestígio dos EUA, que tinha sofrido um abalo pelo rápido reconhecimento do Estado judeu. "Os relatórios de nossas Missões no Oriente Médio", dizia outro telegrama, "enfatizam que a falha do governo dos Estados Unidos em prestar substancial assistência nessa emergência [problema do refugiado] está pondo em risco nossas relações com os Estados do Oriente Médio".[102] Para os americanos, as lentes principais através das quais consideravam a questão dos refugiados árabes e a solução desejada permaneciam basicamente geopolíticas, em vez de jurídicas ou humanitárias.

A política americana oscilou entre os sentimentos pró-Israel do presidente Truman, de um lado, e o que era percebido em Washington como interesses globais dos Estados Unidos, de outro, que para muitos requereria uma orientação pró-árabe. Um importante elemento nessa equação era o desejo de proteger a amizade dos Estados Unidos com a Grã-Bretanha, que ainda tinha forças militares no Egito e na Jordânia, e estava fazendo fortes exigências para prejudicar o Estado judeu. Londres tinha objeções ao plano de partilha e ainda esperava tomar o Neguev de Israel para preservar a contiguidade territorial entre a Jordânia e o Egito, seus dois clientes árabes. Em um debate parlamentar no início de 1949, o Secretário de Relações Exteriores britânico, Ernest Bevin, acusou Israel de desenraizar meio milhão de refugiados árabes. O extremismo judeu, afirmou ele, foi responsável por uma grande parte do conflito entre árabes e israelenses. Dados os interesses americanos no início da Guerra Fria e frente à escolha entre Israel e a Grã-Bretanha, Truman, em última instância, escolheu ficar ao lado dos interesses da potência mundial mais amigável dos EUA.[103]

* * *

Enquanto isso, os Estados árabes continuavam a reafirmar que todos os refugiados deveriam retornar imediata e incondicionalmente a Israel. Em um encontro em Beirute com membros da Comissão de Conciliação da ONU, na primavera de 1949, os líderes árabes avisaram que, antes mesmo de aceitarem discutir a possibilidade de abrir negociações, Israel deveria permitir a volta de qualquer um que quisesse retornar. Exigiram também que

Israel retornasse às fronteiras da partilha e cedesse faixas inteiras do Neguev. A Conferência de Lausanne de 1949, que foi aberta nesse espírito, rapidamente chegou a um previsível beco sem saída.[104]

Frente a essa realidade, o Departamento de Estado dos EUA estabeleceu que a solução para iniciar o processo de paz no Oriente Médio era o retorno em massa dos refugiados para Israel. Os americanos acreditavam que os árabes tinham que recuar da exigência do retorno total dos refugiados, e Israel tinha que aceitar o princípio do retorno e fazer um gesto generoso para aplacar os árabes. Aparentemente, Washington, consciente de sua inabilidade para influenciar o mundo árabe, decidira pressionar quem pudesse. Dean Acheson, que havia substituído George Marshall como secretário de Estado em janeiro de 1949, disse a Moshe Sharett em abril de 1949: "A repatriação de todos esses refugiados não é uma solução prática; contudo, prevemos que um número considerável precisa ser repatriado se quisermos encontrar uma solução".[105]

Quanto mais se prolongava o fracasso dos diplomatas dos EUA e autoridades da ONU em promover conversações entre Israel e árabes, mais Washington levantava o tom com o governo de Ben-Gurion na tentativa de persuadi-lo. Isso se refletiu no memorando de 27 de maio de 1949, do secretário de Estado interino James Webb ao presidente Truman. Webb escreveu:

> Este Governo fez, recentemente, representações junto ao governo israelense solicitando sua concordância em repatriar um número substancial de refugiados e dar início imediato ao retorno de deles... o Departamento de Estado entende que chegou a hora de tomar uma decisão fundamental sobre nossa atitude com relação a Israel. Os Estados Unidos deram generoso apoio à fundação do Estado judaico, pois acreditávamos na justiça dessa aspiração. Agora é essencial informar ao Governo israelense de forma vigorosa que, se ele continuar a rejeitar o conselho amigável que este Governo ofereceu.... [os Estados Unidos] serão forçados, com pesar, a rever sua atitude com relação a Israel.[106]

Em Tel Aviv, o embaixador McDonald estava plenamente ciente da tensão entre o governo e Israel, mas assim mesmo se surpreendeu com o telegrama do presidente Truman, "ultrassecreto" e ríspido, que chegou à sua escrivaninha dois dias depois, na manhã de domingo, 29 de maio. O telegrama, cujo conteúdo McDonald deveria transmitir de imediato a Ben-Gurion pessoalmente, trazia a marca clara do Departamento de Estado: expressava a grande decepção com a atitude de Israel, considerada perigosa para a paz. Afirmava ainda que Washington havia feito apelos repetidos e malsucedidos a Israel para "a aceitação do princípio da repatriação substancial", e que a administração dos EUA considerava a presente atitude de Israel "[in]consistente com os princípios sobre os quais o apoio dos EUA foi baseado". O telegrama concluía com a clara ameaça de que se Israel não aceitasse a posição de Washington, os Estados Unidos revisariam sua atitude com relação a Israel.[107]

O embaixador McDonald rapidamente solicitou uma reunião urgente com o primeiro-ministro Ben-Gurion para transmitir essa mensagem do presidente Truman. A reunião foi agendada para o mesmo dia às 15h30. McDonald entrou no escritório de Ben-Gurion na hora marcada com um funcionário da embaixada; o ministro das Relações Exteriores, Moshe Sharett, também estava lá. McDonald entregou o telegrama a Sharett, que leu em voz alta. Quando Sharett terminou, Ben-Gurion voltou-se para McDonald e lhe perguntou: "Como nós podemos permitir que inimigos potenciais voltem, enquanto os Estados árabes abertamente ameaçam com uma nova guerra de destruição? A quem deveríamos recorrer, se Israel for novamente atacado? Os EUA enviariam armas e tropas?". Após uma breve pausa, Ben-Gurion adicionou: "Nós podemos ser esmagados, mas não vamos cometer suicídio".[108]

* * *

A questão do refugiado continuou a preocupar Ben-Gurion e seus companheiros líderes israelenses, que perceberam que o impasse dessa questão estava ameaçando as relações de Israel com Washington. "Nós enfrentamos uma crise sem precedentes", alertou o recém-empossado embaixador de Israel na ONU, Abba Eban. O presidente Truman, argumentou Eban, estava convencido de que apenas um gesto de Israel levaria os árabes a concordar em assentar o restante dos refugiados em seus próprios países.[109]

Nesse contexto, Israel articulou dois importantes planos no verão de 1949. O primeiro foi o denominado Plano de Gaza, que propunha transferir da Faixa de Gaza, em mãos egípcias ao final da guerra, para a soberania israelense. Israel informou às Nações Unidas que estava disposto a ceder a cidadania israelense a todos os árabes na Faixa de Gaza, tanto para os residentes originais quanto para as pessoas deslocadas, e comprometia-se a cuidar de seu reassentamento e readaptação. Israel estimou que havia 180 mil árabes na Faixa de Gaza; o número real era mais próximo a 300 mil.[110]

Ben-Gurion escreveu em seu diário que o plano concederia bens estratégicos para Israel, encabeçados pela remoção do exército egípcio da Faixa de Gaza e a adição de terra relativamente fértil. Isso também autorizaria Israel a afirmar ter feito sua parte para resolver o problema do refugiado. Israel estimou que se absorvesse e naturalizasse os refugiados na Faixa de Gaza, o tamanho da minoria árabe no país seria mais ou menos equivalente ao que teria havido na partilha de 1947. Em troca, Israel exigiria ampla ajuda internacional para cobrir os inevitáveis custos envolvidos.[111]

O governo dos EUA apoiou o plano, mas queria que Israel compensasse o Egito pelo território. Ben-Gurion concordou e também ofereceu transferir para o Egito uma parte do noroeste do Neguev ao longo da fronteira. Mas Cairo colocou objeções, afirmando que o plano apenas serviria aos interesses de Israel, expandindo sua base territorial sem resolver o problema do refugiado na sua totalidade. "Não apenas o Egito não desistirá do distrito de Gaza", disse o chefe da delegação egípcia na conferência de paz de Lausanne, "mas [ele] exigirá firmemente o sul do Neguev". Os líderes políticos do Cairo acusaram o plano de ser "um precursor da agressão israelense contra Gaza", formalmente avisando Washington da rejeição e reiterando o direito dos refugiados de retornar a suas casas.[112]

Pouco depois, Israel articulou outra ideia: a Proposta dos 100 mil, oferecendo acolher 100 mil refugiados árabes em Israel no contexto do tratado de paz. O embaixador israelense em Washington, Eliahu Elath, afirmou explicitamente que o governo israelense tinha, assim, a intenção "de demonstrar [sua] cooperação com os EUA" e que o objetivo era que Israel fizesse sua parte na solução do problema do refugiado. O presidente Truman pareceu satisfeito com o plano, e um de seus conselheiros observou que o presidente estava "extremamente satisfeito... [e] acha que [a] oferta dos 100 mil pode resolver [o] impasse". Mas os árabes também rejeitaram essa proposta. Um diplomata árabe em Lausanne denominou o acordo como "um mero artifício de propaganda". Os árabes afirmavam que o plano era "menos que um sinal" e que os judeus não podiam se opor por razões econômicas ao retorno de um grande número de refugiados árabes, enquanto encorajava a imigração em massa dos judeus.[113]

Ambos os planos de Israel mostravam disposição em dar sua parcela num amplo acordo, em que cada lado contribuiria com uma parte. Para os árabes, o sofrimento humanitário dos refugiados não tinha grande significado, era principalmente útil como arma política contra Israel. Os diplomatas americanos na Conferência de Lausanne tiveram a impressão de que os egípcios demonstraram "completa indiferença [com o] destino [dos] refugiados de Gaza".[114] Um representante sênior da UNRWA afirmou, nesse contexto, que "os líderes árabes pouco se importam se os refugiados [palestinos][115] vivem ou morrem".

88 ■ *A guerra do retorno*

Em algumas oportunidades, os diplomatas árabes admitiram abertamente aos israelenses que apenas colocavam a questão do refugiado no topo de suas agendas como uma manobra. Uma autoridade egípcia disse à sua contraparte israelense que, no ano anterior, milhares de seus compatriotas haviam morrido em uma epidemia de cólera, e que o governo no Cairo não tinha tido a menor reação. "Por que agora deveríamos nos importar com os refugiados?", o homem ponderou.[116] Ao rejeitar ambos os planos israelenses, os árabes mandavam a mensagem de que a questão dos refugiados havia sido examinada apenas no contexto de sua serventia para a causa política de prejudicar Israel.

O verão de 1949 marcou o fim das tentativas dos árabes e da comunidade internacional de impor um retorno em massa para Israel sem um tratado de paz. Os Estados Unidos e a Grã-Bretanha entenderam que isso não iria ocorrer; e após os árabes rejeitarem as propostas de Israel para um retorno parcial, Washington e Londres passaram a considerar outras soluções, principalmente a readaptação econômica dos refugiados nos países árabes.

Recusando a integração (1950-1959)

"Quando [os refugiados] começarem a obter um pouco da mobilidade que o trabalho lhes proporcionar, pensarão menos em retornar para casa."

Gordon Clapp,
Missão de Pesquisa Econômica das Nações Unidas
para o Oriente Médio

NÚMERO DE REFUGIADOS (1950): 894.000[1]

No início do verão de 1949, um boato começou a circular por um campo de refugiados palestinos próximo a Jericó. Diziam que um homem louco com um chapéu de palha estava parado em uma encruzilhada, a poucas milhas da cidade, pagando a quem o ajudasse a cavar um grande poço à margem da estrada.

Ele estava tentando encontrar água fresca no meio do deserto. A terra naquele lugar, tão próximo ao Mar Morto, era coberta de finos cristais de sal. Naquele mês de agosto, Jericó registrava temperaturas de mais de 45 graus centígrados na sombra, mas o homem com o chapéu de palha estava convencido de que, se apenas cavasse um poço suficientemente profundo, água limpa começaria a jorrar para fora do solo. Desde a manhã até à noite, ele ficava lá entregando pás para descobrir a água fresca com a qual o Vale do Jordão poderia ser irrigado e o deserto floresceria.

O homem era Musa Alami, mencionado no capítulo anterior, conhecido como um respeitado membro da sociedade palestina e um antigo membro da Alta Comissão Árabe. Alami havia fugido para Beirute e para Amã durante a guerra de 1948, mas imediatamente depois retornou para a Margem Ocidental, disposto a fazer algo para o seu povo. Ao ver milhares de pessoas amontoadas em campos de refugiados, esperando pela caridade de agências assistenciais ocidentais, Alami ficou sensibilizado e decidiu iniciar a implantação de assentamentos agrícolas ao longo do rio Jordão, nos quais os camponeses árabes pudessem reconstruir suas vidas. Para isso, em primeiro lugar ele buscava a mais urgente de todas as coisas: água.

Alami era um descendente da aristocracia palestina, muito distante da vida dos camponeses. Seu pai, Faidi, tinha sido prefeito de Jerusalém no início do século XX. Em 1919, Musa foi para a Inglaterra estudar Direito na Universidade de Cambridge. Em fotografias tiradas antes de sua partida, Musa pode ser visto junto aos pais: o pai era um homem refinado em um terno de três peças, com um fino bigode penteado e um cabelo repartido. No seu retorno à Palestina, ele integrou a estrutura de comando do Mandato Britânico, tornando-se o procurador-geral assistente. No julgamento dos suspeitos do assassinato do líder sionista Haim Arlosoroff, Alami foi o assistente do promotor chefe.

Alami esteve envolvido na liderança de seu povo desde os anos 1930 e estava próximo à família Nashashibi. Participou das discussões com a Grã-Bretanha sobre o futuro do país e, em 1939, foi um dos formuladores do antissionista "Livro Branco" das autoridades britânicas, que restringia drasticamente a imigração judaica. Alami era um verdadeiro empreendedor: fundou a Sociedade Árabe de Desenvolvimento em meados de 1940, levantando fundos dos Estados-membros da Liga Árabe para desenvolver as aldeias palestinas. Depois da Segunda Guerra Mundial, chefiou o Escritório Árabe, um grupo palestino de propaganda que tentou frustrar a fundação de um Estado judeu. Na véspera da decisão britânica de deixar o Mandato Britânico, Alami reuniu-se em Londres com o secretário de Relações Exteriores, Ernest Bevin, para tentar dissuadi-lo de "abandonar" os árabes.

Alami perdeu grande parte de suas propriedades na guerra, e algumas das suas casas foram deixadas em território israelense. Mas decidiu não mergulhar no sofrimento do fracasso árabe e, em vez disso, aproveitou seus talentos pessoais e sua riqueza para ajudar seu povo. Na sua imaginação, ele fundaria novas aldeias nas duas margens do rio Jordão, onde os camponeses palestinos poderiam reconstruir suas vidas e viver dignamente da agricultura.

Alami quis construir a primeira dessas aldeias com suas próprias mãos. Para isso, apelou para o rei Abdullah da Jordânia e recebeu uma propriedade de 20 mil *dunams* (aproximadamente 20 km²) próxima a Jericó, a poucos quilômetros ao norte do Mar Morto, e 300 metros abaixo do nível do mar. Embora não tivesse o treinamento necessário e nunca houvesse trabalhado nessa área, Alami tentou encontrar água. E como os jordanianos tinham rejeitado sua solicitação por equipamento profissional de escavação, decidiu cavar com as mãos.

Teve sucesso: poucos meses depois que começou a cavar com sua equipe, encontrou água fresca no subsolo profundo. "Agora você já pode morrer", um dos refugiados lhe disse. Eles rapidamente cavaram cerca de 15 poços, cada um com mais de 40 metros de profundidade. As primeiras colheitas de vegetais foram de qualidade excepcional, graças às altas concentrações de potássio no solo. O sonho de Alami de construir um modelo de aldeia palestina – uma fazenda experimental para a readaptação de refugiados que servisse como fonte de inspiração e exemplo a ser reproduzido – começava a tomar forma.[2]

Pouco depois, Alami atraiu substancial atenção dos diplomatas e homens de Estado árabes. O jornal *The New York Times* o descreveu como "o Moisés árabe" e o viu como um líder local exemplar, que estava tomando o futuro de seu povo nas mãos. A possibilidade de que, no coração do Oriente Médio, infértil e dilacerado pela guerra, um homem ousado tomasse para si a tarefa de readaptar os refugiados de guerra – praticamente com as próprias mãos e contra todas as probabilidades – irritou muitos.[3]

Seguramente, Alami não estava abraçando a posição de Israel com relação ao retorno dos refugiados. De fato, alguns meses antes, conforme mencionado no capítulo anterior, ele havia publicado um ensaio sobre as lições que a sociedade árabe deveria aprender com sua derrota para Israel, escrevendo explicitamente sobre as preparações de uma guerra de revanche contra os judeus.[4] Ele não considerava sua atividade em favor dos refugiados como uma concessão com respeito à exigência de retorno. Alami pensava apenas que, em benefício da dignidade e da prosperidade de seu povo, caberia dar condições humanas aos refugiados. No entanto, a iniciativa de Alami ocorreu em um momento crítico da história da questão do refugiado – quando a comunidade internacional parou de falar sobre uma solução que envolvesse o retorno e passou a falar sobre uma solução envolvendo readaptação.[5]

* * *

No fim de 1949, as potências ocidentais começaram a perder a esperança de encontrar uma solução política para o conflito árabe-israelense, mas não podiam permitir-se sair do conflito ou do problema do refugiado, principalmente por causa de seus interesses geoestratégicos na região. Washington e Londres, portanto, concluíram que estava na hora de explorar outras soluções. Avaliaram que seria economicamente mais fácil readaptar os refugiados palestinos em grandes países árabes com populações culturalmente similares. Assim, ambas as potências decidiram separar o problema do refugiado da questão das negociações de paz entre árabes e israelenses.

Os interesses geoestratégicos americanos requeriam que os Estados Unidos impedissem que a União Soviética ganhasse controle sobre qualquer país na região. Washington temia que os comunistas se expandissem pelo Oriente Médio através de subterfúgios políticos, o que poderia ser facilitado pelas más condições econômicas na região, especialmente entre os refugiados.

Portanto, melhorar as condições econômicas dos refugiados árabes tornou-se um objetivo estratégico do governo dos EUA.[6]

George McGhee, secretário de Estado adjunto dos EUA para os assuntos do Oriente Médio, abordou claramente esse tema em seu depoimento para o Comitê de Relações Exteriores da Câmara dos EUA em Washington, em fevereiro de 1950:

> Nossa dedicação aos refugiados palestinos, parcialmente baseada em considerações humanitárias, tem uma justificativa adicional. Enquanto o problema do refugiado permanecer não resolvido [...] a obtenção de um acordo político na Palestina atrasado, [...] [e] os refugiados [...] continuarem a servir como um foco natural para a exploração pelos comunistas e por elementos disruptivos, os quais nem nós nem os governos do Oriente Médio podemos ignorar [...], a presença de 750 mil pessoas desocupadas e despossuídas – um número maior que a força combinada dos exércitos permanentes do Oriente Médio –, cujo descontentamento aumenta com a passagem do tempo, é a maior ameaça à segurança da área que existe agora.[7]

Apenas poucos meses antes, o presidente Truman havia ameaçado reavaliar as relações com Israel se o país se recusasse a receber os refugiados. Mas a política dos EUA com relação aos refugiados teve uma mudança no outono de 1949, distanciando-se da insistência sobre o retorno para Israel, e indo na direção do reassentamento em países árabes. Os americanos consideraram que a via diplomática havia tomado seu curso e que o desenvolvimento econômico abrangente do Oriente Médio terminaria por possibilitar a solução das disputas políticas pendentes entre as partes. A estratégia de Washington permaneceu a mesma – solucionar o problema do refugiado no sentido de evitar a ocupação comunista –, mas a tática havia mudado. O diplomata americano Paul Porter observou que um avanço só poderia ser obtido "principalmente se associado à integração em seus países atuais de residência", e McGhee acrescentou que o problema do refugiado tinha que ser resolvido "economicamente, em vez de politicamente".[8]

A ideia de utilizar ferramentas econômicas para obter objetivos políticos não era algo que os Estados Unidos aplicassem apenas no Oriente Médio. O governo Truman havia previamente implementado uma política semelhante em outras partes do globo, notavelmente na Europa, através do Plano Marshall. Na primavera de 1949, Washington parou de pressionar Israel para que absorvesse um grande número de árabes refugiados. Nessa época, Israel estava em processo de absorção das suas próprias massas de refugiados judeus da Europa e do mundo árabe – em número superior ao da população local. E, absorver os refugiados criados pela Segunda Guerra Mundial e pelos levantes do pós-guerra, era, portanto, desempenhar a sua parte. O Departamento de Estado dos EUA delineou um plano abrangente para o desenvolvimento econômico do Oriente Médio, incluindo a readaptação dos refugiados. Esse longo documento, que analisava o problema do refugiado em profundidade e foi concluído no verão de 1949, tratou o reassentamento nos países árabes como a única possibilidade.[9]

Da mesma forma, a Grã-Bretanha atuou nessa etapa no Oriente Médio na suposição de que não haveria retorno de refugiados. O ministério das Relações Exteriores em Londres decidiu que "uma das principais missões do governo de Sua Majestade no Oriente Médio seria encorajar o reassentamento dos refugiados árabes".[10] Londres argumentava que os árabes precisavam entender que teriam que absorver definitivamente a ampla maioria dos refugiados, sobretudo porque os países árabes haviam controlado as áreas – a Margem Ocidental e Gaza – que eram para ser parte do Estado destinado aos árabes da Palestina se não tivessem rejeitado a partilha.[11] Os diplomatas australianos

96 ■ *A guerra do retorno*

e canadenses também avaliaram que a solução para o problema do refugiado estava em seu reassentamento nos Estados árabes.[12]

* * *

Enquanto Musa Alami e seus companheiros estavam procurando água em Jericó, o presidente Truman convidava Gordon Clapp para uma reunião na Casa Branca. Pretendia lhe passar uma missão: partir para o Oriente Médio na chefia de uma comissão econômica que examinaria como readaptar os refugiados palestinos nos países árabes. Aqui, água também era a questão-chave. O homem que fez a indicação de Clapp, um funcionário do Departamento de Estado dos EUA, George McGhee, declarou mais tarde que havia indicado Clapp para a missão "porque ele simbolizava represas e água, que eram a chave para o desenvolvimento do Oriente Médio". Truman considerou que Clapp era o homem certo, na hora certa e no lugar certo.[13]

A nomeação de Clapp significou um ponto de virada na abordagem da comunidade internacional, afastando-se de uma solução baseada no retorno, para uma baseada na readaptação. Clapp havia antes chefiado a Tennessee Valley Authority, uma empresa de planejamento e desenvolvimento estabelecida pelo governo dos EUA em 1933, como parte da agenda do New Deal, do presidente Franklin D. Roosevelt. A empresa era um projeto de desenvolvimento econômico massivo definido para recuperar a Tennessee Valley e a economia de sete estados sulistas nas margens do rio Tennessee, principalmente através de represas e estações de energia. Ela operava em um território de cerca de 200 mil km^2 – quase duas vezes o tamanho de Israel e da Jordânia juntos – e ajudou milhões de pessoas a melhorar sua qualidade de vida, principalmente com a fundação de novas cidades, construção de rotas de transporte e desenvolvimento da agricultura e indústria. Os americanos tinham a expectativa de que o que Clapp havia obtido no rio Tennessee pudesse ser repetido no rio Jordão.

A Missão de Pesquisa Econômica de Clapp finalmente partiu para o Oriente Médio sob a égide das Nações Unidas: cabia-lhe facilitar a "repatriação, reassentamento e readaptação econômica e social" dos refugiados; isso, de conformidade com o parágrafo 11 da Resolução 194 da Assembleia Geral, mencionada no capítulo anterior, visava "reintegrar os refugiados na vida econômica da área, em uma base autossustentável, no menor tempo possível". A resolução da comissão também decidiu que suas recomendações deveriam "promover condições econômicas que possibilitassem a manutenção da paz e a estabilidade na área".[14]

Esse enunciado da resolução da comissão em setembro de 1949 foi central. Ele listava a reintegração como uma das três soluções possíveis (retorno para Israel, reassentamento e readaptação econômica). Dessa forma, ele se diferenciava da Resolução 194: o parágrafo 11 daquela resolução priorizava claramente a solução do retorno, enquanto a resolução da Missão de Pesquisa Econômica, retirava essa priorização. Se a Resolução 194 refletia um clima internacional que preferia a solução baseada no retorno, a indicação e a resolução da Missão de Pesquisa Econômica tornavam claro que, dali em diante, as Nações Unidas prefeririam uma solução econômica baseada na readaptação. A tendência começava a mudar da repatriação para a readaptação e o reassentamento.

A administração dos EUA instruiu a Missão de Pesquisa Econômica a fazer propostas concretas para o reassentamento permanente dos refugiados e não se contentar com programas de assistência temporária ou obras de emergência, que não beneficiassem a reintegração de longo prazo dos refugiados nas economias dos Estados árabes. O Conselho de Segurança Nacional dos EUA também recomendou que o apoio econômico americano fosse condicionado à apresentação de um plano abrangente para a readaptação dos refugiados – uma clara ameaça para as operações das Nações Unidas, porque se esperava que os Estados Unidos e seus aliados ocidentais arcariam com o peso do financiamento dos programas de assistência e desenvolvimento no Oriente Médio.[15]

* * *

Clapp desembarcou na capital libanesa no início de setembro de 1949 como líder de um grupo de algumas dezenas de especialistas. Sua chegada provocou tumulto na cidade. Depois de passados quase três dias, milhares de mulheres palestinas dos campos de refugiados próximos a Beirute marcharam em direção ao prédio da delegação para encontrar Clapp e protestar contra seus objetivos. A polícia foi forçada a fazê-las recuar. No dia seguinte, as manifestantes apresentaram ao enviado da ONU uma petição na qual "declaravam ao mundo que eles deviam voltar [à Palestina] mesmo que enfrentassem a morte", e que elas "fariam oposição por todos os meios a qualquer projeto para mantê-los em países que não a Palestina". Os emissários do mufti Haj Amin al-Husseini também apareceram, e panfletos foram distribuídos pela cidade assinados pela "Juventude Libertada da Palestina". Todos eles tinham uma exigência – frustrar qualquer iniciativa da ONU que não fosse relacionada ao retorno.[16]

Esse sentimento foi compartilhado por todos os Estados árabes, exceto a Jordânia. Embora o Líbano tivesse permitido a Clapp e sua equipe entrarem no país, as autoridades se recusaram a encontrá-los. O governo sírio também declarou boicote. Durante duas semanas inteiras, a delegação ficou em Beirute sem fazer nada, porque nenhum governo árabe estava disposto a cooperar. "Nós não fomos bem recebidos no Oriente Médio", Clapp declarou mais tarde sobre o início da missão.[17]

O mundo árabe encarou com hostilidade essa transição moderada de uma solução focalizada exclusivamente no retorno para uma que também incluiria o reassentamento. Os Estados árabes interpretaram o contexto perfeitamente bem, compreendendo que uma delegação composta quase que exclusivamente de especialistas técnicos – que examinaria onde e como reacomodar centenas de milhares de árabes e trataria principalmente das questões da água, infraestrutura e agricultura – não pretendia trabalhar exclusivamente, ou mesmo principalmente, na direção do retorno de refugiados para Israel.

O reassentamento de um número significativo de refugiados em países árabes teria aliviado Israel de uma das mais poderosas ameaças para a sua existência e privado os Estados árabes de uma arma política e diplomática na luta contra Israel. Nesse ponto, os refugiados eram a única evidência visível do conflito. A readaptação deles teria deixado os Estados árabes sem base para reclamação e curado as feridas da guerra de 1948, mas não voltando no tempo e abolindo Israel, como os Estados árabes esperavam. Essa readaptação teria significado o fim da guerra; só que não era isso que os árabes queriam. Havia uma forma de resolver o problema criando um novo *status quo* no Oriente Médio, mas os árabes estavam determinados a usar o problema para desestabilizar exatamente aquele *status quo*.[18]

Para obter a cooperação árabe de que necessitava, Clapp jogou sua maior cartada – assistência econômica. Uma pequena agência da ONU criada no fim de 1948 prestava um auxílio temporário aos refugiados, mas estava prestes a encerrar sua missão.[19] Outras agências internacionais de assistência, incluindo a Cruz Vermelha, não podiam mais suportar a carga de cuidar dos refugiados. Clapp ameaçou que, se os Estados árabes não concordassem em cooperar, a comunidade internacional os deixaria sozinhos para enfrentar o problema. Depois de alguma discussão, estabeleceu-se uma cláusula de compromisso que possibilitava às duas partes trabalharem juntas: os Estados árabes concordaram em suspender as objeções ao trabalho da delegação, e em troca Clapp prometeu parar de utilizar o termo "reassentamento". A partir de então, apenas podiam falar sobre programas de emprego temporário para os refugiados, sem estabelecer uma data final.[20]

Esse compromisso refletia os interesses complexos dos Estados árabes. A opinião pública árabe via com hostilidade qualquer possibilidade de reabilitar os refugiados fora de Israel, e teria considerado o acordo árabe sobre o assunto como uma traição. Voltar para Israel era apontado como o único meio de apagar a humilhação da derrota militar, pois significava a destruição do Estado judeu. No outono de 1949, o embaixador dos EUA no Líbano ponderou que o público árabe se opunha tão vigorosamente a abandonar o postulado do retorno que "a perspectiva dos governos de assentá-los em outro lugar provavelmente abalaria os governos".[21]

No entanto a não cooperação com o Ocidente também teria um alto preço. O peso econômico de cuidar dos refugiados era severo – especialmente para Estados árabes cujas economias já eram instáveis. Se o Ocidente tivesse se afastado completamente da assistência financeira aos refugiados, os Estados árabes teriam ficado sozinhos com o problema. Os líderes árabes também esperavam usar a assistência ocidental para melhorar muito suas sociedades. Deixar o problema do refugiado como estava, sem qualquer cuidado, provavelmente provocaria instabilidade política, especialmente porque os líderes árabes já tinham sido humilhados uma vez na sua derrota para Israel; agora se arriscariam a ficar sem ajuda para tratar de uma das consequências da guerra.[22]

A decisão estratégica dos Estados árabes foi aceitar a ajuda humanitária do Ocidente, politizando-a e explorando-a para seus próprios interesses. Daquele momento em diante, e por toda a década até dezembro de 1959, a assistência ocidental para os refugiados palestinos foi objeto da luta entre a comunidade internacional e o mundo árabe, na qual cada um tentava puxar a coberta para seu lado, mas com cuidado para não romper. [23]

A cláusula de compromisso de Clapp para se abster de usar o termo "reassentamento" foi na verdade uma tentativa de engano mútuo que abriu caminho para outros embustes semelhantes. Clapp e os Estados ocidentais continuaram a trabalhar na direção de uma solução econômica para o problema dos refugiados, mas sem explicitá-lo. Tinham a expectativa de que trabalhos temporários pudessem se transformar em empregos permanentes nos países árabes e que isso levaria à construção de habitações também permanentes e à criação de comunidades funcionais. Assim, em poucos anos, não teriam necessidade de ajuda da comunidade internacional, deixando de se considerarem refugiados.

Os Estados árabes, por seu lado, entenderam que o Ocidente não apoiaria seu ambicionado objetivo de eliminar Israel através do retorno dos refugiados, mas não concordaram em reabilitá-los. O Ocidente tinha se convencido de que conseguira manobrar os Estados árabes na direção do caminho que definira para eles; e os Estados árabes, por seu lado, sinalizaram que, sim, estavam dispostos a tomar esse caminho, mas nos seus próprio termos, sem intenção de chegar aonde o Ocidente esperava conduzi-los.

* * *

Cerca de dois meses depois de viajar pelo Oriente Médio, Clapp publicou suas recomendações, centradas na implementação de projetos de desenvolvimento econômico, especialmente nos campos da agricultura e transporte, na Jordânia, na Síria, no Líbano e na Faixa de Gaza; não houve projetos para Israel. Em vez de deixar os refugiados dependentes para sempre de ajuda externa, as iniciativas visavam habilitá-los a ganhar o próprio sustento. A Missão de Pesquisa Econômica expôs de forma evasiva a lógica por trás de suas recomendações, e se absteve de explicitar seus objetivos políticos. A Missão escreveu em seu relatório provisório, de 16 de novembro de 1949, que "A oportunidade para trabalhar aumentará as alternativas práticas disponíveis para os refugiados e encorajará, dessa forma, uma visão mais realista do tipo de futuro que querem e o que podem conseguir".[24] Em outras palavras, se os refugiados encontrassem trabalho e um meio de vida nos países árabes, chegariam a uma conclusão definitiva de que ali estava seu futuro.

A essa altura, a Missão de Pesquisa Econômica entendeu que o retorno para Israel não era mais uma opção realista: embora recomendasse apenas o trabalho temporário para melhorar a situação econômica dos refugiados, via sua readaptação de longo prazo como a solução mais lógica para o problema. O próprio Clapp mostrou-se otimista e confiante em seu testemunho para o Congresso americano poucos meses depois: "Estou certo de que alguns dos refugiados", disse ele, "quando começarem a obter um pouco da mobilidade que o trabalho lhes proporcionar, pensarão menos em retornar para casa e mais em onde passarão a viver no futuro. Alguns vão querer se estabelecer onde estão".[25]

Para lançar seu plano de readaptação e dar assistência aos refugiados necessitados, a Missão de Pesquisa Econômica recomendou instalar uma nova agência da ONU. Essa agência iria operar por um período limitado, e uma de suas funções seria possibilitar a preparação dos Estados árabes para a futura suspensão da assistência internacional aos refugiados.

Os americanos estavam satisfeitos com o relatório de Clapp, muito adequado à sua visão, e redigiram a minuta de um projeto de resolução para ser aprovado pela Assembleia Geral da ONU. Os árabes, fiéis à estratégia de aceitar ajuda com uma mão e adaptá-la a seus propósitos com a outra, buscaram inserir algumas emendas importantes à resolução.[26]

O primeiro adendo solicitado foi uma referência ao parágrafo 11 da Resolução 194, que, como já apontado, buscava possibilitar aos refugiados que concordassem em viver em paz com os vizinhos o retorno a suas casas. Enquanto o projeto de resolução original mencionava o parágrafo 11 apenas em seu preâmbulo, o projeto árabe o incluía nos objetivos da nova agência, destinada a supervisionar e auxiliar a readaptação dos refugiados.

O segundo acréscimo visou aumentar sua influência na determinação das políticas da nova agência e submeter a administração dela ao compromisso de consultá-los. A terceira mudança mirou a data limite para a ajuda internacional direta aos refugiados: o projeto original definiu uma data final – após um único ano de operação –, mas os árabes solicitaram inserir a cláusula "a menos que a Assembleia Geral determine de modo diferente" na sua sessão no ano seguinte. A quarta e última alteração referiu-se ao nome da nova agência: o projeto original americano falava de uma "Agência do Oriente Médio de Assistência e Obras" (NERWA, na sigla em inglês – Near East Relief and Works Agency), enquanto os árabes propunham chamá-la de UNRWA (United Nations Relief and Works Agency for Palestine Refugees in the Near East). Essas mudanças permanecem até hoje como pedras fundamentais da infraestrutura organizacional da ajuda internacional aos refugiados palestinos.[27]

Essas revisões propostas pelos árabes para a resolução mostram suas intenções. Embora a comunidade internacional tivesse abandonado esforços para encontrar uma solução voltada para o retorno, as emendas árabes recolocaram a questão no centro do debate ao incorporar o parágrafo 11 da Resolução 194.

Com o receio de perder o controle dos fatos, os árabes solicitaram que fosse requerido que os chefes da agência os consultassem regularmente. Os árabes também solicitaram a adição das iniciais "UN" (Nações Unidas) ao nome da agência, refletindo a crença de que a comunidade internacional era a responsável pela criação do problema do refugiado, ao dar apoio ao plano de partilha de 1947. Além disso, para deixar claro que não tinham intenção de resolver o problema em um futuro previsível, os árabes buscaram adicionar a possibilidade de prorrogação recorrente do mandato da agência, o que tem sido, de fato, invocado recorrentemente até os dias atuais.

Assim, os Estados árabes apresentaram uma visão estratégica de longo prazo e um claro planejamento futuro alinhados

104 ■ *A guerra do retorno*

com seus objetivos, tornando evidente que melhorar as condições de vida de umas poucas centenas de milhares de refugiados era menos importante que a sua guerra com o sionismo. Definitivamente tiveram êxito em impor sua posição, sobretudo porque seu apoio como países receptores dos refugiados era necessário para a implementação. As revisões que os árabes solicitaram foram inseridas na Resolução 302 da Assembleia Geral da ONU, fundando a UNRWA em 8 de dezembro de 1949.

A resolução definiu como objetivo da agência a implementação das recomendações da Missão de Pesquisa Econômica nos campos de assistência e de readaptação. Os árabes haviam assegurado o financiamento continuado da comunidade internacional para tratar dos refugiados, ao mesmo tempo que incorporaram o parágrafo 11 da Resolução 194 que mantinha viva a solução do retorno. Esse sucesso possibilitou que eles continuassem a se apresentar como porta-vozes dos interesses dos refugiados e a lutar, sem medo, pelo bem dos palestinos.[28]

Poucos meses depois, os Estados árabes novamente tornaram suas intenções claras, desta vez nas deliberações da Assembleia Geral da ONU sobre o estabelecimento do Alto Comissariado das Nações Unidas para os Refugiados (ACNUR). O ACNUR foi definido para conduzir e coordenar a ação internacional de proteção e resolução dos problemas das massas de refugiados, inicialmente na Europa, e depois ao redor do mundo, em geral encontrando um refúgio seguro e readaptação em outro Estado. O ACNUR implementou uma política que não privilegiava o retorno. O objetivo do ACNUR era utilizar quaisquer meios que fossem necessários para pôr fim à situação de refugiados individuais.[29]

Quando os Estados árabes compreenderam que o novo órgão não faria de seu foco a repatriação ou o retorno, e não consideraria o princípio do retorno um direito absoluto e inalienável dos refugiados, exigiram excluir os palestinos de seu mandato e deixá-los sob a

UNRWA. Essa exigência preparou o terreno para garantir a perpetuação do problema do refugiado palestino nas décadas seguintes.

Os enviados do Egito, Líbano e da Arábia Saudita quiseram que as Nações Unidas determinassem que o ACNUR não se ocupasse de refugiados que já estivessem sendo tratados pelas agências existentes (à exceção dos palestinos, os únicos refugiados que na época tinham sua própria agência especializada eram os da Guerra da Coreia).[30] Em suas justificativas, o embaixador egípcio observou que incluir os palestinos ao lado dos outros refugiados do mundo comprometeria seu "direito à repatriação".[31] O delegado saudita foi muito claro afirmando que incluir os palestinos na nova agência "seria renunciar ao empenho na repatriação".[32] Por meio de deliberações, os árabes se opuseram a toda formulação ou declaração que pudesse criar equivalência entre o *status* dos palestinos e de outros refugiados ao redor do mundo.[33]

O representante libanês, Sr. Karim Azkoul, fez uma ponderação sobre como os árabes viam a diferença entre os refugiados árabes e todos os outros refugiados do mundo. Disse ele:

> Em todos os outros casos as pessoas tornaram-se refugiadas como resultado de uma ação contrária aos princípios das Nações Unidas, e a obrigação da Organização com relação a eles era apenas moral. A existência de refugiados palestinos, no entanto, foi resultado direto de uma decisão das próprias Nações Unidas, com amplo conhecimento das consequências. Os refugiados palestinos eram, portanto, uma responsabilidade direta das Nações Unidas, e não podiam ser colocados na categoria geral de refugiados, sem trair essa responsabilidade.[34]

Azkoul também explicou a necessidade de diferenciar os refugiados árabes de todos os outros: "A questão dos refugiados não era invariavelmente uma questão puramente humanitária", disse ele. "Frequentemente teve importantes aspectos políticos."[35] De fato, esse ponto de vista articulado por Azkoul é a razão da perpetuação do problema até hoje – a visão árabe de que a aprovação do plano de partilha em 1947 foi uma injustiça que deve ser revertida como única solução para o problema do refugiado, e do conflito árabe-israelense como um todo.

Estava claro então, desde a criação do ACNUR e nos meses seguintes, que dois diferentes padrinhos com objetivos concorrentes foram indicados para a mesma criança: por um lado, a comunidade internacional, que viu a readaptação econômica e o reassentamento dos refugiados como a única via realista para pôr fim ao problema; e, de outro lado, os árabes, que se esforçavam para perpetuar o problema mantendo um registro cada vez mais crescente de "refugiados" palestinos, e mantendo viva e muito presente a esperança de retorno. Em poucos anos, ficou claro quem tinha a vantagem nessa luta.

* * *

No início, Jerusalém acompanhou esses desdobramentos com um misto de satisfação e otimismo cauteloso. A recusa de Israel em considerar o retorno dos refugiados fora de um acordo amplo de paz com os árabes, somado à recusa dos árabes em iniciar negociações antes de haver um compromisso israelense, levaram as grandes potências a efetivamente abandonarem a ideia de retorno. E na medida em que a principal missão do ACNUR e o espírito dominante da resolução da ONU que estabeleceu a agência estavam voltados para a reconstrução econômica e a readaptação local nos países árabes, Israel os considerou alinhados aos seus interesses e necessidades.

Ao longo dos anos 1950, Israel tornou clara sua posição em muitas oportunidades. Os líderes israelenses lembravam que o problema do refugiado foi criado por nada menos que a agressão árabe

Recusando a integração (1950-1959) ■ 107

na guerra de 1948. "Se não tivesse havido guerra contra Israel", observou Abba Eban em um discurso para as Nações Unidas, "hoje não haveria problema dos refugiados árabes". Israel argumentou que era natural que a parte responsável pelo problema também devesse resolvê-lo, e recusou a posição de que as Nações Unidas ou a comunidade internacional fossem responsáveis por uma solução, lembrando-os de que não foi o plano de partilha da Assembleia Geral que criou o problema do refugiado, mas as tentativas árabes de frustrar a implementação daquela resolução.[36]

No que dizia respeito a Israel, a solução de retorno proposta pelos árabes, sem um acordo de paz e sem concordarem com os direitos dos judeus sobre o território, era uma óbvia ameaça existencial à sua capacidade de manter-se como o Estado soberano do povo judeu. Em contrapartida, os Estados árabes tinham espaços vastos, amplos e vazios, nos quais os refugiados palestinos podiam ser reassentados; e as afinidades culturais, linguísticas e religiosas entre os refugiados e as populações gerais dos países árabes tornavam essa solução fácil de implementar. Israel argumentou que isso significava que a solução óbvia para o problema do refugiado era a sua readaptação em Estados árabes.

Israel podia se apoiar em precedentes internacionais e na prática então convencional no mundo que tratava a readaptação nos países receptores como o meio mais apropriado de resolver o problema do refugiado, especialmente quando havia afinidade cultural entre eles e os países receptores. De fato, desde a Segunda Guerra Mundial e até o fim da Guerra Fria em 1989, as agências da ONU que lidavam com refugiados destinaram a maior parte de seus recursos a essas soluções.

Já em 1939, Sir John Hope Simpson, político britânico e um dos responsáveis pelo estudo sobre a crise dos refugiados no século XX, escreveu que "a possibilidade de repatriação definitiva pertence ao reino da profecia e da aspiração política" e "pode ser ignorada em qualquer futuro programa de ação internacional com o objetivo prático de liquidar problemas existentes dos refugiados". De forma semelhante, em 1950, o secretário-geral da ONU, Trygve Lie, explicou a política geral da ONU para o problema do refugiado ao redor do mundo da seguinte forma: "Os refugiados conduzirão uma vida independente nos países que lhes derem abrigo... Eles estarão integrados no sistema econômico dos países de asilo e proverão suas próprias necessidades e as de suas famílias".[37]

Em todo o mundo, nos anos 1940 e 1950, milhões e milhões de refugiados foram readaptados nos países que lhes deram abrigo: cerca de 600 mil chineses fugiram da China após a vitória comunista em 1949, encontrando abrigo na Hong Kong britânica; aproximadamente 1 milhão de refugiados do Vietnã do Norte foram readaptados no Vietnã do Sul nos anos 1950; cerca de 14 milhões de refugiados hindus e muçulmanos encontraram abrigo na Índia e no Paquistão, respectivamente, acompanhando a divisão do subcontinente indiano em 1947; mais de 10 milhões de alemães étnicos, que foram selvagem e brutalmente expulsos do Leste Europeu após o fim da Segunda Guerra Mundial e a rendição da Alemanha, encontraram abrigo na Alemanha Ocidental; e centenas de milhares de judeus, que foram forçados a deixar as terras árabes, apesar de nunca terem levantando um dedo contra as sociedades árabes, foram readaptados em Israel. Em cada uma dessas situações, os refugiados foram assimilados em países com pessoas linguística e culturalmente similares a eles.[38]

Além disso, nenhuma dessas populações refugiadas teve o envolvimento da ONU para a sua readaptação. O jovem e empobrecido Estado de Israel tomou para si absorver e readaptar centenas de milhares de refugiados judeus – órfãos, viúvas, homens que tiveram suas famílias inteiras destruídas nos campos de extermínio nazistas, assim como os judeus dos países árabes que foram forçados a deixarem suas casas apenas com suas roupas. Israel aceitou e abraçou a população refugiada, que era aproximadamente o dobro da população residente, sem qualquer apoio internacional.

Considerando as possibilidades da UNRWA, Israel podia se apoiar em outro único caso no qual uma agência especial da ONU tinha sido destacada para tratar de um grupo específico de refugiados: a Agência de Reconstrução Coreana (UNKRA) na Coreia. Os 37 meses de guerra entre as Coreias do Sul e do Norte entre 1950 e 1953 devastaram muito mais do que os Estados árabes: cerca de meio milhão de pessoas foram mortas, cidades inteiras se tornaram escombros e a economia do país foi paralisada. Ao final da guerra, as Nações Unidas ativaram a UNKRA, uma agência especial para readaptar a Coreia do Sul auxiliando pessoas deslocadas na guerra e trabalhando para absorver os 3,1 milhões de refugiados da Coreia do Norte.[39]

Nesse caso, não tendo havido tentativas de prejudicar seus esforços, em menos de uma década a agência conseguiu lançar pelo menos 260 projetos de desenvolvimento agrícola e industrial de larga escala, assim como abrir minas, escolas, quarteirões residenciais e instituições de saúde, tudo a um custo de 127 milhões de dólares (menos que a soma inicial alocada para a UNRWA). Os Estados ocidentais também foram recrutados para resgatar a Coreia do Sul de sua situação desesperadora, enviando dezenas de navios cargueiros repletos de bens essenciais básicos e materiais de construção. Construíram 77 instalações de estocagem e 29 estações de bombeamento, e cavaram mais de 700 km de canais de irrigação, além de clínicas de saúde e hospitais. E as crianças refugiadas, que estavam estudando em salas de aula improvisadas em vagões de trem abandonados, foram transferidas para escolas novas e devidamente mobiliadas.

Em 1958, a agência completou seu trabalho após cada refugiado norte-coreano ter sido readaptado e naturalizado pelo governo sul-coreano. Seul cooperou amplamente com a agência nos esforços de readaptação.[40] Esses esforços produziram frutos substanciais: ao registrar um crescimento econômico notável no início dos anos 1960, a Coreia do Sul saiu do patamar de um dos mais pobres países do mundo, com um PIB *per capita* similar às nações pobres africanas, para uma das mais fortes economias do mundo.

O processo de readaptação não foi sempre tão simples; em muitos casos, como o dos palestinos, os refugiados se opunham aos esforços de reassentamento e continuavam a exigir o retorno aos lares de origem. Na Alemanha Ocidental pós-Segunda Guerra, por exemplo, cerca de 10 milhões de refugiados alemães da Polônia e Tchecoslováquia exigiram retornar a suas casas no Leste Europeu. Viveram lá por séculos. Em geral, as expulsões não haviam ocorrido devido a alguma cumplicidade pessoal, ou a ações pessoais durante a guerra, ou porque eram nazistas, mas simplesmente porque pertenciam ao grupo étnico que havia perdido a guerra.

Imediatamente após as expulsões, os refugiados alemães étnicos fundaram seus próprios partidos políticos, jornais e organizações. Realizavam manifestações e reuniões abertas e publicaram artigos na imprensa. Consideravam sua expulsão um crime terrível e a raiz de todo o mal na Europa pós-guerra. Seus representantes declaravam que nunca reconheceriam a nova fronteira da Alemanha com a Polônia ao longo dos rios Oder e Neisse – que foi criada pela transferência dos territórios orientais da Alemanha, dos quais foram expulsos, para a Polônia. Seu objetivo declarado era que a Alemanha voltasse a governar as áreas na sua fronteira oriental, de forma que os expulsos pudessem voltar para casa.

Afirmavam seu direito de retorno aos lugares de nascimento (*Heimkeh*, em alemão) como um direito inalienável. Declaravam que não retornariam para viver como minoria sob um governo estrangeiro (i.e., polonês), o que significava que esperavam que a Alemanha voltasse a governar os territórios cedidos à força para a Polônia no fim da guerra, como parte da sua rendição incondicional. Um líder refugiado disse, em 1953, que seu objetivo era que "toda a região leste e sudeste da Europa, ou seja, todas as áreas onde os alemães viveram, fossem novamente abertas para nós".[41] De fato, esses refugiados, assim como os palestinos, queriam voltar no tempo – retornar à "Grande Alemanha" que existiu antes da Segunda Guerra Mundial e da derrota dos nazistas.

Todos os líderes políticos alemães fizeram promessas às exigências dos refugiados e os apoiaram publicamente, mas nada fizeram para que fossem colocadas em prática. Os políticos de todos os partidos compreenderam o perigo latente em aderir à exigência de retorno. O ministro das Relações Exteriores da Alemanha Ocidental, Heinrich von Brentano, reconheceu em conversas privadas que os territórios orientais estavam "perdidos para sempre pela Alemanha". O chanceler Konrad Adenauer afirmou que os territórios nunca retornariam às mãos alemãs, mas ele não disse isso tão abertamente porque, por razões políticas, queria ser visto como um apoiador dos refugiados.[42]

Para Adenauer, uma consideração mais importante era integrar a Alemanha ao Ocidente, assim como estreitar as relações com os Estados Unidos, a Grã-Bretanha e a França, e por isso tratou como periféricas as questões dos territórios orientais e do retorno dos refugiados. No sentido de prevenir a deterioração da situação socioeconômica dos refugiados, o governo da Alemanha Ocidental promoveu uma série de medidas destinadas a conseguir a total integração de seus refugiados na Alemanha Ocidental, que receberam a cidadania plena em 1949. Para resolver o problema econômico, o governo buscou a redistribuição da riqueza, com os cidadãos mais ricos obrigados a contribuir para o benefício dos refugiados – tudo para diminuir o incômodo da exigência não almejada do retorno, cujo potencial devastador para a Alemanha era claro para todos.

As elites intelectuais da Alemanha Ocidental eram parceiras dos esforços do governo para baixar as expectativas e persuadir o público de que a integração dos refugiados era a melhor opção, observando que o retorno causaria outras injustiças, por exemplo, para os poloneses. Um pastor protestante explicou aos refugiados em 1947: "por mais justificado e compreensível que esse desejo seja [de retorno]... nós não devemos dar falsas e exageradas esperanças, não devemos nos abandonar a devaneios e castelos no ar". Os analistas expunham que "quem quer que pregue por um *Heimkeh* iminente aos alemães orientais expulsos invoca não apenas novos perigos, mas também nova injustiça; ignora a realidade e as possibilidades". Outros alertavam que a exigência do retorno conduziria à destruição da Alemanha em uma guerra nuclear e recriminavam os representantes dos refugiados por inculcarem nas massas um senso de "injustiça perpétua".[43]

No início dos anos 1960, as vozes alemãs exigindo retorno haviam desaparecido completamente. Os refugiados foram assimilados na sociedade e seu poder político diminuiu. O partido que os representava foi forçado a se fundir com outro. No fim dos anos 1960, apenas alguns milhares de pessoas continuavam a participar das passeatas anuais nas cidades da Alemanha Ocidental exigindo a restauração de todos os territórios que a Alemanha perdera.[44]

Esse processo de naturalização, readaptação econômica e, especialmente, de maturidade social da Alemanha Ocidental, finalmente abriu caminho para um líder alemão declarar oficialmente que os territórios orientais estavam perdidos para sempre. Duas décadas e meia depois do fim da guerra, em 1970, o chanceler social-democrata Willy Brandt anunciou que a fronteira com a Polônia definida pelos Aliados ao longo dos rios Oder e Neisse era a fronteira definitiva da Alemanha. O problema dos expulsos da Segunda Guerra foi posto em questão, e quem continuasse a levantar o tema era considerado um extremista belicista. A solução pacífica foi endossada na unificação da Alemanha em 1990, quando a ocupação dos Aliados na Alemanha oficialmente terminou.[45]

* * *

Recusando a integração (1950-1959) ∎ 113

Enquanto isso, o projeto de Musa Alami estava começando a decolar. Um diplomata britânico que visitou a fazenda em 1953 descreveu a rota árida que levava de Amã, passando pela ponte Allenby (que conecta a Margem Ocidental com a Jordânia), em direção a Jericó. E então, das profundezas do deserto, apareciam cercas nos dois lados da estrada, marcando a localização da fazenda. Nela podiam-se encontrar plantações de bananas e pomares de cítricos, hortas e fileiras e mais fileiras de casuarinas, que forneciam proteção do sol escaldante. Canos levavam água para diferentes plantações. No centro da fazenda havia construções simples de tijolo com telhados de bambu. Alami ficava em uma delas, em uma escrivaninha com um telefone e pilhas de papel, enquanto crianças de shorts e coletes corriam pelo sítio.

No auge, a fazenda experimental de Alami empregou milhares de pessoas – quase todos refugiados que viviam na região. O alcance de sua atividade era impressionante: 10 mil bananeiras; 16 mil videiras; 400 km^{2*} de algodão; 400 km^2 de batatas, cebolas, berinjelas e espinafre; campos de trigo e cevada, e 12 mil ciprestes, eucaliptos e casuarinas. Graças a seus relacionamentos, Alami fez contato com a gigante de petróleo Aramco, assinando um acordo plurianual para suprir frutas frescas e vegetais para milhares de trabalhadores da companhia na Arábia Saudita, por meio de um avião especial que resgatava a produção em Amã. Alami também começou a criar frangos, logo contando nada menos que 80 mil.

Fundou na fazenda uma clínica e uma escola, que tinha até uma piscina. Elas serviam principalmente às centenas de órfãos que haviam perdido os pais na guerra de 1948 e Alami se incumbira de cuidar. Cinquenta poços foram perfurados na fazenda e amplos reservatórios foram instalados para armazenar água. Cerca de dezenas de famílias de refugiados de Jericó viviam

---

* N.T.: No original, dunam = 1.000 m^2.

permanentemente na fazenda, que durante o dia se somavam a trabalhadores vindos de fora.[46]

A fazenda experimental de Alami era o maior projeto de readaptação dos anos 1950 para os refugiados palestinos. Ela efetivamente representou a realização prática da visão da UNRWA, mas a agência da ONU não esteve envolvida no seu estabelecimento. A fazenda incorporou a construção permanente de habitações, o sustento agrícola e a integração de comunidades de refugiados na economia local: tudo que a Assembleia Geral da ONU havia instruído a UNRWA a fazer.

A determinação da UNRWA, como já mencionado, era implementar o programa de emprego que a Missão de Pesquisa Econômica havia recomendado e apoiar os governos regionais na preparação para o término da assistência. No início de 1950, a Agência estabeleceu seus quartéis-generais em Beirute, de onde se ocupou da ajuda aos refugiados e tentou readaptá-los. Inicialmente, empregou refugiados em diferentes projetos – abertura de estradas, reflorestamento, irrigação e melhoria urbana –, assim como encaminhou trabalhadores que já tinham um ofício: os carpinteiros construíam mobílias para os escritórios das agências, os serralheiros preparavam utensílios culinários e os alfaiates costuravam roupas para a distribuição aos residentes dos campos.[47]

No entanto tudo isso era apenas uma gota no oceano. No fim de 1950, quando se aproximava a data do término da missão da UNRWA, a agência tinha empregado apenas 12.500 pessoas de aproximadamente 1 milhão de refugiados. Os chefes da agência defendiam ampliar o trabalho temporário, incorporando projetos de infraestrutura de larga escala que facilitariam a readaptação de longo prazo. Em dezembro de 1950, um ano após a criação da UNRWA, a Assembleia Geral da ONU resolveu estender o mandato da agência e criar um "fundo de reintegração", expressamente destinado "para o permanente reestabelecimento dos refugiados e a suspensão da assistência". Esse é outro ponto-chave a ser observado na mudança da política da comunidade internacional do retorno para a readaptação. "O cuidado com os refugiados e os desafios para alocá-los em um emprego autossustentável tem sido e continua a ser nosso único objetivo", declarou o secretário geral da ONU, Lie, com relação aos refugiados palestinos; ele não fez mais menção à opção de retorno a Israel.[48]

As fontes de financiamento da agência e a identidade de seus diretores eram outra evidência da orientação americana da UNRWA e da contínua inclinação à readaptação dos refugiados: os Estados Unidos financiaram cerca de dois terços das atividades da UNRWA nos anos 1950, e seus três diretores, entre 1951 e 1960, eram todos americanos com experiência em desenvolvimento regional – dois haviam participado anteriormente do Plano Marshall e o terceiro era um ex-subsecretário de Agricultura dos EUA.[49]

Os diretores da UNRWA necessitavam de apenas mais um ano para organizar um plano detalhado de projetos de readaptação, e a Assembleia Geral da ONU aprovou esse plano trienal no fim de 1951, a um custo de 200 milhões de dólares. A intenção era injetar capital substancial em projetos para desenvolver fontes de água, que não apenas forneceriam empregos sustentáveis para dezenas de milhares de refugiados, mas também facilitariam o desenvolvimento de agricultura moderna baseada em estações de energia hidráulica e em sistemas avançados de irrigação. A solução para o problema do refugiado, nessa concepção, deveria decorrer de uma combinação de readaptação e desenvolvimento regional.[50]

Os planos focalizaram dois principais projetos. Primeiro, a UNRWA idealizou assentar cerca de 50 mil refugiados na península do Sinai, na margem oriental do canal de Suez. Já havia agricultura no lado ocidental, graças a uma rede de cursos de água do século XIX conectando a área ao rio Nilo. Agora, a UNRWA buscava empregar os refugiados para instalar tubulações sob o canal de Suez, conectando os cursos de água existentes à margem oriental do canal, para também facilitar o assentamento e o crescimento. A construção estava planejada para durar três anos, considerando que os novos residentes estariam amplamente readaptados no máximo em seis anos.

O segundo projeto para reassentar cerca de 200 mil refugiados estava planejado para ocorrer na Jordânia, utilizando a água do rio Yarmouk e a terra no Vale do Jordão. O governo dos EUA comprometeu-se a financiar dois terços do projeto de 130 milhões de dólares para redirecionar água do Yarmouk em direção ao Vale do Jordão, e completaria com outros 40 milhões de dólares para o reassentamento dos refugiados. A área planejada era quase 50% mais larga que a Faixa de Gaza.[51]

Mas nenhum desses grandes planos teve sucesso. Em 1952, a UNRWA relatou às Nações Unidas que os projetos de readaptação estavam se desenvolvendo a passos lentos. Um ano mais tarde, o Ministério de Relações Exteriores britânico considerou que aquele progresso nos planos de reassentamento tinha sido "muito decepcionante", citando a fraca cooperação dos árabes como a principal razão para o fracasso. De 1951 a 1955, a UNRWA utilizou 7 dos 200 milhões destinados pela comunidade internacional para a readaptação dos refugiados – meros 3,5%. Essa soma ajudou a remover 10 mil refugiados da lista dos beneficiários do auxílio, enquanto a população dependente aumentou cerca de 25 mil pessoas por ano.[52]

* * *

No âmbito das declarações, a Liga Árabe acolhia uma série de resoluções da ONU que apoiavam o trabalho da UNRWA, enquanto perseguia deliberadamente uma política de lentidão e não cooperação com os projetos da agência, levando ao colapso definitivo dos planos de readaptação. O Líbano, por exemplo, se opunha vigorosamente a qualquer projeto para readaptar os refugiados, pois seus líderes cristãos temiam que isso afetasse o delicado equilíbrio sectário do país: cerca de metade da população do Líbano era cristã, e o reassentamento de mais de 100 mil refugiados palestinos muçulmanos sunitas não só prejudicaria o *status quo* sociopolítico, como provocaria a corrosão do poder dos cristãos. De fato, os relatórios anteriores da UNRWA em 1950 observavam que não houve projetos de readaptação lá porque Beirute "não viu com clareza como autorizá-los".[53]

A Síria inicialmente mostrou-se disposta a assentar refugiados em seu território em troca de um generoso auxílio econômico e militar do Ocidente. Isso seria feito com relativa facilidade: ela tinha água em abundância e terra não utilizada, e o reassentamento, com a ajuda ocidental, teria fortalecido sua economia. Em 1952, Damasco e a UNRWA chegaram a realizar negociações nesse sentido, mas os sírios acabaram por cancelá-las. O embaixador britânico na Síria disse que era duvidoso que algum governo sírio que ousasse endossar abertamente o reassentamento, sem a Liga Árabe, sobrevivesse à reação raivosa que essa política provocaria.[54]

O Egito realizou conversas com a UNRWA sobre reassentar refugiados no leste do canal de Suez, mas, no final, cancelou o projeto. Essa medida também foi uma expressão do desinteresse com o destino dos refugiados: o Egito poderia ter permitido essa política porque os 200 mil refugiados sob sua responsabilidade viviam na Faixa de Gaza, além de suas próprias fronteiras. Nas discussões com a UNRWA, o governo egípcio buscou uma política de procrastinação até finalmente abandonar o projeto por completo em 1955.[55]

O caso mais interessante foi o da Jordânia. Leal à sua posição histórica, a corte real hashemita concordou em readaptar os

118 ■ A guerra do retorno

refugiados no interior do reino; o governo jordaniano foi o primeiro governo árabe a indicar um acordo com a UNRWA para a implementação do projeto. Mas o palácio ficou sozinho em sua posição e viu-se confrontado por ministros, pelo Parlamento e pelo público em geral, todos exigindo que a Jordânia não aceitasse a posição da comunidade internacional para encontrar uma solução permanente para os refugiados palestinos dentro do reino. Para sair dessa confusão, o governo jordaniano declarou que apoiava o princípio do retorno, mas, mesmo assim, buscou melhorar as condições dos refugiados até que isso ocorresse. Contudo, a oposição pública e política para os planos de readaptação inviabilizou sua implementação também na Jordânia.[56]

Em um discurso nas Nações Unidas em 1957, a ministra das Relações Exteriores israelense, Golda Meir, citou um relatório do Grupo de Pesquisa para Problemas de Migração Europeia, segundo o qual os Estados árabes tinham evitado qualquer forma de integração ou acomodação dos refugiados porque os viam "como um meio político de pressão para varrer Israel do mapa ou para obter o maior número possível de concessões".[57]

* * *

A opinião pública árabe via a readaptação dos refugiados como nada menos que traição. Os políticos árabes, avaliou o embaixador americano no Cairo em 1951, "não ousam admitir essa possibilidade, e o termo 'reassentamento' era nocivo a suas carreiras". O secretário-geral da Liga Árabe, Azzam Pasha, rejeitou as demandas do Ocidente para convencer os refugiados a se reassentarem, dizendo: "A Liga seria considerada como vendida aos judeus e iria literalmente para os ares".[58]

Acima de tudo havia a oposição dos próprios refugiados à readaptação. Logo no primeiro relatório anual da agência em 1951, o diretor da UNRWA observou que os refugiados eram hostis aos

Recusando a integração (1950-1959) ■ 119

planos de readaptação devido à sua inabalável crença de que o emprego regular nos países árabes significaria renunciar ao retorno a Israel. "O desejo de voltar às suas casas", mencionou o relatório,

> é generalizado em todas as classes; ele é proclamado, oralmente, em todas as reuniões e manifestações organizadas, e por escrito, em todas as cartas endereçadas à Agência e em todas as queixas entregues às autoridades da área. Muitos refugiados estão deixando de acreditar em um possível retorno, ainda que isso não evite que continuem insistindo, pois sentem que concordar com qualquer outra solução seria mostrar fraqueza e renunciar ao seu direito fundamental.[59]

O relatório observava que os refugiados, provavelmente, estavam em melhor situação do que os indivíduos dos segmentos mais pobres da sociedade árabe, e que os serviços que recebiam eram muito melhores do que aqueles de que desfrutavam antes da guerra de 1948.[60] Essa realidade contradiz a visão comum que informou e ainda informa às potências ocidentais – de que o problema eram as condições de vida dos palestinos. Ao contrário: era o senso de injustiça dos refugiados e a afronta à sua honra, observava o relatório, que os levavam a rejeitar a cooperação com a agência e até a se envolverem em agressões físicas com seus funcionários.[61]

Isso foi, e permanece até hoje, o centro da discussão – a incapacidade de reconciliar-se com o passado e com o processo político que levou à fundação do Estado de Israel. As tentativas da UNRWA de melhorar as condições de vida dos refugiados encontraram resistência: habitações permanentes nos campos, destinadas a substituírem as tendas expostas à chuva e ao frio, foram destruídas; escolas destinadas a fornecer educação para as crianças estiveram sujeitas a repetidas greves de estudantes.[62] E tudo isso tinha intenção de evitar criar a impressão de estar havendo uma readaptação ou um retorno à vida normal.

Isso foi agravado pelo ódio dos refugiados às Nações Unidas, em geral, e ao Ocidente, em particular, que os palestinos viam como diretamente responsáveis por sua catástrofe e pela fundação do Estado de Israel. Viam a UNRWA com grande desconfiança, porque acreditavam que cabia a ela supervisionar o retorno a Israel – interpretação que davam à Resolução 194. Não viam a ajuda da UNRWA como um ato de generosidade do Ocidente, mas como obrigação. "Tentativas de lhes explicar a situação são, em geral, inúteis", observou o primeiro relatório da UNRWA. "O refugiado vai ouvir educadamente, mas permanecerá convencido de ser alvo de amarga injustiça, e que pouco ou nada está sendo feito para corrigir isso."[63]

Em 1952, um ex-funcionário da Organização Internacional dos Refugiados conduziu um estudo de campo nos assentamentos para examinar por que as tentativas de readaptação estavam falhando. Constatou que os palestinos viam a readaptação como um reconhecimento efetivo da derrota. Seu senso de injustiça estava enraizado na crença de que haviam sido privados de algo que era deles e apenas deles. Na sua visão, desistir de um retorno a Israel era equivalente a reconhecer a derrota, o que eles não estavam preparados para fazer.

Quando os palestinos que participaram do estudo foram indagados sobre Israel, percebeu-se que nenhum parecia "capaz de aceitar o *status quo* sem um profundo sentimento de amargura, ódio e inquietação". Sua percepção do Ocidente foi também altamente negativa: aproximadamente três quartos dos entrevistados afirmaram que a Grã-Bretanha e os Estados Unidos eram os responsáveis pelo destino dos refugiados, e que o Ocidente era obrigado a cuidar deles.[64]

A UNRWA rapidamente se tornou alvo de ataques verbais e físicos dos refugiados árabes. Segundo eles, a agência estava falhando em sua principal tarefa – levar os refugiados de volta para casa. Poucos dias depois de a agência ser fundada no

Recusando a integração (1950-1959) ■ 121

início de 1950, o diretor da filial da UNRWA na cidade de Nablus foi atacado pelos refugiados, teve o carro apedrejado e o motorista foi agredido. Poucos meses depois, bombas foram jogadas nos quartéis-generais em Damasco e seus escritórios, em Sidon, sofreram ataques persistentes pelos refugiados durante anos; em junho de 1951, as janelas foram estilhaçadas e artefatos explosivos arremessados para dentro. Esses ataques de refugiados contra instalações e funcionários da UNRWA eram corriqueiros.[65]

Na realidade, a atitude dos refugiados foi a principal razão do colapso dos esforços da UNRWA. Para os palestinos, todos os esforços da comunidade internacional se assentavam no pressuposto de que os refugiados não iriam viver em Israel. De vez em quando, diplomatas ocidentais reclamavam que os palestinos agiam irracionalmente ao não compreenderem que a esmagadora maioria nunca retornaria a Israel, e que era hora de reconstruir suas vidas nos países em que foram acolhidos. No entanto, essa posição dos palestinos era altamente coerente, já que sua maior preocupação – acima de qualquer consideração humanitária – era não reconhecer o Estado de Israel. Eles subordinavam suas próprias condições de vida à luta mais ampla contra o Estado de Israel. Recusavam, portanto, a readaptação e um retorno de centenas de milhares de seu povo, e mais tarde milhões, à normalidade se isso significasse terminar a guerra com Israel. "Os Estados árabes não vão integrar os refugiados palestinos", disse Ahmad al-Shukeiri, primeiro presidente da OLP, "porque a integração seria um lento processo de liquidação do problema palestino".[66]

Assim ficava selado o destino do projeto mais importante de Alami que, desde o primeiro momento, foi acusado de traição e colaboração com os sionistas e o imperialismo ocidental. Seu projeto de readaptação foi visto como um golpe nos esforços árabes para garantir o retorno dos refugiados ao território israelense. Sua ascendência aristocrática e o registro

122 ■ A guerra do retorno

de claro ativismo antissionista não o ajudaram. Não importa quão frequentemente Alami pontuasse que sua atividade era puramente humanitária, e que não estava desistindo da exigência do retorno. Seu empenho em possibilitar a mudança de refugiados de um campo e de uma vida de assistência para uma habitação permanente e uma vida de autossuficiência econômica era visto como uma perfídia indesculpável.

Os rumores sobre o projeto de Alami e as tentativas de frustrá-lo começaram no início dos anos 1950. Muitos dos residentes dos campos adjacentes se recusaram a cooperar com ele, temendo que fosse um plano para evitar que retornassem a Israel. Os problemas chegaram a um ponto crítico em dezembro de 1955, quando milhares de refugiados palestinos dos campos ao redor de Jericó atacaram e destruíram a fazenda. Os chefes dos clãs nos campos fomentaram as massas contra as "gangues de traidores" encabeçadas pelo arquitraidor Musa Alami, convocando para se dirigir à fazenda quem pudesse pegar em armas. Um grupo avançou para a casa de Alami a fim de assassiná-lo. Nessa busca, os manifestantes investiram contra uma mulher que estava em trabalho de parto. Alami estava em Beirute e, portanto, foi salvo. Os desordeiros destruíram seu escritório e arrombaram cofres na tentativa de encontrar no meio dos seus documentos evidências de sua colaboração com Israel.

Uma coluna de refugiados avançou nos dormitórios dos órfãos: o mais velho deles tinha 13 anos. Despiram e golpearam as crianças, rasgaram as roupas de cama e queimaram tudo no caminho. Um órfão, com uma perna engessada, foi jogado para fora da cama, fraturando a outra perna. As crianças reagiram jogando pedras e conseguiram salvar um professor, que havia desmaiado com os golpes que sofrera.

A certa altura, um grupo de desordeiros invadiu a área de habitação de várias mulheres palestinas, com a intenção de estuprá-las. Naquele exato momento, policiais jordanianos chegaram

Recusando a integração (1950-1959) ■ *123*

ao local, interrompendo e afugentando os invasores. Mas era muito tarde para salvar o trabalho de vida de Alami. Ao final do ataque, a fazenda era uma ruína em fumaça: os desordeiros haviam queimado tudo e saqueado o que puderam. As habitações ficaram cobertas de fuligem e sem telhados. Um longo comboio de refugiados retornou a Jericó carregando milhares de galinhas, gansos, panelas e móveis quebrados.[67]

Alami soube do ataque na mesma noite. Sentiu-se profundamente insultado e chocado por essa demonstração de violência e ódio. Era um sonoro tapa na cara de alguém que havia dedicado a vida para ajudar seu povo. E foi a mais clara e mais brutal evidência até então da atitude árabe de que qualquer tentativa de readaptação e integração na economia e na vida normal era tida como séria traição. Confrontados com a escolha entre a humilhação de uma vida de pobreza e adversidade dos campos de refugiados e a sensação de humilhação em aceitar Israel como um fato consumado, os refugiados escolheram permanecer nos campos.

A lição do ataque foi que, se os refugiados eram capazes de prejudicar seus iguais, então a UNRWA não tinha chance de readaptá-los. Se mesmo um importante nacionalista como Alami não podia ajudar os refugiados, todo o projeto de readaptação estava claramente condenado ao fracasso. Os refugiados estavam amplamente conscientes da escolha que fizeram: dizer não ao Estado de Israel, mesmo ao custo de permanecer nos campos para sempre.[68]

* * *

Em novembro de 1958, rumores persistentes começaram a ser espalhados em Nova York de que os Estados Unidos estavam procurando fechar a UNRWA, por ela ter falhado em avançar quaisquer dos objetivos definidos. O embaixador saudita nos Estados Unidos ofereceu-se para ir ao Departamento de Estado em Washington para fazer uma oferta que não poderia ser recusada.

124 ■ A guerra do retorno

Depois de reunir-se com todos os embaixadores árabes nos Estados Unidos, o embaixador saudita, Abdullah al-Khayyal, um homem com olhar intenso e pesados óculos de tartaruga, pediu para reunir-se com o subsecretário de Estado dos EUA, Christian Herter, em Washington, para transmitir uma clara mensagem.

Khayyal iniciou a reunião dizendo que representava todos os embaixadores árabes, com o objetivo de destacar o preço que os Estados Unidos pagariam se recusassem sua demanda. Disse estar convencido de que os Estados Unidos estavam interessados em uma relação mais próxima com o mundo árabe. Washington, disse ele, deveria evitar a repetição dos erros do passado. A extinção da UNRWA segundo ele, "teria ecos negativos nos países árabes".[69] Khayyal disse ainda que os árabes esperavam que nenhuma mudança fosse feita na UNRWA e que a agência continuasse a operar até que uma "solução" fosse encontrada.

Herter, republicano de Massachusetts, conhecido por seus trajes elegantes e pela gravata-borboleta, indagou quais foram exatamente "os erros do passado" que os Estados Unidos haviam cometido. Apoiar o plano de partilha da ONU, respondeu Khayyal. Herter disse que a probabilidade de que o governo dos EUA continuasse a financiar a UNRWA seria maior se os árabes mostrassem alguma disposição em discutir uma solução de longo alcance e que os EUA ficariam satisfeitos se os árabes indicassem um representante para sentar e discutir essa solução de longo prazo, já que os EUA também estariam dispostos a sentar e conversar com os israelenses. Khayyal respondeu que "os árabes não estavam preparados para se sentar com os israelenses", observando que Washington deveria pressionar Israel a implementar as resoluções da ONU, "em vez de instar os árabes a falar com os israelenses".[70]

Os americanos haviam, de fato, concluído que era hora de fechar a UNRWA. Após quase uma década de financiamento massivo americano, que não havia contribuído nem um pouco para resolver o problema do refugiado, cada vez mais era possível ouvir as manifestações nos corredores do poder em Washington, no sentido de não renovar o mandato da agência. A frustração dos americanos com o trabalho da UNRWA era visível, comparando com os notáveis sucessos dos esforços dos EUA para a readaptação na Coreia e na Europa, que produziram frutos em alguns anos. A diferença no caso do Oriente Médio, que levou ao fracasso completo dos esforços de readaptação, foi a falta de cooperação dos Estados árabes e dos palestinos.

No início de 1952, o encarregado de assuntos dos EUA na Jordânia compartilhou suas impressões sobre o trabalho da UNRWA com o Departamento de Estado dos EUA em um telegrama detalhado: "Por algum tempo, fiquei incomodado com o fracasso da UNRWA em realizar algo substancial na Jordânia na forma de reassentamento dos refugiados", escreveu David Fritzlan. O governo jordaniano estava se recusando a cooperar e assim, as grandes somas de dinheiro, investidas mês a mês, para sustentar os refugiados, não encontravam da parte da Jordânia um esforço paralelo para torná-los independentes e removê-los da lista de beneficiários do auxílio. Fritzlan observou que os Estados árabes deveriam explicar aos refugiados que, apesar de suas promessas e de certas resoluções da ONU, era improvável que muitos deles retornassem a suas antigas casas. Mas os árabes não estavam fazendo nada disso, segundo o encarregado dos EUA. Apesar do suposto apoio aos esforços de readaptação dos refugiados, a política básica da Liga Árabe era frustrá-los. "A proposta dessa política", concluiu Fritzlan, "[é]simplesmente manter vivo o problema da Palestina na esperança de promover a queda de Israel".[71]

O encarregado dos EUA citou encontros com sua contraparte britânica e um entendimento similar tomando forma no ministério de Relações Exteriores em Londres. Observou que os britânicos, por sua vez, estavam considerando alertar os Estados árabes de que, sem uma mudança de comportamento, o Ocidente finalizaria seu apoio para a UNRWA na próxima deliberação da Assembleia Geral no final de 1952, e transferiria para eles a responsabilidade de tratar do problema dos refugiados. Os britânicos esperavam que tal ameaça levasse os Estados árabes a ter coragem e começar a cooperar.[72]

Mas Fritzlan estava bem ciente das limitações políticas que os Estados Unidos e a Grã-Bretanha enfrentavam, bem como da dificuldade que teriam em aprovar essa resolução na Assembleia Geral das Nações Unidas. Era da opinião de que os Estados árabes não cooperariam apesar da ameaça. E pior, o Ocidente não podia seguir com a ameaça, porque isso provocaria o furor não apenas em todo o mundo árabe, mas também na Ásia e na América Latina. Ele escreveu, "Talvez devêssemos questionar se vale a pena ir adiante com esse assunto, e assim afastar esses países de assuntos que podemos considerar mais importantes e amplos".[73]

Quando Fritzlan mencionou "assuntos mais importantes e amplos", referia-se, certamente, a interesses geoestratégicos dos Estados Unidos na Guerra Fria. Em 1952, ano em que Fritzlan escreveu esse documento, Dwight Eisenhower havia sido eleito presidente dos Estados Unidos; antes de assumir o cargo no início de 1953, indicou John Foster Dulles como secretário de Estado. Os dois definiram o bloqueio ao comunismo em todo o mundo como prioridade absoluta da política externa.

Enquanto a administração de Truman concentrou-se na Europa e na Ásia, a administração de Eisenhower viu o Oriente Médio como a principal esfera de confronto com a União Soviética. "Não existe área estrategicamente mais importante no mundo", disse Eisenhower. A localização geográfica da região e a importância do petróleo levaram os líderes em Washington a acreditar que a prosperidade e o crescimento de todo o mundo ocidental dependiam do Oriente Médio, o que justificou que investissem uma enorme energia obtendo novos amigos naquela região, de modo a evitar que caíssem em mãos soviéticas.[74]

Recusando a integração (1950-1959) ■ 127

Os novos amigos que o governo de Eisenhower buscava, entretanto, não era Israel, mas os Estados árabes. Em sua primeira visita ao Oriente Médio em 1953, Dulles disse em Beirute que seu país iria "buscar políticas que seriam melhores e mais justas que aquelas do passado" e que estava preparado para considerar medidas "para evitar a agressão de Israel". No Cairo, Dulles assegurou ao presidente Gamal Abdel Nasser que o governo republicano de Eisenhower não estava politicamente comprometido com os judeus como o governo democrata de Truman. Dulles considerava o governo anterior da Casa Branca como pró-sionista demais, tendo produzido um furor no mundo árabe que agora os soviéticos estavam explorando. Naquele mesmo ano, o governo dos EUA suspendeu a assistência econômica a Israel.[75]

A orientação pró-árabe de Eisenhower e Dulles se apoiava na percepção de que a única via para confrontar a influência soviética no Oriente Médio era se afastar decisivamente de Israel. O esforço para cortejar os árabes definiu a política externa da década, talvez atingindo seu ápice durante a Guerra do Sinai, em 1956. Para fazer Israel consentir com um cessar-fogo e depois forçá-lo a se retirar da península do Sinai, o governo de Eisenhower ameaçou Israel com nada menos do que severas sanções e expulsão das Nações Unidas. Washington inclusive ameaçou bloquear as doações privadas a Israel, como as de judeus americanos. Ao mesmo tempo, os Estados Unidos tentaram seduzir Nasser para afastar-se da influência soviética por meio de amplos contratos de armamentos; as demandas de Israel por sistemas avançados de armamentos foram rejeitadas imediatamente.

Essa era a doutrina Eisenhower para o Oriente Médio. Mais tarde, o secretário de Estado explicou as bases dessa política. Dulles expôs que qualquer inclinação em direção a Israel iria "certamente pôr em risco toda a influência ocidental no Oriente Médio". "As nações daquela região", disse ele, "concluiriam que a política do país para a área estava, em última análise, controlada pela influência judaica nos Estados Unidos. Em um cenário como esse, a única esperança dos países árabes seria encontrar uma firme associação com a União Soviética."[76]

Esse esforço não foi bem-sucedido. Os articuladores da política externa dos EUA acreditavam que Israel era o principal obstáculo para manterem boas relações políticas com o mundo árabe. Eles esperavam que essas boas relações bloqueariam a expansão soviética na região. No entanto, no final da década, os americanos podiam computar poucas vitórias. A tendência antiocidental no Oriente Médio acelerou, pois Nasser ainda estava recebendo grandes carregamentos de armamentos da União Soviética, e Washington falhara em conquistar novos partidários na região.[77]

* * *

Com relação ao problema do refugiado, alguns acreditavam que Fritzlan estava certo – que a UNRWA havia de fato se transformado em um instrumento político da perpetuação do problema. Essas pessoas eram os próprios diretores da agência, que haviam repetidamente alertado, em 1950, que a UNRWA havia chegado a um impasse e sua atividade e mesmo sua existência necessitavam ser reavaliadas.

No relatório de 1953, os diretores da UNRWA já sugeriam reduzir o trabalho da agência e transferir a responsabilidade operacional dos refugiados para os Estados árabes.[78] Um ano depois, percebendo que a agência havia perdido o rumo, o diretor pediu à Assembleia Geral da ONU que esclarecesse novamente os objetivos da UNRWA: e em 1956, no relatório anual, o diretor pediu à Assembleia Geral para reexaminar os termos de referência da agência, dada a crise da UNRWA e a ausência de cooperação dos Estados árabes.[79] Ele inclusive alertou, à luz das dificuldades colocadas pelos Estados árabes, que "no caso de as condições locais em qualquer área impedirem indevidamente o desenvolvimento dessas responsabilidades, talvez seja necessário suspender ou encerrar as operações da Agência nessa área".[80]

Recusando a integração (1950-1959) ■ 129

No outono de 1958, o desapontamento com a UNRWA chegou ao auge, e os americanos procuraram tomar medidas dramáticas. Um relatório apresentado ao Congresso por uma Comissão Especial de Estudos sobre o Oriente Próximo e a África, emitido pelo Comitê de Relações Exteriores da Câmara, apresentou críticas contundentes aos Estados árabes. Afirmava que "Se os governos locais não estão dispostos a tratar do problema, a não ser em seus próprios termos, há pouco incentivo para que os governos de fora mantenham o apoio financeiro [para a UNRWA]. [O] estímulo humanitário original que levou à criação e perpetuação da UNRWA está sendo gradualmente distorcido em uma arma política".[81]

Dirigindo-se às Nações Unidas, um membro da delegação dos EUA para a ONU, George McGregor Harrison, declarou que a existência contínua da UNRWA "não era [...] a maneira adequada de lidar com o problema do refugiado". Harrisson disse que, apesar dos esforços da agência, o número de refugiados só fez crescer naquela década, e de forma alguma eles haviam sido integrados nas vizinhanças. Observou que os países doadores não estavam mais dispostos a bancar o auxílio permanente que lhes foi demandado. Era evidente, o embaixador concluiu, que alguma coisa tinha que ser feita para alcançar um número de refugiados autossustentáveis. "Não é suficientemente bom", declarou ele, "perpetuar, de forma consciente, por mais de uma década, o *status* de dependente de aproximadamente 1 milhão de refugiados".[82]

O Departamento de Estado dos EUA tinha o objetivo de readaptar a vasta maioria de refugiados e assentá-los onde quer que encontrassem abrigo, mas, dessa vez, os Estados Unidos queriam fazê-lo de modo direto. Washington pretendeu transferir fundos diretamente aos Estados árabes ou a organizações internacionais existentes, como a Organização Mundial de Saúde (OMS) ou a Unicef. Nesse plano, a UNRWA seria desativada ao término de seu mandato em 1960 e uma solução ampla para o problema dos refugiados palestinos seria obtida até 1970.

Embora o plano previsse oferecer a todo refugiado a repatriação para o Estado de Israel, o previsto era que, de 1 milhão de pessoas, não mais que 100 mil haveriam de retornar de fato, sendo que o restante permaneceria onde estivesse e seria readaptado nesses países árabes.[83] Esse foi o primeiro de muitos planos ocidentais que ignoraram completamente os alertas repetidos da UNRWA e de outros relatórios sobre a insistência dos refugiados palestinos de que "justiça" requeria o retorno ao Estado de Israel. No plano de 1958, os americanos fizeram a ingênua e equivocada suposição de que os refugiados palestinos não queriam ou não esperavam realmente retornar, e que de alguma forma estariam dispostos a aceitar o assentamento permanente em outro lugar. Recusando-se a acreditar na própria palavra dos refugiados, os diplomatas americanos foram incapazes de perceber que era exatamente essa mesma atitude dos refugiados palestinos – que já havia frustrado os esforços da UNRWA – que asseguraria o fracasso do plano americano alternativo.

Outra proposta cogitada em Washington foi fechar a UNRWA e fundar uma nova agência da ONU em seu lugar, limitada a financiar e a monitorar. A administração dos programas de refugiados árabes seria transferida para os Estados árabes, com uma abordagem a ser feita também para Israel, "obrigando-o a sinalizar se estava preparado para assumir ações públicas que fossem substancialmente além do que já havia feito até então, indicando sua preocupação e responsabilidade com o futuro e o bem-estar dos refugiados e a solução definitiva [do] problema". Nesse contexto, o plano era que os Estados árabes submetessem demandas anuais orçamentárias para a nova agência, de acordo com os projetos que pretendiam iniciar; a agência deveria apresentar relatórios detalhados de progresso. A intenção de Washington era clara: criar iniciativas para uma solução, transferindo a responsabilidade para os Estados árabes. Herter escreveu que a posição dos EUA foi "justificada pela ausência de progresso para [uma] solução durante [a] década passada". "[A] continuação [da] UNRWA na [sua] presente forma," escreveu ele, "não representava mais [a] maneira certa de lidar com [o] problema do refugiado árabe".[84]

Desse modo, os Estados Unidos sinalizavam sua disposição em continuar investindo dinheiro na readaptação dos refugiados e não mostravam intenção de retirar seu apoio. Mas, ao mesmo tempo, Washington tornava claro que via a UNRWA como uma agência ineficaz que não fazia nada a não ser perpetuar e prolongar indefinidamente o problema do refugiado. E assim, não tinha motivo para continuar apoiando a organização.

* * *

O discurso de Harrison nas Nações Unidas e os planos para fechar a UNRWA provocaram uma dura reação dos árabes. O diretor da agência relatou que os diplomatas árabes "ficaram chocados" com a posição de Washington e viram o fechamento da agência como um abandono da responsabilidade das Nações Unidas pelo problema do refugiado. Também acreditavam que essa política forçaria seus países a aceitar os refugiados, que eles viam como um sério golpe para sua posição.[85]

Autoridades superiores do Departamento de Estado, entretanto, mantiveram sua crença de que o tratamento de choque era necessário para sinalizar que o apoio dos EUA não era uma certeza indiscutível. A essa altura, era sabido que o então secretário da ONU, Dag Hammarskjöld, também estava preocupado com a existência da UNRWA no formato de então. Em uma carta para o Departamento de Estado dos EUA, Hammarskjöld reconheceu que queria ver mudanças de longo alcance na UNRWA, mas lamentou que propostas para tais mudanças "tornariam todos os árabes furiosos". Segundo expressou, as reformas não alcançariam nada além de colocar uma "carga de dinamite dentro de toda a situação do Oriente Médio".[86]

Quanto mais os Estados árabes pressionavam a comunidade internacional, mais as limitações políticas do Ocidente (particularmente da Grã-Bretanha e dos Estados Unidos) ficavam aparentes, exatamente como o encarregado dos EUA na Jordânia havia previsto sete anos antes. Embora o governo dos EUA não visse justificativa para a existência da UNRWA tal como era, seu fechamento não era um assunto trivial, pois poderia levar a uma deterioração tangível nas relações de Washington com o mundo árabe. À luz da Doutrina Eisenhower, uma abordagem mais prática da UNRWA deu lugar ao que era entendido então como uma estratégias mais ampla.[87]

Os Estados Unidos acabaram por ceder à demanda árabe e deixaram a UNRWA como estava. Em dezembro de 1959, exatamente uma década depois da fundação, a Assembleia Geral da ONU votou pela extensão de suas operações por mais três anos. Apesar de sua oposição anterior, os Estados Unidos votaram com os proponentes da resolução, e após a pressão conjunta dos Estados árabes, os americanos concordaram em retirar a exigência de mudanças de longo alcance. Além disso, o propósito oficial da agência foi alterado: não havia mais a ênfase ou insistência na integração dos refugiados na economia regional por meio de projetos de readaptação.[88] A sorte estava lançada: após uma década de tentativas de readaptação e discussão para aquele fim, a UNRWA parou de tentar executar a tarefa para a qual foi fundada. O Ocidente foi compelido a continuar a apoiar a agência, não porque acreditasse na sua capacidade de obter qualquer objetivo claro, mas por causa da pressão política árabe.

Enfrentando uma firme oposição dos Estados árabes e dos próprios refugiados à readaptação, e à luz de seu fracasso em cooperar com os planos de readaptação, a liderança da UNRWA decidiu que daquele momento em diante a agência iria concentrar suas energias no treinamento vocacional para os refugiados, na esperança de que isso promoveria estabilidade e progresso econômico.[89] Esse treinamento vocacional rapidamente se expandiu e a UNRWA começou a educar as crianças refugiadas, canalizando recursos para a construção de escolas e contratando professores. Os americanos estavam esperançosos de que aquela

Recusando a integração (1950-1959) ■ 133

educação levaria à futura integração dos refugiados em postos de trabalho e reduziria definitivamente o número de beneficiários de auxílio, mas não disseram isso aos árabes. Os Estados árabes, por sua vez, acolheram a extensão do apoio para os refugiados, sem a intenção de possibilitar jamais sua readaptação.

* * *

A resolução que estendeu o mandato da UNRWA de dezembro de 1959 e interrompeu os esforços de readaptação dos refugiados em países árabes por meio de projetos de desenvolvimento de larga escala marcou o fim de uma longa década de batalhas sobre a natureza da agência entre os dois principais padrinhos dela. Os Estados Unidos, que financiaram e lideraram esforços para readaptar os refugiados, foram compelidos a baixar suas armas no sentido de não afetar seus interesses no mundo árabe. Entenderam que estariam obrigados a aceitar a existência contínua da agência, apesar da ausência de resultados, porque não havia nada que pudessem fazer. Para os árabes, que tinham feito todo esforço para frustrar as intenções americanas, a missão estava efetivamente cumprida.

Esse foi o ponto de virada decisivo na história da UNRWA. Desse ponto em diante, sua sobrevivência foi um casamento político de conveniência entre os Estados Unidos e os Estados árabes. A UNRWA ficou como uma estrutura vazia. Ela não preencheu os desejos políticos de nenhum dos lados, mas era melhor para todos (exceto para Israel) que ela continuasse a existir. Quanto aos árabes, essa foi uma grande vitória: mesmo que a UNRWA não pudesse forçar Israel a aceitar refugiados, podia prolongar o problema do refugiado por muitas décadas. Os refugiados consideravam a UNRWA mais que uma organização que os ajudava: ela era o selo de aprovação da comunidade internacional para suas aspirações de retorno.

Os americanos queriam desmantelar a agência, mas não estavam preparados para pagar o preço de uma ruptura nas suas relações com o mundo árabe. Por fim, uma contribuição anual para a UNRWA era um preço relativamente baixo que Washington concordou em pagar ao mundo árabe para preservar suas relações.

Nos debates sobre a extensão do mandato da UNRWA à época, nunca foi sustentado que o bem-estar dos refugiados requeresse a existência continuada da agência. Nem foi observado que a sua situação especial, ou as circunstâncias históricas por meio das quais eles se tornaram refugiados, criasse a necessidade de uma agência própria permanente. Esses debates, como a resolução que havia sido aprovada, eram políticos. Na realidade, todos viam a UNRWA como um instrumento político: o Ocidente, para comprar o silêncio do mundo árabe; os árabes, para perpetuar o conflito com Israel; e os refugiados, como um certificado de garantia de seu retorno certo.

A natureza contemporânea da UNRWA foi determinada na mesma decisão americana de dezembro de 1959 e até o ano de 2018 que se saiba, aquela foi a última vez que um governo dos EUA tentou submeter a instituição a significativas revisões. A extensão do mandato da agência tornou-se uma tradição anual quase automática desde então; jamais retornou à agenda uma possibilidade séria de readaptação dos refugiados nos seus países anfitriões. A UNRWA tornou-se um aparato permanente e essencial na vida do Oriente Médio, como é certa a presença do sol no céu da manhã.

Israel podia apenas observar esses desdobramentos de longe. Washington começou a ver a UNRWA como um osso em sua garganta, que não podia nem engolir nem cuspir, e a ver sua existência como algo que arruinava todas as tentativas de resolver o problema do refugiado. Ao mesmo tempo, os EUA tentaram se consolar com a ideia de que, apesar de a UNRWA ser desprovida de reais benefícios, também não estava causando grandes danos. Afinal, ela era uma agência da ONU.

Essa avaliação logo demonstraria estar equivocada.

Recusando a integração (1950-1959) ■ 135

Exercendo o terror (1960-1987)

"A arma e o retorno são uma única coisa para nós."

John le Carré, em A garota do tambor

NÚMERO DE REFUGIADOS
REGISTRADOS (1960): 1.120.889[1]

Jamal al-Gashey era um filho típico dos campos de refugiados palestinos. Nasceu em 1953 no campo de Chatila, no Líbano, onde sua família chegou fugida da Galileia durante a guerra de 1948. Como o restante de sua geração, cresceu ouvindo histórias sobre o "paraíso perdido" do qual sua família tinha sido banida. Costumava passar as noites escutando histórias de seus pais e avós sobre os judeus que tinham roubado sua terra e sobre a traição dos líderes árabes. Gashey cresceu rodeado por crianças e adolescentes que, assim como ele, estavam efetivamente sentenciados a viver nos campos de refugiados com seus pais e líderes palestinos após a guerra, sem chance de normalidade ou esperança. Ao lado de outros da sua idade, Gashey foi criado para sonhar apenas com a eliminação da desgraça de sua nação e reivindicar aquela "Palestina perdida".

Logo após a Guerra dos Seis Dias, a OLP abriu um escritório de alistamento no campo. Gashey, então com 14 anos, imediatamente se inscreveu. Mais tarde, relatou que quando recebeu seu revólver, sentiu-se motivado pela primeira vez. "Fiquei orgulhoso e senti que minha existência e minha vida tinham um sentido", recordou ele.[2] O campo estava repleto de filhos de refugiados como ele, que 20 anos depois da guerra ainda alegavam ter vindo de Acre, Haifa ou Tiberíades, embora tivessem nascido no Líbano. Na escola, cantavam músicas sobre o retorno à Palestina; em todo o campo, viam grafites nas paredes das casas, com descrições pomposas e heroicas do dia em que retornariam para casa para abraçar suas oliveiras e beijar o solo.[3] Para todos eles, esse retorno cobiçado, sempre descrito em termos violentos, tornou-se um tipo de obsessão sem a qual não havia sentido viver.[4]

No mesmo período, no final dos anos 1960, os palestinos dos campos de refugiados desenvolveram uma consciência coletiva na qual eles se viam como um grupo étnico perseguido, tendo sofrido a maior calamidade na história da humanidade. Mais tarde, Edward Said descreveu bem esse sentimento: "Os palestinos suportaram décadas de expropriação e dolorosas agonias, raramente ocorridas em outros povos".[5] Nos campos de refugiados, como aquele em que Gashey cresceu, as pessoas falavam em termos de uma experiência palestina enraizada, como uma nação nativa de *fellahin* (camponeses) injustamente expulsos de sua terra por uma brutal conspiração sionista. Nessa atmosfera de sofrimento e vitimização, a justiça absoluta estava claramente só de um lado.[6]

Poucos anos mais tarde, Gashey foi convidado para um campo de treinamento do Setembro Negro, unidade terrorista clandestina fundada pelo movimento Fatah no início dos anos 1970. O grupo inicialmente se voltou contra o governo jordaniano, em revanche pela expulsão da Jordânia da OLP, mas logo avançou para alvos israelenses. Assim como dezenas de outros terroristas atraídos para o campo, Gashey não foi informado de sua missão até o último momento. No verão de 1972, na véspera do ataque planejado, recebeu seu objetivo: as instalações dos atletas israelenses na Vila Olímpica de Munique.[7]

Gashey foi um dos oito terroristas palestinos que invadiram a Vila Olímpica na manhã de 5 de setembro de 1972. Assim que amanheceu, os terroristas assumiram o controle das instalações da equipe israelense, mantendo os atletas como reféns por 19 horas. Durante a crise dos reféns, os terroristas mataram a tiros o treinador da equipe, Moshe Weinberg, e jogaram seu corpo nu e encharcado de sangue para fora do prédio. O lutador israelense Yossef Romano tentou atacar os terroristas, que o feriram gravemente com um tiro. Em seguida, eles o torturaram na frente de seus amigos, cortaram seus órgãos genitais e o deixaram sangrar até a morte. Outros nove israelenses foram assassinados pelos terroristas, baleados durante a tentativa fracassada de resgate pela polícia da Bavária. Essa missão malsucedida foi transmitida pela televisão para o mundo todo assistir. Apenas uma geração depois do Holocausto, em solo alemão, judeus inocentes foram mutilados e massacrados, durante um evento internacional que deveria significar a capacidade da humanidade de se reunir em busca de valores comuns. O choque global foi evidente.[8]

Gashey foi ferido na tentativa de resgate, mas sobreviveu. Preso pelos alemães, foi solto dois meses e meio depois com dois outros sequestradores e logo desapareceu. Israel deslanchou então a Operação Cólera de Deus, enviando agentes do Mossad para assassinar os líderes do Setembro Negro. Foi somente em 1999 que Gashey deixou seu esconderijo para ser entrevistado para o documentário *Munique, 1972: Um Dia em Setembro*. A seu pedido, teve o rosto desfocado e a voz distorcida.

Seis dos oito terroristas no Massacre de Munique eram filhos dos campos de refugiados, assim como Gashey. Vários viviam em casas vizinhas no campo de Chatila e jogavam futebol juntos. Gashey recordou: "Nós éramos todos parecidos, filhos dos campos de refugiados com uma causa comum e um objetivo comum".[9] Abu Iyad, vice de Arafat no Fatah e comandante do Setembro Negro, relatou como os jovens por trás do massacre eram deliberadamente escolhidos nos campos de refugiados do Líbano, da Síria e Jordânia. Segundo o relato, eram seus soldados mais fiéis: "[Eles] todos ardiam de impaciência para estarem entre os escolhidos afortunados".[10]

O rancor e o ódio contra Israel transformaram esses ataques de terror, nos quais civis inocentes eram brutalmente assassinados, em atos justificados de heroísmo aos olhos dos palestinos e de todo o mundo árabe. A mãe de um dos terroristas mortos durante o resgate de Munique disse que sentiu orgulho quando foi informada do resultado do ataque. Dezenas de milhares de pessoas marcharam no enorme cortejo fúnebre atrás dos corpos dos terroristas vindos da Alemanha e levados para o enterro na Líbia. A estação de rádio "A voz da Palestina" transmitiu os testamentos que os terroristas haviam supostamente deixado, nos quais clamavam à juventude do mundo árabe a "buscar a morte para que a vida fosse dada a eles, seus países e seu povo". O texto dizia: "Cada gota de sangue nossa derramada será o óleo para acender essa nação com chamas de vitória e libertação".[11]

Gashey nunca expressou remorso ou arrependimento pelo Massacre de Munique, apesar da absoluta brutalidade e selvageria demonstrada para com os atletas inocentes. Para Gashey, a operação conquistou seu objetivo de colocar o nome da Palestina na agenda global. Essa disposição para sacrificar e mutilar os corpos de quaisquer vítimas inocentes, e essa absoluta confiança na justiça do caminho que escolheram, foi expressa em uma mensagem dos comandantes do Setembro Negro publicada no jornal libanês *Al-Sayyad* uma semana depois do massacre, no qual afirmaram que o ataque havia tido "100% de sucesso": "Uma bomba na Casa Branca, uma mina no Vaticano, a morte de Mao Tsé-tung, um terremoto em Paris não teriam ecoado na consciência de cada homem no mundo como a operação em Munique".[12]

O grande número de filhos dos campos de refugiados entre os agressores do Massacre de Munique não foi coincidência: muitos dos soldados de infantaria que se juntaram aos grupos de terror nos anos 1960 e 1970 também o eram. Eles nasceram após 1948, foram educados nas escolas da UNRWA e nunca haviam estado na Palestina. Entretanto, sua lealdade cega à ideia de um retorno impetuoso para a Palestina era absoluta. Indagado se ele teve medo na véspera do ataque em Munique, Gashey respondeu:

> Pessoalmente, senti orgulho e prazer. Meu sonho de participar de uma operação contra Israel estava se tornando realidade. Desde o dia em que nos reunimos, fomos alertados de que havia a possibilidade de um sacrifício a qualquer momento em nome da Palestina. Nós não tínhamos medo. A ideia de Palestina e de retornar para lá era tudo o que controlava meu pensamento e meu ser.[13]

O que deu a esses jovens sua crença ardente em um retorno impetuoso para a Palestina? O que os levou a juntar-se a grupos de terror em massa? E o que os encorajou a pensar em matar e ser morto, assassinar e mutilar os corpos de outros seres humanos inocentes, e sacrificar suas vidas por um lugar que eles nunca tinham visto, uma terra que para eles era mais uma ideia abstrata do que um anseio tangível?

Como observado no capítulo anterior, no fim de 1950, a comunidade internacional acreditava que a permanência de campos de refugiados era a solução menos ruim e tinha a esperança disso. Os americanos pensavam que, ao continuar a financiar a UNRWA, poderiam evitar a radicalização dos refugiados e bloquear a influência soviética. Mas, na verdade, aconteceu exatamente o que temiam: sob o olhar atento e a supervisão das Nações Unidas, uma identidade nacional palestina distinta, focalizada em uma exigência impetuosa e intransigente de retorno e de completa rejeição ao Estado de Israel tornou-se muito enraizada nos campos de refugiados palestinos, que se tornaram um Estado dentro de um Estado, um território fechado no qual uma retórica venenosa e repleta de ódio cresceu e se disseminou.

A UNRWA forneceu a infraestrutura física e social para a construção dessa identidade. De forma retrospectiva, é difícil exagerar a importância da cultura do campo de refugiados na radicalização palestina naquela época. No ventre de uma agência fundada para prover necessidades humanitárias, e na estrutura da ONU, fundada para proteger a paz mundial, cresceram grupos palestinos terroristas que agiam contra todo o princípio que as Nações Unidas buscavam afirmar, e logo passaram a explodir aviões e a assassinar civis. A decisão de prolongar a existência da UNRWA, em 1959, não apenas fracassou em congelar o problema do refugiado, mas também facilitou a sua deterioração: a UNRWA tornou-se uma estufa que cultivou as sementes do desastre, e que logo envenenou todo o Oriente Médio, semeando a devastação em todo lugar.

* * *

Os visitantes dos campos de refugiados palestinos do início dos anos 1960 encontraram uma realidade completamente diferente daquela que prevaleceu apenas uma década antes. Nos anos iniciais após a guerra, o auxílio de emergência da UNRWA concentrou-se em alimentos, roupas e moradia básica, com o objetivo de evitar a fome e o surgimento de doenças. Uma década depois, o problema enfrentado pelos refugiados palestinos não era mais a fome e a doença, mas a hostilidade política. A concentração dos refugiados nos campos, sem um horizonte ou data final, e a decisão de não readaptá-los nos países árabes criaram uma classe de centenas de milhares de pessoas sem Estado, que fracassaram em desenvolver raízes nas sociedades árabes ao redor.

Muitos desses palestinos nunca estiveram na Palestina: a população ainda registrada como "refugiados" cresceu de aproximadamente 700 mil pessoas para mais de 1 milhão. Cerca de metade deles nasceu depois da guerra de 1948, ou deixou Israel ainda quando

142 ■ *A guerra do retorno*

criança. Eles não tinham memória ou experiências pessoais da Palestina da época do Mandato, apenas um conhecimento filtrado pelas escolas da UNRWA, pelos pais e governos árabes. Entretanto, sua consciência nacional era mais forte que a dos pais, porque eram frequentemente lembrados de que sua terra havia sido roubada.

A aparência dos campos de refugiados também mudou completamente. De acampamentos com tendas expostas ao vento e à chuva, foram transformados em bairros com moradia permanente nos arredores das cidades. As tendas foram trocadas por casas de taipa, e, em seguida, substituídas por construções de tijolo e concreto. Cada família recebeu um lote de cerca de 100 m^2 com uma casa cujo tamanho dependia do número de membros da família. Os refugiados equiparam suas casas, instalaram janelas e construíam cozinhas. Em geral, acrescentaram cômodos e andares inteiros e construíram muros altos entre os diferentes lotes. Uma rede de estradas foi pavimentada e clínicas e escolas foram construídas, geralmente com altos padrões de arquitetura.

Recebendo educação livre universal e saúde de qualidade, os residentes usufruíram de uma qualidade de vida mais alta que a dos refugiados em outros lugares, como na Índia, Paquistão ou Hong Kong, e melhor do que nos estratos mais pobres dos países árabes. Os campos não pareciam mais tão temporários, e o sentido de urgência que definiu os primeiros dias da UNRWA não existia mais.

A realidade dos campos de refugiados palestinos diferenciou-se muito da imagem convencional de campos de refugiados ao redor do mundo – vastos acampamentos, com milhares de pessoas esperando por uma pequena ajuda em alimento. As estradas dos campos de refugiados palestinos eram empoeiradas, mas as casas e seus interiores eram melhores que os dos bairros da classe trabalhadora no mundo árabe. A partir dos anos 1960, em quase todos os aspectos, a maioria dos campos de refugiados era como bairros das cidades árabes próximas de onde foram construídos.[14]

Exercendo o terror (1960-1987) ■ 143

Durante esse período, em 1965, a UNRWA tomou uma decisão que teria consequências dramáticas no futuro: o comissário-geral da agência decidiu estender a elegibilidade para os filhos de pessoas que haviam nascido após 14 de maio de 1948 – ou seja, os netos dos verdadeiros refugiados.[15] Dezessete anos mais tarde, em 1982, a Assembleia Geral das Nações Unidas aprovou uma resolução estendendo ainda mais a elegibilidade para todos os descendentes dos refugiados palestinos originais como sendo também "refugiados palestinos".[16] Essa decisão determinou efetivamente que todas as futuras gerações, com uma duração perpétua, seriam consideradas "refugiados palestinos". Essas decisões foram determinantes para garantir que o número de refugiados continuasse crescendo para sempre.[17]

Diante do fracasso das tentativas de readaptação dos anos 1950, os diretores da UNRWA necessitavam criar uma razão para prolongar sua existência. Decidiram direcionar seu financiamento para outro lugar, para transformar a agência em um tipo de ministério de educação massiva para educar a juventude palestina. A parcela do orçamento da UNRWA destinada à educação cresceu de 23% 1960 para 66% em 1988, enquanto a parcela do orçamento para o auxílio voltado a itens básicos (alimentação, abrigo etc.) caiu de 62% em 1960 para 12% em 1984. O número de escolas quase duplicou naquele período (de 380 para 630), e o número de professores triplicou (de 3.500 para cerca de 10.500).

Graças a esse sistema educacional extenso, financiado internacionalmente, os palestinos tornaram-se um dos mais bem-educados grupos no mundo árabe: a taxa de alfabetização, especialmente entre as meninas, era maior que nos países árabes receptores. A jovem geração de crianças refugiadas cresceu mais sofisticada e ideologicamente opinativa que os pais. Eram mais inclinados à atividade política e, especialmente, ao radicalismo que outros árabes da mesma idade. Enquanto os membros da geração anterior possuíam uma sólida lealdade a suas casas, campos e clãs, a geração mais jovem estava influenciada pela lealdade ideológica à nação, terra e a uma coletividade mais ampla. Em muitos sentidos, essa era uma nova nação, bastante diferente daquela das aldeias palestinas abandonadas em 1948, e isso foi criado nos campos de refugiados.

* * *

Uma subsistência segura e básica não era mais razão para permanecer nos campos. Em vez disso, continuar a residir nos campos devia-se, em grande medida, à discriminação antirrefugiado palestino pelos países árabes receptores. Todo governo árabe, com a exceção da Jordânia, negava cidadania aos palestinos. Isso foi parcialmente motivado em parte pela aversão a eles e em parte para preservar a exigência de retorno. De um lado, a Liga Árabe garantiu tratar os refugiados palestinos como seus próprios cidadãos enquanto mantinha seu *status* de "refugiado registrado", aguardando seu possível retorno. Essa posição foi oficialmente aprovada no Protocolo de Casablanca de 1965.[18] Por outro lado, os refugiados sofreram uma discriminação flagrante e severa no emprego, na moradia e na educação superior. Essa discriminação ampliou o sentimento de hostilidade e a singular identidade nacional dos palestinos.[19]

O país que assumiu a posição mais dura contra os refugiados palestinos foi o Líbano, que os tratou e aos seus descendentes como "estrangeiros", forçando-os, portanto, a ocupar trabalhos sem qualificação na agricultura e na construção civil. Outros trabalharam no mercado paralelo por baixos salários. Os palestinos não tinham permissão para beneficiar-se do sistema nacional de segurança e o Líbano também restringiu firmemente a possibilidade de os refugiados adquirirem propriedades e deixá-las a seus descendentes.[20]

A Síria também negou a cidadania aos refugiados palestinos. Eles foram privados de participar em eleições, adquirir terra para agricultura ou possuir mais de uma casa. Viram-se proibidos de se envolver em atividade política ou em qualquer forma de organização. O Egito evitou anexar a Faixa de Gaza e deu aos palestinos documentos apenas temporários, o que não lhes concedia o direito de entrar ou sair do país. As regulamentações egípcias marginalizaram os palestinos e os reduziram também ao *status* de estrangeiros, o que significava enfrentar a discriminação no mercado de trabalho e em muitos outros lugares.[21]

A política de discriminação dos Estados árabes desempenhou um papel fundamental na construção de uma identidade política palestina distinta. Privados de cidadania em todos os Estados árabes, exceto na Jordânia, os cartões de refugiados emitidos pela UNRWA tornaram-se seus documentos de identidade de fato, os únicos registros internacionais que confirmam sua origem e identidade. Receber o auxílio da UNRWA era equivalente a ser palestino, e a palavra "refugiado" tornou-se sinônimo de "palestino".

Tão irônico quanto trágico, houve um momento em que a UNRWA poderia ter alegado sucesso na readaptação dos refugiados palestinos nos países que os receberam. Em geral, com a exceção do Líbano, os refugiados palestinos foram conseguindo integrar-se economicamente às sociedades vizinhas, graças aos serviços da UNRWA.[22] Mas exatamente quando a maioria dos refugiados não precisava mais de auxílio ou de qualquer ajuda internacional, a agência havia sido transformada em uma organização com o propósito de continuar a legitimar a reivindicação palestina de que, apesar de sua integração econômica, o retorno deveria ser cumprido. Na verdade, era a garantia que os palestinos recebiam da UNRWA de que ainda eram "refugiados" o que lhes possibilitou buscar a integração econômica, sem a preocupação de colocar em risco sua vital exigência de retorno.

Os campos de refugiados não eram mais locais onde os beneficiários de auxílio recebiam assistência por tempo limitado, mas onde uma nova identidade palestina foi forjada, e a exigência palestina pelo retorno podia se intensificar e crescer. Não eram mais as necessidades humanitárias que ditavam uma provisão temporária de serviços, mas, o desejo político de prolongar o *status* politizado dos "refugiados" que determinou o abastecimento.[23]

A perda da motivação humanitária para prolongar a existência dos campos de refugiados os transformou em uma farsa. O salto na situação econômica dos refugiados os levou rapidamente a desenvolver um mercado imobiliário nos campos. Casas e lotes de terra foram colocados à venda. Inicialmente, a UNRWA tentou supervisionar o processo, exigindo que os compradores registrassem cada aquisição, mas perdeu o controle no final dos anos 1960 e parou de tentar interferir nas vendas de propriedades nos campos.

Na sua maioria, os que vendiam estavam progredindo socialmente, com um *status* econômico que possibilitava deixar os campos para as cidades vizinhas. Os compradores vinham de fora dos campos e tinham que pagar um preço total pela moradia básica da UNRWA, assim como pelas extensões e renovações feitas ao longo do tempo. Nem um único centavo foi transferido para a administração dos campos, além das pequenas propinas exigidas de forma intermitente pelo silêncio dos burocratas.[24]

Posteriormente, a UNRWA perdeu controle das identidades dos residentes dos campos, que se juntaram a um constante fluxo de recém-chegados. Em alguns campos, esses novos residentes logo se constituíram na metade da população total. Na maioria, eram palestinos que viviam nas cidades, mas cujas circunstâncias pessoais haviam piorado. Os desempregados, os mais velhos e os enfermos foram para os campos devido às muitas vantagens, especialmente as porções de alimentos. Embora a residência nos campos não garantisse automaticamente alimento, a desorganização determinava que quem vivesse lá receberia esse benefício. As benesses também incluíam livre acesso a clínicas de saúde, água e instalações sanitárias, assim como isenção de impostos municipais. Os dados de população da Margem Ocidental de 1948 a

1968 mostram muito claramente esse fenômeno do influxo das novas chegadas aos campos de refugiados: enquanto a população total cresceu apenas 13%, a população dos campos cresceu 53%.[25]

Embora muitos refugiados pudessem bancar seu sustento, graças ao trabalho fora dos campos, a UNRWA continuou a lhes dar porções diárias de alimentos de 1.500 calorias *per capita*. Isso levou ao desenvolvimento de um mercado paralelo de vales de alimentação nos campos. Em 1966, um jornalista americano que visitou um campo de refugiados perto de Amã relatou que esses vales eram comprados por 98 centavos de dólar e vendidos a 1 dólar e 40 centavos. Em geral, os vales pertenciam a pessoas mortas ou a refugiados que haviam deixado os campos.[26] Apesar das instruções claras da UNRWA para fornecer alimento apenas aos próprios titulares dos vales ou seus parentes, lá se desenvolveu uma classe de aproveitadores que possuíam até mil vales cada, ou ainda os vales de um campo inteiro. Pela manhã, esses comerciantes de alimento costumavam chegar aos pontos de distribuição para receber farinha, óleo, lentilhas e açúcar. Após deixar os pontos de distribuição, estendiam cobertores no chão, montavam balanças de medição e passavam a vender os mantimentos.

Esse era um fenômeno conhecido. Em 1966, o Senado dos EUA ouviu uma avaliação de que dos cerca de 450 mil vales de alimentação na Jordânia 200 mil estavam nas mãos desses comerciantes. A UNRWA estava também ciente do problema e registrou em um relatório anual que isso era um "abuso de longa data". Embora as tentativas para resolver esse imbróglio tenham sido recebidas com violência pelos comerciantes e seus cúmplices, o problema foi finalmente eliminado.[27]

Também não havia relação entre o número de refugiados registrados na UNRWA e o número real. As famílias não relatavam as mortes dos idosos ou dos parentes que haviam emigrado, porque perderiam os auxílios em alimentos. Todo ano a UNRWA anotava nos relatórios que o número de refugiados registrados "não necessariamente refletia a população real de refugiados devido a... mortes não relatadas e registros falsos não identificados".[28]

O fenômeno mais óbvio, nesse sentido, foi a emigração de centenas de milhares de jovens palestinos dos campos de refugiados para os Estados do Golfo Pérsico nos anos 1960 e 1970, que não resultou na diminuição de um único refugiado nos números relatados pela UNRWA. Os emirados do Golfo, que tinham acabado de obter a independência, demandavam uma mão de obra qualificada, que bem a propósito chegava dos campos de refugiados da Faixa de Gaza, Líbano, Síria e Jordânia. Os pesquisadores palestinos estimam que um em cada três palestinos deixou os campos de refugiados nesse período; segundo estimativas aprovadas, no verão de 1967, ao menos 100 mil refugiados deixaram a Margem Ocidental e a Faixa de Gaza.[29] Dessa forma, a população palestina do Kuwait, da qual, presumivelmente, uma grande parcela era de refugiados registrados da UNRWA, cresceu de 35 mil em 1961 para cerca de 140 mil em 1970, e depois para aproximadamente 400 mil em 1990, na véspera da invasão de Saddam Hussein.[30]

Inicialmente, os que chegaram eram em sua maioria homens e jovens que haviam acabado os estudos nas escolas da UNRWA, e eram considerados uma mão de obra excepcionalmente educada e de alta qualidade. O rápido crescimento econômico no Golfo a partir das exportações de petróleo aumentou amplamente a demanda por trabalhadores. Uma longa lista de líderes terroristas palestinos, incluindo Yasser Arafat, Ghassan Kanafani e Leila Khaled, fez essa jornada dos campos de refugiados para trabalhos na área educacional ou na engenharia em um dos ricos Estados do Golfo. Em 1981, meio milhão de palestinos viviam no Golfo (Arábia Saudita, Kuwait, Qatar e Emirados Árabes Unidos), ou seja, população maior que a da Faixa de Gaza.[31]

Diante disso, esses números eram uma grande conquista para a UNRWA, que havia tido sucesso através de um investimento cuidadoso para educar uma geração inteira da juventude palestina, que então podia deixar os campos, encontrar trabalho nas economias em desenvolvimento do Golfo e tornar-se economicamente independente, e até mesmo rica. Afinal, era exatamente o que os Estados Unidos e muitos outros países da comunidade internacional haviam esperado: utilizar a UNRWA para readaptar os refugiados palestinos. Podiam não ter recebido a cidadania, mas não eram mais dependentes de auxílio e efetivamente tinham iniciado novas vidas. Parecia que tinham realizado os desejos típicos de todos os refugiados do mundo.[32]

Entretanto, nenhum desses trabalhadores migrantes bem-sucedidos deixou de ser refugiado: ainda eram "refugiados palestinos" nos registros da UNRWA, que os tratava, no máximo, como ausentes temporários. Os dados anuais da UNRWA sobre os refugiados registrados não incluíam qualquer menção a essas grandes massas de migração: a cada ano, entre 1969 e 1979, o número de refugiados registrados aumentava – para um crescimento total durante o período de 1,1 milhão para 1,8 milhão.[33]

Portanto, lá surgiu um tipo singular de refugiado: alguém que existia basicamente no papel – que vivia em um campo de refugiados, mas vendia imóveis, negociava alimentos e vales de alimentos da ONU, ou saía para trabalhar em um país estrangeiro. Nos anos 1960 e 1970, a experiência dos refugiados palestinos havia realmente começado a desvincular-se da maioria dos aspectos das crises de refugiados ao redor do mundo. A UNRWA, contudo, era ainda inestimável para os palestinos, mas por razões políticas, não humanitárias.

Aparentemente, os palestinos viam a contínua existência da UNRWA como prova da evidência do apoio mundial para sua causa. "Enquanto a UNRWA existir", disse a jornalista de Jerusalém Oriental, Hanna Siniora, nos anos 1980, "é um sinal de que a ONU apoia o povo palestino".[34] Em termos internos, os palestinos tinham decidido imbuir a UNRWA de um novo

150 ■ *A guerra do retorno*

conteúdo, transformando-a no instrumento básico tanto para a perpetuação de seu *status* político de "refugiados", como para a criação de uma nova nação palestina.

* * *

Nesse ínterim, no início de janeiro de 1959, o professor americano de economia, John Davis, foi indicado comissário-geral da UNRWA. Com 60 anos de idade, rosto largo e sobrancelhas acentuadas, Davis chegou aos quartéis-generais da UNRWA em Beirute sem experiência prévia no Oriente Médio. Como muitos de seus antecessores, levava sobretudo conhecimento e experiência em agricultura e economia, tendo sido anteriormente subsecretário da administração Eisenhower e professor na Universidade de Harvard.

Ao contrário daqueles que o precederam, Davis acabou sendo visto gradativamente como defensor dos palestinos no cenário mundial. No início de 1960, no primeiro relatório anual da Assembleia Geral da ONU, Davis afirmou que os Estados árabes perderam a capacidade de readaptar os refugiados em seu próprio território. Também afirmou que a UNRWA era incapaz de resolver por si mesma o problema do refugiado e de reconhecer que "os principais projetos de desenvolvimento definidos com o propósito específico de reassentar os refugiados são igualmente inaceitáveis aos refugiados [palestinos] e aos governos receptores [árabes]".[35]

Em 1962, ele decidiu apresentar no relatório o que era essencialmente a narrativa árabe sobre o conflito, sem mencionar que foi a rejeição da partilha por parte dos árabes que levara à expropriação palestina. "Visto sob qualquer ponto de vista", concluiu ele, "a sorte dos refugiados palestinos durante os últimos quatorze anos constitui uma página trágica na história da humanidade."[36]

Essas foram as primeiras pistas da mudança geral de trajetória da UNRWA. Os relatórios anuais do diretor-geral da Assembleia

Geral da ONU foram completamente reformulados. Se nos anos 1950 os relatórios apresentavam os palestinos como indivíduos com necessidades, a partir dos anos 1960 eles expressavam mais as exigências políticas e nacionais dos palestinos, e em particular a reivindicação de retorno à Israel. Apesar das declarações de neutralidade da UNRWA, a agência foi efetivamente politizada e não podia mais se livrar facilmente de servir à causa palestina.[37]

Quando Davis se aposentou da UNRWA em 1963, os árabes tiveram receio de ter perdido um importante aliado. De fato, seus posicionamentos e a sua atividade política após ter deixado a agência levaram o jornal *The New York Times*, em 1970, a referir-se a ele como o mais conhecido lobista pró-árabe em Washington.[38]

Apesar de os diretores da UNRWA, na década anterior, preferirem ignorar as dimensões políticas do problema do refugiado, centrando esforços na promoção de projetos de readaptação, Davis dizia abertamente que o problema era político, uma vez que os árabes não estavam preparados para aceitar Israel. Falava com base nas incontáveis conversas e reuniões nas capitais árabes, e, em suas observações, ficava claro que ele havia abandonado até a mais leve aparência de neutralidade, adotando a posição árabe de que a fundação do Estado de Israel havia sido um equívoco.

Em um discurso proferido nos Estados Unidos após deixar a UNRWA, Davis destacou sua visão sobre o Oriente Médio, explicando que, mesmo que o problema do refugiado fosse resolvido, "a resistência e a oposição dos povos árabes a Israel como um Estado continuariam virtualmente inabaláveis". Afirmou que mais profundo que o problema do refugiado era a oposição árabe à existência de Israel, porque não o consideravam um Estado legítimo, mas um projeto colonial viabilizado apenas pela intervenção das potências mundiais.[39] Davis estava correto em sua análise, mas sua conclusão foi apoiar os árabes que afirmavam o tempo todo que só a revogação da soberania judaica iria resolver o assunto para eles.

As atividades de Davis nos anos subsequentes tornaram suas posições claras. Em 1969, tornou-se diretor de uma organização envolvida na obtenção de fundos para os refugiados palestinos. Em 1970, o *The New York Times* publicou uma carta na qual Davis justificava o assassinato de civis pelas organizações terroristas palestinas que segundo ele agiam pela causa justa de restauração de seus direitos usurpados. Se os palestinos foram forçados a ferir civis, escreveu Davis, foi apenas uma resposta à guerra injusta que os obrigou a deixar suas casas em 1948.[40]

É difícil saber exatamente quando Davis desenvolveu sua posição com relação a Israel, mas um homem que sustenta tais pontos de vista não deveria estar na direção do que se supunha ser uma agência neutra da ONU. Isso também destaca o clima político e a cultura organizacional que prevaleceu na UNRWA. Imediatamente após a Guerra dos Seis Dias, de 1967, Davis publicou um livro intitulado *The Evasive Peace* (*A paz evasiva*), que traz à memória os aspectos mais extremistas das organizações antissionistas de nosso tempo. E apresenta as mais violentas acusações do mundo árabe contra Israel.

Ignorando a História, assim como o fato de que os judeus são nativos da terra e foram vinculados a ela desde os tempos bíblicos, Davis afirmou que um Estado judeu não tinha lugar no Oriente Médio, pois os verdadeiros dono da terra eram os árabes nativos. De acordo com ele, a própria ideia de um Estado judeu era imoral porque requeria priorizar os interesses de um grupo populacional, os judeus, sobre os demais, os árabes (embora ele não tenha conseguido explicar como priorizar os interesses dos árabes sobre os dos judeus não seria considerado igualmente imoral). Davis disse que a hostilidade persistente dos árabes com relação a Israel derivava do estabelecimento de um Estado judeu sobre a terra árabe que havia sido tomada à força. Ele escreveu: "A única esperança para terminar o conflito árabe-israelense, rapidamente e sem guerra, [é] Israel... desfazer-se dos atributos sionistas que causam o conflito".[41]

Exercendo o terror (1960-1987) ■ 153

O livro de Davis também mostra tons claramente antissemitas. Suas críticas a Israel não focaram nenhuma ação em particular: eram indiscriminadas e amplas. "Um Estado judeu só pode ser um Estado racista", escreve. Ele também se refere ao mundo judeu e à sua enorme influência internacional. Davis enfocou a Organização Mundial Sionista, descrevendo suas atividades como as de um governo supranacional, com tentáculos que se estendiam em áreas como a mídia e a economia.[42]

As propostas de Davis para resolver o conflito começaram com a neutralização da natureza judaica do Estado de Israel e com a sua transformação em um país de maioria árabe. Segundo ele, apenas dessa forma os direitos do povo palestino poderiam ser alcançados. Todos os refugiados deveriam ter permissão para retornar a Israel porque esse era um direito deles pela lei. Nenhum dos antecessores na UNRWA havia expressado esse ponto de vista. Davis recomendou que os Estados Unidos deixassem de apoiar a iniciativa sionista, pois o principal problema no Oriente Médio era a exigência injusta dos judeus pela soberania.[43]

* * *

Sob a gestão de Davis, a UNRWA passou a desempenhar um papel central nos estágios iniciais do desenvolvimento de uma identidade nacional palestina, assim como na capacidade da sociedade palestina de sobreviver à derrota de 1948. A resistência da agência e a perpetuação dos campos de refugiados foram componentes centrais no desenvolvimento de uma identidade nacional, separada e distinta dos outros árabes, formados em torno da violenta resistência ao sionismo.

Quando as nações ocidentais abandonaram seus objetivos de readaptação dos refugiados no final dos anos 1950, um vácuo foi criado no centro da UNRWA. Uma vez que a agência estava esvaziada de qualquer objetivo substancial claro, os palestinos –

conduzidos pela OLP – puderam preencher o vazio com sua própria agenda. Assim, a UNRWA foi transformada de uma agência fracassada voltada à readaptação dos refugiados para uma bem-sucedida organização voltada ao desenvolvimento de uma identidade nacional e uma consciência palestinas. O problema era que, no caso palestino, a consciência nacional estava sendo construída exclusivamente sobre a negação das aspirações do povo judeu à autodeterminação nacional do território. Essa construção específica de uma consciência nacional era substancialmente desnecessária, pois os dois povos poderiam ter obtido a autodeterminação no território, lado a lado.

Para os palestinos, a UNRWA serviu como uma estrutura institucional que permitiu o despertar nacional e como base para a construção, ou mesmo a criação, de uma nação. Os palestinos começaram a ver a UNRWA como uma incubadora para desenvolver e cultivar seu movimento nacional, um terreno fértil para a realização de fins políticos, sociais e econômicos. Tomando emprestado da história do movimento sionista, poderíamos dizer que, assim como a Agência Judaica era a infraestrutura necessária para o estabelecimento do Estado judeu, o mesmo era a UNRWA para a criação do movimento nacional palestino e a OLP. A grande diferença era que a Agência Judaica era uma organização exclusivamente judaica, enquanto a UNRWA tinha um endosso internacional.

A UNRWA preencheu esse papel de muitas formas. Primeiro, e mais criticamente, os campos de refugiados preservaram a ordem social palestina que existia antes da guerra de 1948, incluindo a estrutura de clãs. Se a UNRWA não tivesse mantido os campos de refugiados, os palestinos teriam sido readaptados enquanto indivíduos, ou em famílias nucleares em suas sociedades receptoras, e a sua coesão social teria sido erodida; eles ficariam incapazes de se apoiar em seus clãs, que foram mantidos inalterados nos campos. Teriam cuidado de si próprios, procurando por empregos, preocupando-se com suas vidas cotidianas – individualmente.

Exercendo o terror (1960-1987) ■ 155

Os campos eram geralmente divididos em bairros batizados a partir do nome das aldeias israelenses de onde os refugiados tinham vindo, incorporando os nomes de referências desses lugares. Por exemplo, o campo de refugiados Dheisheh, em Belém, possui um bairro, Beit Jibrin, habitado por pessoas deslocadas da aldeia de Beit Jibrin; o campo de refugiados Al-Yarmouk, na Síria, é também dividido em bairros, como Tira, Lubia e 'Ayn Ghazal, todos nomeados a partir das aldeias de origem dos refugiados.[44] Assim, as vinculações geográficas e emocionais permaneceram muito reais e concretas.

Outros elementos-chave no papel da UNRWA foram o econômico e o organizacional. Diferentemente de outras agências da ONU, ela empregou sobretudo refugiados locais; no início dos anos 1960, quase todos os trabalhadores eram palestinos. As oportunidades de emprego que a UNRWA oferecia e os salários confortáveis que proporcionava para dezenas de milhares de famílias melhoraram muito as condições econômicas nos campos. Os palestinos também ascenderam a posições centrais de administração; de fato, a UNRWA tornou-se a maior e mais importante organização dirigida por palestinos desde a sua derrota na guerra de 1948. A UNRWA também treinou a geração seguinte de líderes: os palestinos que trabalhavam para a agência adquiriram conhecimento e educação, contribuindo com a emergência de uma nova classe média burocrática e seus membros, mais tarde, desempenharam papéis importantes nas comunidades de refugiados. Para eles, a UNRWA era um agente nacional palestino precisamente pelo papel nesse processo de construção da nação palestina.[45]

Embora os palestinos não tivessem soberania sobre o território onde viviam, os campos de refugiados tornaram-se zonas palestinas. Os campos eram, efetivamente, ilhas autônomas extraterritoriais, territórios administrados pela UNRWA, nas quais as autoridades dos países árabes receptores raramente ingressavam. Essa relativa independência facilitou o crescimento do ativismo político e, mais tarde, militar nos campos. Foram formadas sociedades políticas ao redor dos campos, e os funcionários palestinos da UNRWA eram separados por lealdades partidárias, incluindo os comunistas, Fatah, Ba'ath e a Irmandade Muçulmana. Ao mesmo tempo, os campos assistiram ao surgimento de poderosas associações de trabalhadores, incluindo a associação de professores da UNRWA.

O crescimento da organização política não teria ocorrido sem os campos e sem a UNRWA. Os países árabes receptores não viam com bons olhos as atividades políticas dos palestinos, e a Jordânia opunha-se completamente a qualquer expressão de uma identidade nacional palestina separada e independente. Somente nos campos de refugiados os palestinos podiam iniciar a consolidação de sua própria estrutura política e organizacional, separada das sociedades vizinhas e sob o guarda-chuva protetor de uma agência internacional. Em outras palavras, sem a UNRWA teria sido, no mínimo, extremamente difícil viabilizar uma identidade palestina distinta.

* * *

Mas, sem dúvida, foi o sistema educacional da UNRWA que se tornou um dos mais importantes instrumentos da construção da consciência nacional palestina. Esse amplo sistema educacional para os refugiados, somado ao fornecimento da instrução acadêmica básica, possibilitou a construção de uma consciência nacional independente por meio de poesia, narração de histórias, música, arte e teatro. Como Khaled al-Hassan, líder do Fatah, reconheceu muito mais tarde, enquanto as células de terror do Fatah apenas podiam treinar um agente por vez, as escolas da UNRWA podiam treinar os corações das massas.[46]

Os sistemas nacionais de educação desempenham um papel central na construção e na preservação de identidades nacionais.

Exercendo o terror (1960-1987) ■ 157

Esse é um fenômeno universal. Mas os palestinos não possuíam um sistema de educação distinto até que fosse criado pela UNRWA. Foi o sistema educacional da UNRWA que reuniu todas as crianças refugiadas sob o mesmo teto. Estudos mostraram diferenças substantivas entre a consciência nacional de palestinos educados nas escolas da agência e dos educados em escolas privadas ou públicas no mundo árabe. Em um estudo específico, as crianças palestinas na Jordânia e no Egito foram indagadas sobre a história de suas famílias e dos líderes militares palestinos que lutaram em Israel em 1948. Enquanto poucas das crianças educadas em escolas privadas ou públicas em seus países receptores sabiam responder a essas questões, as crianças dos campos refugiados podiam recitar de cor os nomes das aldeias e dos líderes.[47]

As crianças refugiadas palestinas passavam muitas horas diariamente nas escolas da UNRWA. Lá, elas tinham não apenas um espaço físico coletivo, mas também um espaço mental, onde sua identidade foi moldada em torno da experiência do desenraizamento de suas famílias e de sua exigência de retorno. Além de receber conhecimentos gerais, como de geografia do país, os alunos eram doutrinados com alegações de ter direitos exclusivos sobre toda a terra, sobre a ilegitimidade do Estado judeu e a injustiça sem precedentes que tinha se abatido sobre eles.

A UNRWA não tratou as crianças refugiadas simplesmente como uma parte de um mundo árabe mais amplo, mas forneceu as condições para estudar uma história que era única para elas. A nova linha do tempo histórica ensinada nas salas de aula da UNRWA se estendia da Declaração de Balfour até a revolta antibritânica entre 1936-1939, inteiramente centrada na necessidade e na exigência de voltar ao passado. "Retornar à Palestina" era a peça central do sistema educacional da UNRWA. Os heróis, cujos feitos eram elogiados e celebrados, eram homens como o líder miliciano antissionista Abd al-Qadir al-Husseini, mencionado no primeiro capítulo. Nunca antes na história, durante o

158 ■ *A guerra do retorno*

domínio turco ou britânico, figuras rebeldes como ele haviam sido apresentadas nas escolas árabes como fonte de admiração.

Em geral, essas escolas eram construídas no meio dos campos de refugiados e se tornavam parte central da vida comunitária no campo. Desenvolviam atividades durante e após as horas de escola. Os professores eram palestinos – os refugiados e os seus descendentes nos campos –, que transmitiam suas experiências pessoais. Os alunos relatavam que seus professores eram leais à luta nacional. Foram eles que lhes inculcaram seu sentido de nacionalidade palestina. Os professores, por sua vez, observavam que o currículo da UNRWA foi o fator principal no desenvolvimento da consciência política de seus alunos. Um dos professores resumiu perfeitamente a importância dos campos de refugiados, como "um lugar do exílio", "um Estado temporário; uma aldeia pré-1948; e um lugar de resistência política".[48]

As escolas da UNRWA enfatizavam de forma recorrente a ideia de um retorno impetuoso para o território do Estado de Israel. A seguir eis, por exemplo, o juramento que as crianças recitavam toda manhã, no início dos anos 1960, nas escolas da UNRWA na Faixa de Gaza – financiadas e apoiadas pelos Estados ocidentais. Em pé, em uma fileira e olhando em direção a Israel, os alunos recitavam essas palavras:

> A Palestina é nosso país,
> Nossa meta é retornar.
> A morte não nos põe medo,
> A Palestina é nossa.
> Nós nunca vamos esquecê-la.
> Outra pátria nunca vamos aceitar!
> Nossa Palestina, testemunha, ó Deus e História:
> Nós prometemos derramar nosso sangue por você![49]

A seguir, outro exemplo de um poema ensinado nas escolas da UNRWA:

Haverá um retorno?
Um fim do longo exílio?
Sim! Logo vamos retornar,
O mundo ouvirá nossa marcha quando retornarmos!
Então beijaremos o solo orvalhado,
Com lábios sedentos por mais!
Com tempestades trovejantes retornaremos!
Com relâmpagos sagrados, guerreiros destemidos.
Somos os rebeldes de todas as vilas,
Viemos com o fogo para quebrar o jugo![50]

E mais um exemplo:

Os refugiados estão sempre acendendo
As chamas da revolta,
Em seus campos, naquele mundo de escuridão,
Reunindo forças, para o retorno...
Seus direitos roubados choram em seus corações
Inflamados pela miséria e pela fome.[51]

Todos os mapas da Palestina utilizados nas escolas mostravam Israel inteiramente pintada de preto. Em um canto havia uma imagem do Domo da Rocha e outros lugares históricos; os outros pontos mostravam ilustrações de refugiados em tendas e em cavernas. Toda a área do Deserto de Neguev, de Ácaba a Beersheba, era sobreposta pelas palavras "Em verdade, nós estamos realmente voltando", tendo ao fundo infantarias, tanques e aviões.[52]

O sistema educacional da UNRWA tornou-se efetivamente um instrumento para a mobilização da população dos campos para a luta armada palestina. "Nós desejamos mobilizar forças que serão muito mais potentes que os exércitos colocados em campo pela Liga Árabe em 1948", relatou um professor de um campo de refugiados. Essas instituições educacionais financiadas e operadas pela comunidade internacional começaram a ser renomeadas de "*fedayin*" (com referência aos homens palestinos armados que se infiltravam nas aldeias judaicas e matavam civis). A intenção era exaltar, glorificar e louvar a "revolução palestina", que publicamente proclamava suas intenções como a conquista de Israel pela força.[53]

A doutrinação nas escolas da UNRWA era tão intensa que as crianças podiam recitar de cor as histórias de como seus pais e avós deixaram a Palestina durante a guerra. Era como se eles próprios tivessem vivido aquelas experiências. Podiam descrever as casas que haviam sido deixadas nos mínimos detalhes, incluindo a cor das cortinas, a forma das janelas, o jardim e o perfume das flores. Nas aulas de Matemática, os professores escreviam exercícios na lousa com base no número "418", o suposto número de aldeias palestinas que havia antes da guerra; e nas aulas de Gramática, as crianças treinavam a conjugação do verbo "querer" utilizando sentenças como "Eu quero exercer o meu direito de retornar para a minha casa". Na Jordânia, os professores das escolas da UNRWA tinham o cuidado de falar no dialeto palestino. As crianças que aprendiam nos campos, portanto, pronunciavam algumas palavras de forma diferente que seus pares nas escolas jordanianas. Em alguns casos, essas crianças afirmavam que, sem o sistema educacional da UNRWA, provavelmente teriam perdido a identidade e sido assimilados pela sociedade ao redor. [54]

As escolas da UNRWA podem ter conseguido cultivar uma geração educada sem paralelo no mundo árabe, mas também uma geração amargurada, enraivecida, frustrada, criada com o mito da limpeza étnica perpetrada pelos judeus e da traição dos líderes árabes, alimentada com um sentido de vitimização e levada à recusa em assumir as responsabilidades pelos resultados das ações palestinas nos anos anteriores ao nascimento de Israel e posteriormente. Os palestinos nunca foram encorajados a aceitar a realidade e seguir em frente. Não havia espaço para os direitos dos judeus ou a possibilidade de coexistência em uma terra compartilhada – um pré-requisito óbvio para a paz. Em vez de preservar neutralidade, a UNRWA promoveu uma posição inflexível entre os refugiados palestinos e possibilitou seu enraizamento profundo. Os alunos da UNRWA, como Gashey, o terrorista do Massacre de Munique, tiraram conclusões inevitáveis.

* * *

A própria ONU reconheceu que os livros didáticos ensinados nas escolas da UNRWA não atendiam aos padrões internacionais. Em função das reclamações sobre o que estava ocorrendo nas salas de aula da UNRWA, a ONU indicou um comitê de três especialistas para examinar os livros e a sua adequação com relação aos princípios universais de educação. Após longos meses de exame, em seu relatório de abril de 1969, o comitê observou que:

> Fora as passagens em que há um chamamento mais ou menos explícito à violência, há casos em que o uso de termos como libertação (*tahrir*), retorno (*awda*) e ainda purificação (*tathir*) podem não parecer, à primeira vista, envolver um chamamento real à violência. Mas como, em geral, eles apresentam o assunto através de exercícios ou comentários muito menos ambíguos, seu uso em tais condições, pode ser considerado passível de implicar, supor, justificar ou defender um chamamento à violência.[55]

Portanto, o comitê concluiu que a maioria dos livros (79 de 127) deveria ser banida ou o seu conteúdo modificado.[56] O comitê concluiu, por exemplo, que os exercícios dos livros de Gramática estavam "obviamente voltados para manter a nostalgia da 'pátria usurpada' e fortalecer o desejo de conquistá-la um dia". Um exemplo de exercício incluía essa sentença: "O exército palestino foi criado como a vanguarda dos exércitos árabes que estavam lutando para expulsar Israel e devolver a Palestina a seus habitantes por direito". Em livros de estudos árabes, havia um motivo recorrente para a libertação do colonialismo; o comitê considerou que isso era passível de "fortalecer a frustração ou a ideia de revanche nas mentes das crianças". Alguns dos livros de História apresentavam os árabes como vítimas dos Cruzados, Mongóis ou Otomanos no passado distante, e do imperialismo ocidental e do sionismo no passado recente e no presente. O comitê ponderou se, de uma perspectiva estritamente educacional, "não seria melhor evitar impingir a toda uma geração uma atmosfera tão aguda de desespero, frustração e antagonismo".[57]

O comitê também observou que o Estado de Israel não aparecia em qualquer dos mapas dos livros de geografia. Os livros de religião davam uma importância "excessiva" às relações problemáticas entre o profeta Maomé e os judeus da Arábia (no século VII), de uma forma que era passível persuadir as crianças de que os judeus sempre foram, e sempre seriam, o "inimigo irreconciliável" dos muçulmanos. O comitê observou ainda que os livros didáticos sobre civismo incluíam uma "doutrinação" generalizada e argumentou que essa lavagem cerebral sistemática não estava em consonância com os valores das Nações Unidas.[58]

O comitê descobriu termos nos livros que difamavam e degradavam os judeus, incluindo "mentirosos", "trapaceiros", "agiotas" e "idiotas". Os livros faziam uso frequente de termos que constituíam chamamentos implícitos à violência, como "pátria usurpada", "os usurpadores" e "purificação" (dos judeus da Palestina). Nessas recomendações, o comitê sugeriu que a Unesco preparasse alguns "livros-modelo" para dar às crianças palestinas "uma perspectiva mais ampla do mundo ao seu redor e, por meio de uma visão de vida mais objetiva e mais otimista, gerasse uma maior confiança neles próprios".[59]

Mas as recomendações do comitê não deram ensejo a alterações. A Jordânia foi o único país que concordou em fazer mudanças nos livros da UNRWA; ao contrário, a Síria denunciou o relatório como

Exercendo o terror (1960-1987) ■ *163*

uma violação de sua soberania. De qualquer forma, os professores palestinos – mesmo na Jordânia – não mudaram seus planos educacionais e continuaram a ensinar crianças refugiadas sobre o "paraíso perdido" que havia sido injustamente usurpado pelos judeus.[60]

O resultado de tudo isso foi uma identidade nacional construída inteiramente em torno de um sentimento de vitimização e de injustiça e a visão de que isso apenas poderia ser retificado através de meios violentos. A experiência constitutiva do povo palestino, tal como ensinada nas escolas da UNRWA, dia após dia, ano após ano, foi a saída da Palestina pela qual apenas os judeus eram os culpados. Os diretores da UNRWA e seus apoiadores financeiros em Washington e Nova York esperavam que o sistema educacional da UNRWA pudesse amenizar o problema do refugiado palestino, e que uma geração de jovens educados palestinos pudesse investir seus esforços na construção de um futuro positivo. Mas na prática, as escolas nos campos serviram, em primeiro lugar, como agentes culturais altamente politizados, perpetuando a visão árabe de rejeição da ideia de reassentamento nos países árabes, rejeitando a existência do Estado de Israel e exigindo um retorno às realidades anteriores a 1948.

A UNRWA tornou-se, dessa forma, um agente político nacional palestino, sem ser oficialmente autorizada ou formalmente reconhecida como tal. Apesar da política declarada da UNRWA de reassentamento e de assimilação dos refugiados em seu ambiente geral, seu sistema de educação tornou-se, na prática, um dos maiores obstáculos para esses processos. Se o mandato para cuidar dos refugiados palestinos tivesse sido dado para a ACNUR, e se a sua política de readaptação e reassentamento nos países receptores tivesse sido aplicada aos refugiados palestinos, a vasta maioria deles teria sido absorvida nos Estados árabes vizinhos.

As crianças crescidas e educadas nos campos de refugiados se tornaram o grupo mais politicamente consciente na Palestina e na sociedade árabe mais ampla. Os campos produziram muitas

164 ■ *A guerra do retorno*

figuras que ganhariam proeminência no movimento palestino, incluindo o líder do Hamas, Ahmed Yassin; o número dois do Fatah, Abu Jihad; o escritor e porta-voz da Frente Popular para a Libertação da Palestina (FPLP), Ghassan Kanafani; o poeta filiado ao Fatah, Ahmad Dahbour, e o caricaturista Naji al-Ali.

* * *

Essas visões anti-Israel não caíam em um vazio na UNRWA. Simultaneamente, as Nações Unidas estavam desenvolvendo algumas mudanças de longo alcance que tiveram uma dramática influência no clima internacional e no ambiente de trabalho da UNRWA. Nos anos 1950, o mundo começou a desenvolver um processo de descolonização, que significou um crescimento substancial em um curto espaço de tempo no número de Estados-membros da ONU – de 51, na sua fundação em 1945, para 144, em 1975. Eram nações na África e na Ásia que tinham acabado de conquistar sua independência após a libertação do domínio colonial, principalmente da França e da Grã-Bretanha. Muitos não gostavam dos Estados ocidentais porque tinham sido seus despóticos colonizadores e formaram o Movimento dos Não Alinhados (MNA) em 1961, declarando não se identificar nem com o Ocidente capitalista, nem com Leste comunista (embora na prática fossem, na maioria, inclinados para o bloco do Leste).

Esse desdobramento trouxe más notícias para Israel. No perpétuo cabo de guerra entre as Nações Unidas e o Oriente e o Ocidente, o bloco comunista recebeu um inesperado reforço: o apoio de enviados do recém-despertado Terceiro Mundo. A União Soviética podia agora aprovar quase toda resolução que desejasse nas Nações Unidas, graças ao apoio combinado dos Estados do Leste Europeu, do mundo árabe, e do MNA. Cada condenação de Israel, não importasse quão forte ou quão enviesada, recebia uma quase automática maioria na Assembleia Geral da ONU. Ao

Exercendo o terror (1960-1987) ■ 165

testemunhar essas mudanças em primeira mão, inicialmente como embaixador de Israel das Nações Unidas e depois como seu ministro das Relações Exteriores, Abba Eban foi citado por dizer que "se a Argélia apresentasse uma resolução declarando que a Terra era plana e que Israel a havia achatado, ela seria aprovada por 164 votos a 13 com 26 abstenções".[61]

Essa tendência em relação ao problema do refugiado árabe foi sentida já na primeira metade dos anos 1960 e fortemente estimulada depois da derrota dos árabes na Guerra dos Seis Dias. Isso foi quando o "Problema Palestino", ou a "Questão Palestina", começou a assumir um lugar cada vez mais central na agenda das Nações Unidas. Os primeiros sinais dessa mudança em direção ao problema do refugiado e do fortalecimento da orientação anti-Israel das Nações Unidas foram imediatamente visíveis após a guerra, quando o Conselho de Segurança da ONU pediu que Israel repatriasse os refugiados que haviam fugido da Margem Ocidental para a Jordânia durante a Guerra dos Seis Dias. A Assembleia Geral seguiu a mesma orientação, mas decidiu ainda que havia necessidade de um Comitê Especial para Investigar as Práticas Israelenses nos territórios ocupados.[62]

Foram as primeiras gotas, logo seguidas por uma enchente de resoluções unilaterais que expressavam crescente aceitação da narrativa palestina sobre a gênese do conflito e a melhor solução para ele, mesmo negando a existência do Estado de Israel. Em 1969, por exemplo, ignorando completamente qualquer responsabilidade árabe pelo conflito, a Assembleia Geral "reconheceu" que o problema do refugiado emergiu apenas devido à negação de Israel de seus "direitos inalienáveis". Até então, as Nações Unidas tentaram evitar estabelecer uma razão para a perpetuação do problema do refugiado – um fenômeno pelo qual, em grande medida, tinha muita responsabilidade. Agora, a ONU escolhia adotar totalmente as versões palestina e árabe dos eventos, colocando toda a culpa apenas em Israel.[63]

166 ■ *A guerra do retorno*

A Assembleia Geral passou a aprovar cada vez mais resoluções de forma semelhante todos os anos. Muito similar a um ritual religioso do qual os passos são conhecidos antecipadamente, um Estado árabe esboçaria uma resolução e levaria para uma votação, e embaixadores no grande salão da Assembleia Geral levantariam as mãos em unanimidade, sem objeções. Em 1970, a ONU reconheceu o direito palestino à autodeterminação, sem especificar limites territoriais. Ao fazer isso, a Assembleia Geral da ONU levantou *a* questão definitiva, que permanece sem resposta até a atualidade – quando os palestinos falam de retorno, para onde, exatamente, eles têm intenção de retornar? E como essa exigência pode ser conciliada com o próprio direito de autodeterminação de Israel?[64]

Pouco depois as Nações Unidas providenciaram uma manifestação ultrajante: em 1973, a Assembleia Geral especificou que "o direito dos refugiados de retornar a seus lares e propriedades é indispensável para a obtenção de uma solução justa para o problema do refugiado e para o povo da Palestina exercer seu direito de autodeterminação".[65] No entanto, um retorno aos lares e propriedade anteriores só poderia ser realizado no território do Estado de Israel, sobre as ruínas do direito judeu de autodeterminação.

Dessa forma, a ONU, fundada após a Segunda Guerra Mundial para preservar a paz mundial, decidiu violar a soberania de um Estado-membro em uma completa contradição à sua própria carta. De uma posição de suposta neutralidade, as Nações Unidas tornaram-se hostis ao Estado de Israel, com posturas idênticas àquelas dos Estados que desejavam a aniquilação de Israel.

Uma obsessão anti-Israel apoderou-se do edifício de vidro e concreto na East River em Nova York. A "Questão Palestina" foi inserida em 1974 na agenda oficial da Assembleia Geral, onde permanece até hoje. No mesmo ano, as Nações Unidas reconheceram a OLP – uma organização responsável por múltiplos ataques e massacres terroristas brutais a famílias inteiras e crianças em idade escolar e que publicamente clamava pela aniquilação de Israel – como a representante do povo palestino, concedendo-lhe o *status* de observador. Também no mesmo ano, a Assembleia Geral da ONU aprovou a Resolução 3236, a mais detalhada resolução sobre o tema dos direitos palestinos, na qual ficava reiterado e referenciado, de forma ainda mais evidente, "o direito inalienável dos palestinos de retornar a suas casas".[66] E, em 1975, as Nações Unidas estabeleceram o Comitê sobre o Exercício dos Direitos Inalienáveis do Povo Palestino (CEIRPP, na sigla em inglês).

Antes dessa enxurrada de resoluções, a exigência palestina de retorno nunca havia sido reconhecida como um "direito" – e certamente nunca como um direito "inalienável". Isso, entretanto, tornara-se a política oficial da Assembleia Geral. Subsequentemente, a frase "direito de retorno" começou a aparecer nos relatórios anuais da UNRWA. As Resoluções 3089 e 3236, de 1974 e 1975, respectivamente, determinaram que os palestinos não apenas tinham um direito de retorno, mas que ele estava no contexto de seu direito de autodeterminação – ou seja, às expensas de Israel. Os especialistas em Direito Internacional perguntaram se as Nações Unidas tinham autoridade para fazer recomendações que significavam violar a soberania de um país. "É difícil [*sic*] imaginar", escreveu o jurista Kurt René Radley, "quão mais perto a Assembleia Geral poderia ter chegado do endosso da destruição, em parte ou no todo, de um Estado-membro [da ONU]."[67]

Nas deliberações sobre a Resolução 3236, os Estados oponentes – principalmente do Ocidente – argumentaram que a resolução ignorava o princípio de proteção dos direitos de soberania de Israel. O enviado de Barbados observou que, embora seu país reconhecesse os direitos do povo palestino, para apoiar a resolução era necessário primeiro entender onde exatamente era a Palestina para a qual os refugiados pretendiam retornar. Se "Palestina" significava o Estado de Israel, então isso seria uma violação do próprio direito de Israel existir. Suas considerações apontaram a natureza inerentemente problemática da exigência dos palestinos de "retornar para seus lares". O que era verdade na época continua verdade agora.[68]

O episódio mais perturbador, e de muitas maneiras seminal, dos ataques desenfreados das Nações Unidas a Israel veio um ano depois, em 10 de novembro de 1975, quando a Assembleia Geral aprovou a vergonhosa declaração de que sionismo é racismo. A votação chocou a muitos, especialmente nos Estados Unidos. Essa resolução é considerada justamente o ápice da campanha diplomática da União Soviética em conjunto com seus aliados árabes contra Israel. A resolução ignorava completamente que o sionismo era um movimento nacional, que não estava buscando algo especial, muito menos privilégios coloniais exclusivos ou racistas para o povo judeu, mas simplesmente o seu direito de autodeterminação, como qualquer outro povo. Em vez disso, como com outras resoluções e declarações na época, as Nações Unidas adotaram uma aguda e agressiva posição anti-Israel.[69]

Essa série de resoluções e declarações foi acompanhada, pouco tempo depois, por uma burocracia sem precedente que operava de dentro do edifício das Nações Unidas: em 1977, a Unidade Especial para os Direitos Palestinos (atualmente, a Divisão para os Direitos Palestinos), na verdade um braço de propaganda dos palestinos, foi estabelecida sob o Secretariado da ONU. Ela financiava pesquisas e publicações, realizava conferências, publicava panfletos e livretos, e colaborava com outras organizações internacionais para o avanço da questão palestina. Tudo isso era, e ainda é,

Exercendo o terror (1960-1987) ■ 169

realizado sob os auspícios e com financiamento das Nações Unidas que assim assumiam a linha intransigentemente militante de favorecimento de uma das partes no conflito e colocavam os direitos palestinos não somente acima dos direitos israelenses como também de todos no mundo. Ainda hoje, os palestinos são o único grupo do mundo com uma divisão inteira no Secretariado da ONU dedicada a proteger seus direitos. As vítimas de genocídio no Camboja, em Darfur e em Ruanda nunca receberam esse apoio.[70]

* * *

Nesse meio tempo, nos Estados Unidos, Edward "Ted" Kennedy tornou-se o mais jovem membro do Senado em 1962, logo após seu irmão mais velho, John, ser eleito presidente. O mais jovem senador desempenhou a função, dentre outras, de presidente do Subcomitê do Senado sobre os Refugiados e Foragidos. Poucos anos após sua eleição, foi surpreendido com notícias preocupantes do Oriente Médio: a agência da ONU para os refugiados palestinos, UNRWA, que o governo dos EUA generosamente vinha mantendo, estava ajudando operações de terror da OLP, organização fundada recentemente com o objetivo de eliminar o Estado de Israel.

Não havia surpresa. A simbiose entre a UNRWA e a OLP e a vinculação entre a cultura dos campos de refugiados e a radicalização palestina emergiram de forma natural e inevitável. Foi apenas uma questão de tempo para que a UNRWA e a OLP começassem a cooperar. A doutrinação feita pelas escolas às crianças palestinas com uma narrativa de vitimização, baseada em uma injustiça chocante e singular, que apenas poderia ser remediada por meio do autossacrifício violento pela pátria roubada, teve como resultado inevitável o alistamento em massa em organizações terroristas. Uma linha direta conecta politicamente a perpetuação da UNRWA à emergência dessas figuras, como o terrorista Jamal al-Gashey.

De fato, os funcionários da UNRWA foram convidados a participar da primeira sessão do Conselho Nacional Palestino, no Hotel Intercontinental na Jerusalém Oriental, em maio de 1964, onde a fundação da Organização da Libertação da Palestina foi formalmente proclamada. Esse encontro também aprovou a primeira versão da Carta Nacional Palestina, que dizia que os árabes tinham um direito exclusivo sobre toda a terra e que a fundação do Estado de Israel havia sido ilegal.[71] Desde o início, o princípio do retorno foi um dos mais importantes elementos ideológicos da OLP. Um ano depois, um braço da OLP foi fundado em Gaza, e uma lei de recrutamento obrigatório requeria que todo homem palestino entre 18 e 30 anos de idade se alistasse no Exército de Libertação Palestina. Um relatório interno da UNRWA da época mencionou que aquela lei se aplicava a centenas de trabalhadores da própria agência.[72]

O subcomitê de refugiados em Washington, presidido por Kennedy, passou a receber relatórios do pessoal da UNRWA que ainda recebia salários das Nações Unidas enquanto jurava lealdade à extinção violenta do Estado de Israel. Por ser uma agência da ONU, a UNRWA era obrigada a não participar e a não apoiar atividades militares, mesmo que por meio da provisão de alimentos, de roupas e de moradia. Mas em 1966, apenas dois anos após a fundação da OLP, estimava-se que cerca de 15 mil membros da organização estavam recebendo nos campos alimentação e outras formas de auxílio da UNRWA.[73]

O senador Kennedy decidiu investigar. Em 1966, declarou: "É incompatível com a política dos Estados Unidos e com o conceito fundamental das Nações Unidas fornecer auxílio de qualquer tipo aos membros de qualquer exército que tenha como propósito declarado a destruição de um

Estado-membro das Nações Unidas". Enviou dois investigadores para os campos de refugiados na Síria e na Faixa de Gaza, e constatou que as ligações entre a UNRWA e a OLP eram reais: os refugiados apoiados pelas Nações Unidas estavam realizando treinamento militar.[74]

O episódio trazia o forte odor da Guerra Fria. Por essa época, Ahmad al-Shukeiri, primeiro presidente da OLP, reuniu-se com o embaixador norte-vietnamita no Cairo e garantiu o envio de combatentes palestinos ao Vietnã para ajudá-los na luta contra os americanos (o Exército de Libertação Palestina estava recebendo armas e munições dos soviéticos e dos chineses). O fato é que o governo dos EUA não estava apenas ajudando indiretamente as tentativas de destruição de Israel, mas também contribuindo com os esforços de seus grandes rivais globais.[75]

O Departamento de Estado dos EUA exigiu que a UNRWA cancelasse o suprimento de alimentos para os membros da OLP. No final de 1966, o Congresso decidiu que a transferência de fundos para a UNRWA fosse suspensa, a menos que a agência cortasse seu apoio aos membros da OLP. Essa mudança teria requerido a cooperação dos funcionários da UNRWA e dos países árabes receptores, mas eles não tinham intenção de ajudar. Os governos da Síria e do Egito, por exemplo, argumentaram que revelar o número e os nomes dos combatentes da OLP não era possível por "razões de segurança". Os administradores da UNRWA em Beirute mencionaram o caos nos campos de refugiados: "Se não se consegue sequer eliminar os mortos das listas de refugiados como monitorar jovens em treinamento militar, que frequentemente voltam para casa à noite para dormir?".[76]

O controle da OLP sobre os campos de refugiados apenas se fortaleceu. Depois da Guerra dos Seis Dias, os campos tornaram-se basicamente postos militares avançados da OLP e a principal fonte de mão de obra recrutada para diversas organizações terroristas. A OLP realizava exercícios militares dentro dos campos e estabelecia milícias armadas na Jordânia, Gaza, Síria e no Líbano. Os residentes dos campos, por sua vez, precipitaram-se em massa para se juntar aos grupos terroristas, que começaram a crescer como cogumelos: estima-se que em 1970, não menos que 50 mil palestinos passaram por treinamento militar para a guerrilha apenas na Jordânia.[77] Um deles, como mencionado antes, foi Jamal al-Gashey.

Homens armados passaram a perambular pelos campos à vontade. Na Jordânia e no Líbano, o Fatah conduzia o seu programa Ashbal ("Filhotes de leão"), pelo qual as crianças e os adolescentes eram submetidos a um treinamento de campo quase militar. Uma moradora do campo Bourj el-Barajneh no Líbano recordou mais tarde a sua infância:

> Eles mostravam filmes sobre os *fedayin* e sobre a Palestina...[e] sobre Iz al-Deen al-Qassam, o rebelde que começou a *thaura* [revolução] na Palestina. Todas essas coisas nós aprendemos por meio da TV. Não através de nossos pais... Eu treinei por três meses. Era necessário para toda criança, menino, menina, homem, mulher e idoso, estar armado. Em primeiro lugar, porque nós precisávamos estar cientes de nossa causa.[78]

Em 1969, os agentes armados assumiram de fato a administração dos campos no Líbano e os utilizaram para fins militares. O Acordo do Cairo foi assinado no mesmo ano, concedendo à OLP o controle formal dos campos no Líbano e retirando o Exército Libanês.[79] Os guerrilheiros passaram a cobrar impostos dos residentes dos campos, fundar cortes de justiça e revisar o currículo das escolas da UNRWA. Um morador do campo de refugiados Tel al-Zaatar, próximo a Beirute, descreveu a situação da seguinte forma:

No momento em que saí do carro eu vi a bandeira palestina, e não a bandeira libanesa, e um grupo de palestinos em roupas de "*fedayin*", em vez da polícia libanesa. Conforme eu avancei na multidão, vi a felicidade no rosto das pessoas... O *sheikh* na mesquita falava agora abertamente sobre a pátria... Nas casas, mães falavam claramente com suas crianças sobre a Palestina – antes, isso era feito apenas aos sussurros.[80]

Os campos haviam se tornado verdadeiramente um Estado dentro de um Estado. O presidente da OLP, Yasser Arafat, dizia que o ministro da Defesa israelense, Moshe Dayan, podia controlar os campos de refugiados na Faixa de Gaza durante o dia; mas ele, Arafat, controlava-os à noite. De fato, os campos eram a base de apoio mais importante da OLP. Eram o ponto de partida para suas atividades, e um reservatório quase inesgotável de recrutas. Pelo fato de os Estados árabes não gostarem de Arafat e da OLP, os campos eram efetivamente o único espaço onde eles tinham liberdade de ação.

No Líbano, os funcionários da UNRWA tinham de programar suas visitas aos campos junto à OLP; os acessos eram protegidos por palestinos armados que impediam visitantes indesejados. Um editorial do *The New York Times* em 1972 descreveu com perplexidade como um homem armado da OLP barrou a entrada de um dos repórteres. Os escritórios dos agentes de campo da OLP exibiam típicos cartazes dos líderes da organização em uniformes de guerrilha. Segundo o editorial: "É intolerável que esse esforço humanitário, para o qual o Secretário-Geral recentemente solicitou um novo financiamento, possa ser tão cinicamente insultado". E afirmou na sequência que os contribuintes da UNRWA, incluindo os Estados Unidos, tinham o direito de insistir que "os fundos da UNRWA fossem retirados dos campos que permanecessem sob o controle extremista".[81]

Esse foi também o período em que as organizações terroristas palestinas passaram a ocupar as manchetes com ataques terroristas e sequestros de aviões ao redor do mundo, que mudaram para sempre a segurança das companhias aéreas e plantaram o medo nos corações de todos que entravam nos salões de embarque ou desembarque de um aeroporto. O que havia começado como uma tentativa humanitária de readaptação de refugiados de guerra terminou em banhos de sangue no Aeroporto Lod e no massacre e mutilação de atletas desarmados na Vila Olímpica de Munique.

Aos olhos da comunidade internacional, o fortalecimento desse nacionalismo palestino armado e distinto estava prestes a danificar mais do que as capitais europeias e as companhias aéreas mundiais. Após a Guerra dos Seis Dias, os grupos guerrilheiros palestinos fomentaram agitações políticas na Jordânia, onde o Fatah tinha a sua base de operações, cujos membros falaram em transformar Amã na "Hanói palestina", um trampolim para ataques à "Saigon israelense" de Tel Aviv. Em 6 de setembro de 1970, os palestinos provocaram um profundo constrangimento ao rei Hussein, quando agentes da Frente Popular para a Libertação da Palestina de George Habash sequestraram três jatos de passageiros pertencentes a companhias aéreas ocidentais e os forçaram a aterrissar na Jordânia.

No dia seguinte, houve a eclosão dos conflitos entre o Exército jordaniano, que queria desarmar as guerrilhas, e as guerrilhas palestinas, algumas das quais haviam declarado o norte do reino uma "área palestina libertada". Isso foi uma provocação direta ao governo do rei Hussein, e não teria sido possível sem a força e a autoconfiança palestinas. O rei não hesitou em bombardear centros populacionais, acionando sua artilharia, infantaria e o poder aéreo. Muitas das batalhas foram travadas dentro e em torno dos campos de refugiados. Depois de alguns meses de combate, cerca de 3 mil palestinos estavam mortos. A Jordânia expulsou a OLP, que encontrou abrigo no Líbano.[82]

A OLP também conseguiu formar um Estado dentro de um Estado no Líbano; homens palestinos armados obtiveram quase total controle em uma ampla área que compreendia as cidades de Tiro e Sidon no sul do país. A força crescente do grupo agravou a tensão sectária preexistente no Líbano, o que também causou uma escalada na Guerra Civil Libanesa de 1975 a 1990, que custou a vida de mais de 100 mil pessoas. Milícias palestinas, xiitas, drusas e maronitas lutaram pelo controle em um dos mais brutais conflitos sectários vistos pelo Oriente Médio. Assim como na Jordânia, nesse caso também um país árabe pagou um alto preço em sangue por perpetuar a cultura dos campos de refugiados.

Os campos de refugiados e a OLP tiveram papel central na eclosão do combate: uma forte discussão entre um homem armado palestino e um cristão falangista no centro de Beirute foi o estopim para os violentos confrontos em 13 de abril de 1975. No mesmo dia, uma igreja maronita foi atacada na cidade, e em resposta, houve um ataque a um ônibus repleto de palestinos no caminho entre o campo de Tel al-Zaatar e o campo de Sabra. Em três dias, mais de 300 pessoas foram mortas.[83]

Doze anos depois, confrontos estouraram nos campos de refugiados palestinos em outras partes do Oriente Médio. Na manhã de 8 de dezembro de 1987, um caminhão israelense atingiu duas caminhonetes transportando trabalhadores do campo de refugiados de Jabalia, na Faixa de Gaza, e quatro palestinos foram mortos. Um boato rapidamente se espalhou de que o acidente havia sido intencional. Em um funeral naquela noite, milhares de palestinos invadiram um posto militar israelense nas proximidades; muitos deles foram feridos quando os soldados reagiram com tiros. No dia seguinte, as ruelas do campo de Jabalia foram preenchidos com barricadas. A Primeira Intifada havia começado: em meio ano havia mais de 42 mil incidentes violentos registrados entre os palestinos e os soldados das Forças de Defesa de Israel.

Por um tempo, o levante foi contido nos campos de refugiados – primeiro na Faixa de Gaza e depois na Margem Ocidental. Pouco mais de um mês depois, perto do final de janeiro de 1988, vilas e cidades juntaram-se aos confrontos. Havia algumas organizações militantes proeminentes nos campos, como as "forças de choque", os "comitês populares" e os Falcões do al-Fatah. No decorrer da intifada, os campos continuaram a produzir líderes dos levantes: jovens imbuídos de uma força impetuosa de nacionalismo extremo e de uma aguda consciência política.[84]

Assim como Jamal al-Gashey, décadas de doutrinação nacionalista, combinadas com a exclusão de qualquer possibilidade de readaptação, produziram frutos sangrentos.

Negociando a paz (1988-até o presente)

"O dia 15 de novembro marca 28 anos de nosso compromisso histórico em reconhecer o Estado de Israel na fronteira de 1967."

Saeb Erekat

NÚMERO DE REFUGIADOS
REGISTRADOS (1988): 2.268.595[1]

Yasser Arafat esperava no saguão. Era abril de 1988, e atrás da porta estava o primeiro secretário do Partido Comunista Soviético. Moscou já vinha dando um enorme apoio à OLP havia anos, incluindo dinheiro, armas e treinamento militar no bloco comunista. O presidente da OLP estava acostumado a ser saudado com sorrisos calorosos e beijos no rosto pelos líderes comunistas em Moscou; nos anos 1970, havia sido convidado por Leonid Brejnev para assistir ao desfile do Dia do Trabalho no camarote VIP, na Praça Vermelha.[2]

No entanto, dessa vez, Arafat estava especialmente abatido – isolado no mundo árabe e longe da ação nos seus quartéis em Tunis. Dentro do saguão esperava um novo, jovem e enérgico líder soviético chamado Mikhail Gorbachev, que dentro de um ano possibilitaria a queda do Muro de Berlim e o fim da Guerra Fria. Fazia um bom tempo que Arafat solicitava, sem sucesso, um encontro com Gorbachev. O novo líder soviético não via grande benefício no apoio da União Soviética à OLP, e seus conselheiros tinham conseguido inclusive impedir que o Politburo concedesse a Arafat um convite formal. No entanto, sob pressão do ministro das Relações Exteriores, Eduard Shevardnadze, o encontro finalmente ocorreu na primavera daquele ano.

Gorbachev não estava interessado. Repreendeu seus conselheiros: "Eu deveria demitir cada um de vocês". "Basta eu me distrair e vocês me impingem mais e mais visitantes. Agora está aí esse Arafat. Qual a razão desse encontro com ele?" Um de seus conselheiros lembrou mais tarde como Gorbachev costumava zombar de líderes dos quais já não necessitava; Arafat era um deles. Durante esse encontro formal e seco, Gorbachev alertou Arafat contra o uso de fogo na intifada em curso. Mais tarde, o Kremlin fez questão de vazar para a imprensa que Gorbachev havia pressionado Arafat a reconhecer o direito de existência do Estado de Israel.[3]

Esse encontro amargo foi a prova inequívoca da crescente fissura entre a OLP e Moscou, e da queda de prestígio de Arafat no Kremlin. Como parte de sua política externa, que buscava dissipar a tensão com o Ocidente, Gorbachev decidiu parar de fornecer armamentos a organizações terroristas que ameaçavam sua distensão com os Estados Unidos e a Europa. Como as organizações palestinas não concordaram em cessar as atividades terroristas, os soviéticos restringiram totalmente o apoio à OLP: em 1987, a União Soviética enviou uma mensagem clara, fechando os escritórios da OLP em Moscou.[4]

Os novos ventos que sopravam do Kremlin foram lamentados no mundo árabe, que desde meados dos anos 1950 usufruíra de massiva ajuda soviética. Para os palestinos, essa rápida e inesperada virada na política soviética provocou uma aguda crise. A OLP sempre soube que podia contar com o apoio soviético nos fóruns internacionais, como as Nações Unidas, e com um fluxo constante de armas e munições. O fim da Guerra Fria provocou o pânico na OLP, levando a avaliarem como poderiam continuar a luta palestina, sem um claro patrono e sem apoio internacional. "Precisamos admitir que não temos todo o tempo do mundo", declarou Abu Iyad, vice de Arafat, no fim dos anos 1980. "Não estamos em condições de enfrentar a guerra [...]

Precisamos de uma iniciativa para provar ao nosso povo que existimos no mapa político, e justificar a continuação da revolução e da luta."[5]

A solução de Arafat foi buscar a amizade da única superpotência remanescente: os Estados Unidos da América. Na segunda metade dos anos 1980, Arafat pôs-se a cortejar vivamente Washington para que reconhecesse oficialmente a OLP. Os americanos, como sempre, se recusaram, por ela ser uma organização terrorista que jurou a destruição de Israel. Para começar negociações oficiais, Washington exigiu que Arafat fizesse o que sempre se pensou ser impossível – renunciar ao terrorismo e reconhecer Israel.[6]

* * *

Essa não foi a primeira vez que o presidente da OLP teve de fazer uma virada política. Nos 15 anos desde a Guerra do Yom Kippur, Arafat tentou muitas vezes alterar sua imagem de terrorista para a aparência de um líder político que apenas tentava libertar seu povo. A derrota árabe, em 1973, tornou claro que a guerra total para aniquilar Israel e voltar à situação anterior não era factível, o que levou a uma mudança de tom no mundo árabe. Arafat entendeu que seu sonho de "libertar a Palestina" com tanques e aviões egípcios e sírios não seria mais viável; precisava de outro caminho.

Sua expulsão de Estados árabes sucessivos, começando com a Jordânia, em 1970, e depois o Líbano, após a Operação Paz para a Galileia em 1982, deixou-o sem uma base clara ou uma infraestrutura para operação. O tratado de paz de Israel com o Egito dividiu o mundo árabe, enfraquecendo seriamente o apoio pan-árabe à OLP. A liderança palestina, especialmente Arafat, convergiu para o entendimento de que apenas por meios militares não obteriam seu objetivo. Arafat confidenciou ao ativista israelense Uri Avnery que havia aprendido com a derrota

Negociando a paz (1988-até o presente) ■ *181*

em 1973: "Eu concluí que não havia possibilidade de ter a nossa terra de volta através da guerra".[7]

Arafat embarcou, então, na direção de "ter a nossa terra de volta" – sendo a terra toda a Palestina –, mas por meios alternativos à guerra. Como não tinha mais o apoio da União Soviética e não podia contar com os países árabes para eliminar Israel em uma guerra, seus únicos aliados potenciais estariam no Ocidente. Para apelar às sensibilidades ocidentais, Arafat tinha que encontrar uma forma de mudar substancialmente a retórica associada à luta palestina, sem desistir da causa em si.

Como tática geral, Arafat passou a empregar cada vez mais uma linguagem vaga e ambígua destinada a soar moderada aos ouvidos ocidentais, sem se afastar da exigência de retorno de todos os refugiados para o território israelense e da consequente libertação total da Palestina. Isso contrastava muito com a linguagem empregada pelos líderes da OLP em sua primeira década de atividades, quando faziam declarações claras e inequívocas sobre a aniquilação física do Estado de Israel. A Carta Nacional Palestina de 1968, por exemplo, explicitamente declarava que a luta contra Israel era de natureza militar.[8] No entanto, depois da derrota final dos exércitos árabes em 1973, cada vez mais Arafat defendia a necessidade de uma solução política.

O historiador palestino Yezid Sayigh, especialista na história da OLP, escreve que o verdadeiro objetivo do grupo continuou sendo a eliminação do Estado de Israel – mas consciente das forças regionais e internacionais que impediam a conquista desse objetivo. "A OLP enfrentou uma escolha hipotética", observou Sayigh,

> entre uma estratégia indireta, "de fases", que veria o estabelecimento de um Estado nos territórios ocupados em um primeiro momento, e uma estratégia direta de conflito militar implacável...A segunda opção simplesmente não estava disponível, [mas] a estratégia

indireta ainda considerava o estabelecimento de um Estado secular, democrático, sobre todo o mandato da Palestina como seu objetivo definitivo.[9]

A fraqueza crescente da OLP e a necessidade de se adaptar às realidades geopolíticas apenas forçaram uma mudança de tática, mas não levaram a um acordo genuíno e profundo sobre a soberania judaica. Arafat permaneceu inflexível em sua negação dos direitos iguais do povo judeu à autodeterminação, mesmo que em parte do território. E assim, Arafat começou a falar nos anos 1980 de uma Palestina única "secular e democrática". A ideia de usar a expressão "país democrático" tinha a intenção de pacificar os públicos ocidentais e a persuadi-los de que a Palestina, especificamente no mundo árabe, conseguiria ser uma democracia robusta, onde os judeus poderiam viver de forma segura.

Por mais que essa visão desconsiderasse todas as evidências da completa deficiência democrática do mundo árabe e do histórico de intolerância com as minorias étnicas, especialmente os judeus, ela atraía (e continua a atrair) os ouvidos ocidentais. E a interpretação de que essa visão foi concebida para anular o direito do povo judeu à autodeterminação – pois a condição do país seria determinada pela maioria, e, consequentemente, os judeus voltariam a ser uma minoria inferior sob um governo muçulmano, único papel que sempre tiveram nos países árabes – foi descartada como uma paranoia irritante. No entanto, por mais que adotasse uma retórica menos militante, Arafat continuava falando da fundação de um Estado árabe sobre as ruínas do Estado de Israel.[10]

Somada a essa atraente visão de um único "Estado democrático", que significava nada mais do que um Estado árabe substituindo Israel, uma das formas centrais e mais efetivas com a qual Arafat manobrou a comunidade internacional para acreditar que ele era, de fato, um parceiro para a paz, foi enfatizar o direito palestino de autodeterminação enquanto diminuía e

Negociando a paz (1988-até o presente) ■ *183*

ofuscava a exigência de retorno. Desde a Guerra dos Seis Dias, à medida que a identidade nacional palestina se tornava mais clara, cresceu a exigência pela autodeterminação dos palestinos como nação independente. Essa foi a principal razão para a rejeição inicial pela OLP da Resolução 242, de novembro de 1967, do Conselho de Segurança, em consequência da Guerra dos Seis Dias, que não mencionava os palestinos como um dos lados do conflito, mas falava apenas de um princípio de "terra para a paz". Os palestinos não eram simplesmente um grupo de refugiados, declarou Arafat, mas uma nação exigindo o seu direito de autodeterminação. Arafat pressionou por essa exigência repetidamente no decorrer dos anos 1970 e 1980.[11]

Em teoria, é óbvio, o direito de autodeterminação dos palestinos é inteiramente compatível com o direito paralelo do povo judeu à autodeterminação. Esse seria o caso se o objetivo definitivo dos palestinos fosse verdadeiramente um Estado independente, em vez da substituição de Israel. Era esse o pressuposto original do plano de partilha. Assim, as invocações consistentes de Arafat ao direito palestino à autodeterminação foram compreendidas por muitos no Ocidente como a renúncia à sua exigência de destruição de Israel por meio do retorno.[12]

A ênfase crescente de Arafat no direito de autodeterminação foi necessária para a transformação de sua imagem de arquiterrorista em um estadista conduzindo seu povo para a independência. Mas, ao contrário da interpretação ocidental, a ênfase na autodeterminação palestina não significava renunciar à exigência de retorno. A questão do refugiado permaneceu (e permanece até hoje) o mais importante teste decisivo para compreender a verdade e a posição palestina definitiva, porque a exigência do retorno em massa dos refugiados não pode ser conciliada com o direito do povo judeu à autodeterminação em seu próprio Estado. A exigência de um retorno em massa de refugiados para o Estado de Israel significava que

184 ■ A guerra do retorno

os palestinos não aceitavam a existência do Estado judeu no Oriente Médio, e certamente não como os israelenses queriam que ele existisse. Ao exigir a soberania sobre a Margem Ocidental e a Faixa de Gaza, sem abrir mão das aspirações de retornar a Haifa, Acre e Jaffa, eles estavam dizendo que qualquer mudança em sua posição era superficial, um movimento tático para Arafat e a OLP ganharem pontos no Ocidente, sem uma decisão estratégica para aceitar a soberania judaica.

É dessa forma que a série de reversões calculadas da OLP comandada por Arafat a partir de 1974 deve ser compreendida. Em junho de 1974, a organização adotou seu "Plano por Etapas", anunciando formalmente intenções de estabelecer, na primeira etapa, um Estado palestino sobre qualquer território que Israel cedesse. Poucos meses depois, Arafat foi convidado a discursar na Assembleia Geral da ONU, onde declarou que estava "trazendo um ramo de oliveira em uma das mãos".[13] Em 1977, o Conselho Nacional Palestino aprovou uma resolução pedindo a fundação de um Estado independente sobre todo o território a ser desocupado por Israel, endossando mais tarde um plano visando uma confederação entre a Jordânia e o Estado palestino que seria estabelecida nos territórios. Nos anos 1980, em muitas ocasiões Arafat declarou seu desejo por uma "solução pacífica", apoiando a criação de uma conferência internacional baseada na Resolução 242.[14]

No entanto, ao mesmo tempo, Arafat e a OLP repetiam que seu objetivo estratégico não havia mudado. O "Plano por Etapas", por exemplo, que estava supostamente almejando a criação de um Estado palestino próximo a Israel, decidiu que o futuro Estado palestino nos territórios seria usado como uma base para ataques futuros contra Israel. Não era um plano de paz, esclareceu Arafat, mas uma estratégia para a libertação do restante da Palestina. Seu vice, Abu Iyad, disse que a liderança palestina havia errado no passado, não nos objetivos, mas em não adotar uma política de múltiplos estágios:

Negociando a paz (1988-até o presente) ■ *185*

"Um Estado independente na Margem Ocidental e em Gaza é o início de uma solução final. Essa solução é para estabelecer um Estado democrático em toda a Palestina".[15]

Arafat continuou a sustentar em entrevistas, em árabe, que não haveria concessões, nem reconciliação, nem reconhecimento de Israel, tampouco paz. Em 1978, em um comício massivo em Beirute, disse: "A luta armada é a nossa única via. Não temos outros meios de conquistar Jerusalém, Tel Aviv e o restante da nossa pátria ocupada". A liderança palestina reservava suas opiniões mais verdadeiros para o tema dos refugiados. Farouk Kaddoumi, diretor do departamento político da OLP, disse o seguinte sobre o Plano Reagan no início dos anos 1980: "Ele restringe o direito de retorno dos refugiados à Margem Ocidental e à Gaza, não a seus lares originais em Jaffa, Haifa e Safed. Nosso direito se aplica para além da Margem Ocidental".[16] O próprio Arafat anunciou abertamente em 1980: "Quando nós falamos em retorno dos palestinos, queremos dizer: Acre antes de Gaza, Beersheba antes de Hebron. Nós reconhecemos uma coisa: a bandeira palestina vai tremular sobre Jaffa".[17]

* * *

Em meados de dezembro de 1988, o telefone tocou nos quartéis da OLP em Túnis. Na linha estava Robert Pelletreau, embaixador americano na Tunísia, que havia sido autorizado por Washington a iniciar negociações formais com a OLP. "Aqui é o embaixador americano", Pelletreau disse à secretária que atendeu ao telefone. Ele ouviu no outro lado da linha o chamado excitado: "O embaixador americano! O embaixador americano está chamando!". A secretária sabia que a OLP estava esperando por essa chamada havia muito tempo. Um pouco antes, durante a recepção que marcava o Dia da Independência da Tunísia, Pelletreau havia passado por Arafat – que estava na fileira dos dignatários – sem apertar sua mão.[18]

A história registra 1988 como o ano no qual a OLP abandonou o caminho da luta armada, reconheceu Israel e realizou o compromisso histórico de aceitar a partilha.[19] O reconhecimento formal pelos Estados Unidos certamente marcou o ponto alto do processo de legitimação da OLP, expressando o sentimento de que Arafat e sua organização eram, de fato, parceiros para a paz. No entanto isso requer um reexame. Dado que a percepção sobre Arafat como um parceiro da paz determinou o curso dos eventos nas três décadas seguintes, a afirmação deveria ser reavaliada nos mínimos detalhes.

Em novembro de 2016, o negociador-chefe da OLP, Saeb Erekat, escreveu no *Haaretz* que o dia 15 de novembro de 1988 foi para os palestinos a data do "compromisso histórico de reconhecimento do Estado de Israel na fronteira de 1967".[20] Erekat referia-se à Declaração da Independência Palestina, proclamada naquele dia por Arafat perante o Conselho Nacional Palestino em Argel. A declaração foi escrita pelo poeta palestino Mahmoud Darwish e traduzida para a língua inglesa por Edward Said.[21]

Os porta-vozes palestinos no Ocidente fizeram o que podiam na época para afirmar que a declaração expressava um compromisso por parte dos palestinos. Rashid Khalidi, historiador americano de origem palestina, afirmou, por exemplo, que a OLP havia alterado sua linguagem militante e adotado uma abordagem mais pragmática com aquela declaração, que aceitava a solução de dois Estados. De acordo com ele, a OLP usou sua Declaração de Independência para ancorar suas exigências por um acordo de paz em princípios aceitos internacionalmente, tal como nas resoluções do Conselho de Segurança. Khalidi citou referências do documento à Resolução 181 da Assembleia Geral das Nações Unidas (o plano de partilha) e às resoluções do Conselho de Segurança 242 e 338 (simbolizando os princípios da "Terra para a Paz") como prova de que a OLP havia abandonado o caminho da guerra e se voltado para a diplomacia.[22]

Negociando a paz (1988-até o presente) ■ 187

Mas, na prática, a declaração era a evidência de que a OLP mantinha a tática de dissimulação e ambiguidade. Em vez de fazer declarações claras de que a OLP estaria agora buscando a verdadeira paz com Israel e desistira de reivindicar um Estado árabe exclusivo em todo o território, em vez de seguir o caminho do presidente egípcio Anwar Sadat, em seu discurso no Knesset – em que verdadeiramente buscava a paz –, uma leitura atenta da declaração revela que, embora o documento contivesse declarações agradáveis aos ouvidos ocidentais, ele também repetia uma retórica conhecida e tóxica. Juntamente às afirmações sobre a longa busca palestina pela paz, a declaração incluía sérias expressões de ódio a Israel. Continha sentenças longas e contundentes que serviam para ocultar o fato de que o pragmatismo era da boca para fora.

A declaração contém ainda pistas de uma política deliberada de tentativa e erro para explorar as divisões internas de Israel, na medida em que clamava "o papel corajoso desempenhado pelas forças israelenses de paz no desafio e afronta às forças fascistas, racistas e de agressão, no seu apoio à luta de nosso povo e à corajosa revolta".[23] O historiador palestino Rashid Khalidi fez uma observação similar, sugerindo que a mudança havia sido superficial, e não essencial. "O que se requer da OLP agora não são concessões", disse ele, "mas a clareza em alcançar o lado de Israel voltado para paz".[24]

Além disso, embora o documento fosse sobre a independência palestina e exigisse o reconhecimento do direito árabe à autodeterminação, ele ainda insistia no "retorno" dos refugiados árabes ao território israelense. Essa exigência de um direito de retorno aparecia em vários lugares na sua Declaração de Independência, frequentemente anexa à expressão "direito inalienável".[25] As fronteiras do Estado palestino não estavam definidas e certamente não estavam restritas apenas à Margem Ocidental e à Faixa de Gaza. A afirmação de Erekat de que a

Declaração de Independência dava reconhecimento a Israel das fronteiras de 1967 é, portanto, incorreta.

A declaração estabelecia que um acordo político no Oriente Médio deveria trazer paz e segurança para "todo Estado na região", sem explicitamente mencionar Israel. Embora "a entidade sionista" aparecesse em poucos lugares, essa forma política era descrita em uma linguagem excepcionalmente perversa: como um "Estado fascista, colonialista, racista, baseado na tomada da terra palestina [e] no extermínio do povo palestino". A declaração ainda dizia que o povo palestino não estava sozinho na sua posição contra o "ataque racista fascista" de Israel. Referia-se "à ocupação israelense e às suas práticas racistas fascistas" e ao "terrorismo militar fascista" de Israel. É difícil ver como um palestino comum, ouvindo essa declaração, poderia discernir ali uma mensagem de paz: se Israel era responsável pela aniquilação do povo palestino, não poderia haver qualquer lógica de reconciliação.[26]

A invocação da declaração de resoluções diplomáticas internacionais como base para a exigência de independência também foi enganosa. A alusão à Resolução 181 da Assembleia Geral da ONU (o plano de partilha) foi verdadeiramente surpreendente. À primeira vista, isso deveria ter significado a aceitação da partilha e do direito de soberania do povo judeu; mas na prática, isso significou o inverso. Estabelecia que, "apesar da injustiça histórica feita ao povo árabe palestino pela adoção da resolução 181 da Assembleia Geral [...] aquela resolução, entretanto, continuava a dar condições para a legitimidade internacional que garantiam ao povo árabe palestino o direito de soberania e a independência nacional".

Em outras palavras, a menção à Resolução 181 tinha a intenção apenas de estabelecer o direito de independência do povo árabe palestino, sem reconhecer o direito paralelo do povo judeu. Os observadores que quiseram entender a declaração

Negociando a paz (1988-até o presente) ■ 189

como o reconhecimento dos direitos dos judeus o fizeram por sua própria conta. Se alguém queria entender a alusão à Resolução 181 como um indício para a aceitação do princípio da partilha e uma mudança na direção de um compromisso histórico, os palestinos vinham e afirmavam a resolução como uma injustiça histórica, tornando claro que essa interpretação otimista estava errada.

A Declaração Palestina de Independência de 1988 pode ter afirmado que a OLP queria conseguir uma solução política para o conflito, e que essa solução deveria estar no espírito da "Carta das Nações Unidas, dos princípios e provisões de legitimidade internacional, das regras do direito internacional, [e] das resoluções das Nações Unidas", mas também afirmava que uma solução deveria ser obtida *de maneira a assegurar* o direito do povo árabe palestino ao retorno" (destaque nosso). Em outras palavras, esse não era um sinal da aceitação pela OLP dos princípios do direito internacional, mas, em vez disso, uma cuidadosa seleção das resoluções que podiam ser interpretadas como apoio ao retorno dos refugiados.

O documento que supostamente expressava o compromisso histórico dos palestinos, portanto, não reconhecia qualquer direito judeu à autodeterminação, denunciava o Estado judeu na mais dura linguagem e exigia o retorno dos refugiados palestinos para o território daquele Estado. Na manhã seguinte, o *The New York Times* denominou a reunião do Conselho Nacional Palestino, em Algiers, como uma "oportunidade desperdiçada", relatando que seu comunicado final "concluía o mesmo velho embuste" que Arafat vinha oferecendo há anos.[27]

* * *

O objetivo de Arafat ao declarar a independência era convencer os americanos de que era hora de estabelecer relações formais. Mas o Departamento de Estado em Washington não se deixou impressionar e buscou declarações mais comprometidas contra o terrorismo. Por um mês inteiro, até 14 de dezembro de 1988, Arafat fez muitas tentativas de aplacar os americanos, realizando declarações complexas e ambíguas, até finalmente dizer o que os americanos queriam ouvir em uma conferência de imprensa em Genebra. Reconhecendo o direito de todos os países na região, Arafat disse: "Nosso desejo pela paz é uma estratégia e não uma tática temporária, incluindo... Israel", para "existir em paz e segurança".[28]

Dois dias após a conferência de Genebra, as autoridades da OLP e dos Estados Unidos tiveram sua primeira reunião oficial. Com base em seu desempenho em Genebra, parecia que Arafat tinha finalmente demonstrado que era um aliado para a paz. Prometeu três vezes abandonar a guerra e restabelecer o compromisso com a paz, viver e deixar viver. No entanto, também dessa vez, a mudança foi apenas aparente. Imediatamente e ao lado de considerações conciliatórias dirigidas a ouvidos estrangeiros, Arafat e as autoridades da OLP continuaram a fazer declarações inequivocamente belicosas. Por exemplo, em setembro de 1988, um antigo membro da OLP, Nabil Shaath, disse que o estabelecimento de um Estado palestino "em uma parte e não em todo o solo nacional" era apenas um estágio intermediário.[29] Abu Iyad disse, na véspera da Declaração de Independência, em Algiers, que a estratégia da OLP não incluía concessões, e que ela não tinha a intenção de aceitar o direito de existência de Israel em qualquer parte da Palestina.[30] Em seu discurso na sessão de encerramento do conselho em Algiers, manifestou-se ainda mais francamente: "Esse é um Estado para as próximas gerações. [...] Inicialmente, [o Estado palestino] seria pequeno [...] e com a vontade de Deus, expandiria em direção ao leste, oeste, norte e sul [...] Eu estou interessado na libertação da Palestina [...] mas [...] passo a passo".[31]

Negociando a paz (1988-até o presente) ■ *191*

Cerca de meio ano depois, no verão de 1989, o Conselho Geral do Fatah aprovou uma resolução chamando o estabelecimento da "entidade sionista" de crime e exigindo uma escalada da luta armada contra ela.[32] Khaled al-Hassan, fundador do Fatah e amplamente conhecido como ministro de Relações Exteriores da OLP, disse que qualquer um que renunciasse a qualquer parte da Palestina seria um traidor. Apesar do compromisso público de Arafat de abandonar o terrorismo, os ataques terroristas da OLP continuaram inalterados, incluindo o bombardeio no Mercado Mahane Yuhuda em Jerusalém e uma tentativa de ataque na praia de Tel Aviv, um mês depois.[33]

Arafat teve êxito em persuadir o público ocidental de que havia se tornado quem eles queriam que ele fosse. Fica aberto ao debate histórico se ele foi um ideólogo fanático, agarrado à Carta Nacional Palestina até a morte e, sabiamente, mentiu, ou se foi um político eficiente, que desempenhou uma série de manobras táticas para garantir a sua sobrevivência como chefe da OLP, mas nunca, genuinamente, se comprometeu com qualquer objetivo definitivo. O que importa é que Arafat nunca aceitou o princípio da soberania judaica sobre qualquer parte da terra, e não fez nada para liderar seu povo em direção a um compromisso histórico necessário para a obtenção de uma verdadeira solução para os dois Estados, que igualmente respeitasse os direitos dos dois povos à autodeterminação.

Em 1990, Arafat aliou-se a Saddam Hussein no seu jogo de poder para a liderança do mundo árabe. Hussein prometia conquistar Israel para Arafat, que, por sua vez, elogiava o ditador iraquiano como um grande herói. "Nós vamos entrar vitoriosos em Jerusalém e ergueremos nossa bandeira em seus muros", declarou Arafat em um comício massivo em Bagdá em março de 1990.[34] O homem que pouco antes havia supostamente acabado de se reconciliar com a existência de Israel e havia jurado abandonar o caminho da violência descreveu sua

192 ■ A guerra do retorno

idealizada entrada na cidade com Saddam: "Você vai entrar comigo, montado em seu garanhão branco", e acrescentou que os palestinos e iraquianos combateriam juntos Israel "com pedras, com rifles", e com os mísseis Scud de Saddam.[35] Poucos meses depois, Arafat anunciou que o Iraque usaria armas químicas e antraz na guerra, e que "o primeiro míssil seria lançado contra Israel".[36] Quando o Iraque atacou Israel em 1991 durante a Guerra do Golfo, os palestinos foram para os topos do telhados na Margem Ocidental para aplaudir a visão dos mísseis Scud atacando o espaço de Tel Aviv.[37]

* * *

No verão de 2000, dois dias depois da abertura da Cúpula de Camp David, Daniel Reisner, promotor e oficial do Corpo da Advocacia Geral Militar da IDF, recebeu um telefonema do retiro oficial do presidente dos EUA. Reisner tratava das negociações com os palestinos desde os Acordos de Oslo, em 1993. "Nós precisamos de você aqui", foi dito a ele na ligação de Danny Yatom, chefe político e de segurança da equipe do primeiro-ministro israelense Ehud Barak e membro da delegação israelense na cúpula organizada pelo ex-presidente dos EUA, Bill Clinton.[38]

Apenas 12 pessoas de cada delegação – israelense e palestina – tiveram permissão para entrar no retiro isolado. Dezenas de outros conselheiros, incluindo Reisner, tinham recebido acomodações em uma cidade próxima, onde eles discutiam os assuntos não considerados centrais. Reisner era responsável por esboçar os acordos para a delegação israelense; logo, o convite feito para que ele entrasse em Camp David suscitou o otimismo dos repórteres israelenses que cobriam a cúpula. "Parece que haverá um acordo", relatou o *Haaretz* no dia seguinte.[39]

No entanto, uma vez lá dentro, Reisner descobriu uma realidade completamente diferente. Logo ficou claro que em quase

Negociando a paz (1988-até o presente) ■ 193

todos os assuntos – e especialmente no tema do refugiado – não havia acordo entre os dois lados. Passaram-se os dias, e o experiente advogado compreendeu que havia um grande abismo entre as partes. Esse foi o momento, lembra ele, em que disse a si mesmo, "Houston, nós temos um problema".[40]

Por anos, adotando a interpretação ocidental da metamorfose de Arafat, os negociadores israelenses compraram a suposição dominante de que os palestinos fariam concessões sobre o direito de retorno nas negociações. Os israelenses estavam genuinamente convencidos de que os palestinos estavam utilizando o direito de retorno como uma moeda de troca e acabariam abrindo mão dessa exigência. A cada esboço de acordo preparado antes da cúpula, Reisner fazia um esforço de dar aos palestinos um caminho honroso de saída, sem consentir um retorno. Os israelenses pensaram que um simbólico retorno para Israel em bases humanitárias permitiria aos palestinos abandonar o princípio amplo de retorno.

A posição israelense era de que, como parte de um tratado de paz que criava um Estado palestino, Israel admitiria a responsabilidade parcial pela criação do problema do refugiado e contribuiria com esforços econômicos para compensar e reassentar os refugiados. A solução para os refugiados, segundo o plano israelense, deveria estar no futuro Estado palestino, nos Estados árabes onde eles residiam na época ou em terceiros países. Israel, por sua vez, aceitaria um número limitado de refugiados como um gesto simbólico.

Como parte de um acordo de paz, Israel queria que a OLP declarasse – como representante do povo palestino –, também em nome dos refugiados, que não tinha mais reclamações contra Israel e que o conflito estava encerrado. A suposição era que a OLP, como a parte negociadora do povo palestino como um todo, naturalmente assumiria a responsabilidade pelos refugiados palestinos ao redor no mundo e os informaria que seu lar estava no Estado da Palestina, não em Israel. Dado que um tratado de paz entre dois povos estava em questão, era importante evitar uma situação em que indivíduos pudessem apresentar ao outro lado suas próprias exigências pessoais, ou que ambos os lados, após fazerem concessões significativas, recebessem mais solicitações. Considerava-se que os palestinos concordariam com uma solução como essa.

A crença de que o problema do refugiado tinha uma solução, que seria provavelmente encontrada com relativa facilidade em conversas conclusivas, era abraçada tanto pela comunidade internacional quanto pelos negociadores israelenses dos anos 1990. Convencidos de que a ocupação israelense dos territórios era o centro do conflito com os palestinos, os defensores da paz e os diplomatas acreditavam, da mesma forma, que os palestinos haviam se reconciliado com a existência de Israel e, portanto, certamente entenderiam que milhões de refugiados não retornariam para lá, porque isso subverteria o caráter nacional do Estado judeu. Acreditavam que tudo o que restava para ser resolvido era a demarcação das fronteiras, os arranjos de segurança e como Jerusalém seria dividida e governada. A questão dos "refugiados" foi simplesmente descartada como não sendo uma questão.

Antes da guerra de 1967, havia um amplo consenso em Israel sobre o caráter existencial do conflito. Era claro para os israelenses que os árabes estavam exigindo o extermínio do Estado de Israel sob quaisquer fronteiras e esperavam seriamente que todos os refugiados retornassem. Mas depois de 1967, o consenso foi questionado à medida que os israelenses passaram a acreditar que Israel podia efetivamente negociar a paz com os árabes, fazendo concessões de territórios obtidos na guerra de 1967.

Foi precisamente essa a lógica que balizou a Resolução 242 do Conselho de Segurança da ONU de novembro de 1967, empenhada em traçar as bases de um futuro acordo de paz entre Israel e os Estados árabes. O princípio básico consagrado na Resolução 242 era "terra para a paz" – Israel sairia dos territórios tomados na Guerra dos Seis Dias em troca de um tratado de paz com os Estados árabes. Para os refugiados, a resolução afirmava apenas vagamente a necessidade de uma "solução justa". Essa resolução, ao lado da presença de Israel nos territórios, alterou o centro de gravidade do conflito árabe-israelense de uma questão de existência – se os árabes eram capazes de aceitar a existência de um Estado soberano judeu em qualquer parte da terra – para uma questão de compromisso territorial.[41] Nos anos anteriores à Guerra dos Seis Dias, Abba Eban e Golda Meir usaram a sessão plenária da ONU para discutir o problema do refugiado. Após 1967, a questão foi varrida da perspectiva israelense.

* * *

Aqueles que tentaram resolver o conflito árabe-israelense desde 1967, tanto em Israel quanto internacionalmente, haviam colocado suas esperanças na possibilidade de que os árabes concordariam em reconhecer o Estado de Israel e estabelecer relações normais com ele, para uma retirada israelense dos territórios ocupados na guerra. Depois dos acordos de paz com o Egito, o passo seguinte, pelo qual estavam aguardando, parecia ter chegado no início dos anos 1990 com o processo de paz de Oslo. Os Acordos de Oslo, assinados em 1993 após vários anos conturbados de terrorismo e da Primeira Intifada, não teriam ocorrido sem a crença dominante de que os palestinos estavam interessados na autodeterminação ao lado de, e não em vez de, Israel.

Os negociadores israelenses acreditavam, de fato, que os palestinos haviam tomado uma decisão estratégica de dividir a terra com os judeus e que as suas demandas eram, então, fundamentalmente territoriais. "A situação que havia prevalecido até então", escreveu Israeli Ron Pundak, um dos autores dos Acordos de Oslo, "era uma receita para a perpetuação do violento conflito com os palestinos e uma escalada do conflito árabe-israelense. Anos de violento combate, de ataques terroristas palestinos indiscriminados e de uma ocupação humilhante haviam exaurido os lados". Pundak acreditava que na raiz da mudança estava "um processo de moderação entre as fileiras da OLP e um entendimento crescente de que o conflito devia ser resolvido com dois Estados para dois povos, e não com um sentimento de justiça unilateral ou um sentido de que 'é tudo meu'".[42] De forma similar, o vice-ministro das Relações Exteriores, Yossi Beilin, recordou mais tarde que sua premissa básica tinha sido que o conflito era solucionável, que havia alguém com quem falar (a OLP) e que havia algo para falar.[43]

Os Acordos de Oslo trataram longamente de temas como a transferência de autoridades e de território e, claro, o reconhecimento mútuo entre a OLP e Israel, enquanto o problema do refugiado foi postergado para uma data futura.[44] Os negociadores israelenses trabalharam com a premissa de que a aceitação do princípio da partilha, no contexto das discussões sobre o estatuto definitivo, em poucos anos levaria os palestinos a desistir do retorno dos refugiados.

Mas, nesse clima de grande otimismo e entusiasmo para garantir um tratado de paz, e na sua crença de que os palestinos haviam se reconciliado com a existência de Israel, os autores dos Acordos de Oslo não reconheceram a profundidade do problema do refugiado e a necessidade de assumi-lo seriamente. Nesse estágio, já havia mais de 3 milhões de refugiados, a maior parte dos quais era realmente descendente dos refugiados originais, mas Israel falhou em se preparar diplomática, jurídica ou estrategicamente para a possibilidade de que a questão emergisse.

Nos anos 1990, os sucessivos governos de Israel, ao lado de toda a comunidade internacional, estavam completamente cegos para a questão do refugiado e sua total centralidade para o lado palestino. Para os israelenses que conduziram e apoiaram essas negociações, parecia óbvio que se a questão das fronteiras estava resolvida, e os palestinos prestes a obter a soberania, eles

Negociando a paz (1988-até o presente) ■ *197*

ficariam satisfeitos e o problema do refugiado seria resolvido por si. A UNRWA, que ainda era oficialmente uma agência provisória, estava fadada a desaparecer naturalmente quando o acordo de paz permanente fosse assinado. Portanto, os israelenses acreditavam que não havia razão para preparativos especiais ou para deliberar sobre o *status* da agência. Como o problema do refugiado não era real, consideraram que a UNRWA também não poderia ser um problema real.

* * *

Do lado palestino, entretanto, um processo completamente diferente se revelou à medida que se aproximava o momento das conversações finais – marcado para acontecer cinco anos após a assinatura dos Acordos de Oslo em 1993. Em vez de aceitar o fato de que os refugiados não iriam retornar para Israel, os palestinos aperfeiçoaram sua retórica. A exigência de retorno emergiu, dessa vez, com força total. E foi justamente quando ficou claro para os palestinos que Israel estava mesmo preparado para discutir sobre fazer concessões territoriais muito significativas – quando obteriam seu próprio Estado e o direito à autodeterminação –, que as posições palestinas se tornaram mais radicais contra quaisquer concessões ao direito de retorno.

Os palestinos escolheram aquele momento para fundar uma longa fileira de organizações não governamentais, com o objetivo singular de colocar o problema do refugiado no centro do palco e indicar aos negociadores dos dois lados que não iriam aceitar um tratado de paz que não garantisse o retorno dos refugiados para Israel. A mais proeminente dessas ONGs era a BADIL, fundada em 1998 para agregar a opinião pública em favor dos interesses dos refugiados. Ela foi acompanhada por outras: Aidoun ("Nós Vamos Retornar") no Líbano e na Síria, comitês de refugiados na Jordânia e o Centro Palestino da

Diáspora e Refugiados (SHAML) em Jerusalém. Em 1999, o movimento de base pró-palestino Al-Awda ("O Retorno") foi criado na América do Norte e Europa, definindo a Coalizão Direito Palestino de Retorno, que começou a organizar protestos em setembro de 2000.[45]

Cresceu na mídia o interesse pelo problema do refugiado. Em meados dos anos 1990, o jornal *The New York Times* publicava dois ou três artigos por ano sobre o direito de retorno. Em 1996, esse número subiu para quatro. Em 2000, o jornal publicou 36 artigos sobre o direito de retorno,[46] um número que continuou a aumentar depois da eclosão da Segunda Intifada.

Na mídia árabe e palestina, o interesse nos refugiados e no retorno era ainda mais intenso. Os palestinos organizavam conferências e realizavam estudos e sondagens; a imprensa palestina publicou centenas de artigos de opinião e toda uma série de artigos sobre cidades e centros populacionais destruídos na guerra de 1948. À medida que o tempo para início das conversações finais se aproximava, muitos refugiados foram entrevistados sobre qual deveria ser a solução. Em todas as publicações e eventos, um fato se destacou: os refugiados e seus netos não haviam renunciado à exigência de retornar a suas casas. Muitos eram explícitos: se o seu direito de retorno fosse reconhecido, tinham toda a intenção de exercê-lo. Não pretendiam aceitar o retorno para o seu próprio Estado palestino como alternativa.[47]

Os intelectuais palestinos também foram parte desse processo. O final dos anos 1990 viu a emergência de uma ampla atividade acadêmica e pública voltada para trazer o problema do refugiado de volta ao centro do debate. Os porta-vozes palestinos no Ocidente falavam longamente sobre o problema do refugiado e traziam delegações para explicar que não haveria acordo de paz com Israel sem o retorno.[48]

O dramático clímax dessa trajetória foi a rejeição pelos palestinos dos princípios propostos pelo presidente Bill Clinton para resolver o conflito (os Parâmetros Clinton), apresentados em 23 de dezembro de 2000, após o colapso da Cúpula de Camp David naquele verão. Clinton propôs que os refugiados tivessem permissão para retornar ao território do Estado palestino, que seria estabelecido na Margem Ocidental e na Faixa de Gaza, e que Israel, à sua escolha, absorveria um número limitado deles. "A solução terá que ser consistente com a abordagem dos dois Estados", escreveu Clinton, esclarecendo que isso significava "o Estado da Palestina como a pátria do povo palestino e o Estado de Israel como a pátria do povo judeu". Na intenção de acomodar os desejos palestinos, explicou Clinton, o direito de retorno seria aplicado à "Palestina histórica" ou à "pátria" palestina. Os refugiados e seus descendentes podiam, portanto, exercer seu "direito de retorno" em Ramallah e em Nablus, mas não no Estado de Israel.[49]

Israel aceitou os Parâmetros Clinton. Os palestinos, não.[50] Daniel Reisner, procurador das negociações de Camp David, recordou que foi apenas então que entendeu que os palestinos eram obstinados pelo "direito de retorno" e, genuinamente, queriam o retorno em massa dos refugiados para Israel. "Nós não tínhamos ideia dos [verdadeiros] desejos dos palestinos, de sua percepção do direito de retorno e do significado de todo o problema do refugiado", disse ele. Em um ponto nas conversações, Arafat exigiu que os refugiados no Líbano, junto com as centenas de milhares de seus descendentes, tivessem permissão para retornar para Israel. "Membros da delegação israelense se perguntaram: ele fala a sério? Aqueles que mais nos odeiam, nos campos de Sabra e Chatila – essas são as pessoas que ele quer que nós aceitemos? Ele realmente pensa que isso está em cogitação?" Ehud Barak comparou mais tarde a distância entre as posições dos dois lados a um abismo aberto sobre um vasto desfiladeiro: uma curta distância, mas um abismo extremamente profundo.

Barak lembrou que quando Arafat entendeu que teria que renunciar ao direito de retorno na forma em que vinha defendendo por anos, ele categoricamente recusou.[51]

Um documento interno palestino, escrito pouco tempo depois do colapso da cúpula, explicava longamente as razões da rejeição dos Parâmetros Clinton. A discussão mais detalhada referia-se ao problema do refugiado. O memorando dizia que "não há precedente histórico para um povo abandonar seu direito fundamental de retornar ao seu lar" e que os palestinos "não serão o primeiro povo a fazer isso", ignorando o fato de que não havia tal direito e que, pelo contrário, os precedentes históricos dos anos 1940 nos ensinam o oposto, isto é, as pessoas seguiram em frente com as suas vidas – como já observado neste livro.[52]

O memorando também definia que os palestinos estavam exigindo retornar a "seus lares", e não a "sua pátria" – deixando evidente que a exigência palestina era de retorno para Israel, e não para o Estado palestino proposto. E se isso não estivesse suficientemente claro, explicitaram no memorando que "não podiam aceitar que o Estado palestino fosse definido como uma 'pátria do povo palestino'", porque "isso anula o direito de retorno". Essa foi a mais clara indicação de que, para os palestinos, se o preço de ter um Estado palestino em parte da terra era renunciar à exigência sobre a totalidade da terra, a sua escolha, tal como foi evidenciada por seu líder, era rejeitar o acordo.[53]

O memorando dizia de forma taxativa: "O reconhecimento do direito de retorno e a possibilidade de escolha para os refugiados são pré-requisitos para o término do conflito". Então, o conflito nunca iria terminar, pois Israel não podia de modo algum concordar com essa premissa que levaria ao seu evidente suicídio.

Essa confissão esclarecedora contrariava a comunidade internacional em seus esforços de paz, baseados no princípio de dois Estados para os dois povos. Os palestinos explicitaram nos mais claros termos que não iriam limitar o território no qual exerceriam seu direito de retorno, tornando inequívoco, como o fizeram em 1947, que não reconheciam o princípio da partilha territorial.[54]

Ao mesmo tempo, na primeira semana de janeiro de 2001, a revista oficial do Fatah explicava detalhadamente a rejeição dos Parâmetros Clinton: os palestinos já haviam sido flexíveis sobre o território, mas o direito de retorno era sagrado e inegociável. "A questão dos refugiados é o centro do conflito árabe-israelense", dizia a revista e observava que os refugiados tinham direitos e se opunham ao reassentamento nos Estados árabes. Os refugiados não renunciariam ao seu "direito de retorno" para Israel, e dado que os Parâmetros Clinton não incluíam essa opção, eram inaceitáveis. Para sublinhar que os palestinos realmente esperavam um retorno em massa dos refugiados para o Estado de Israel, o artigo citava a absorção de Israel de 1 milhão de judeus imigrantes da antiga União Soviética nos anos 1990, argumentando que, se Israel tinha a capacidade de absorver tantos imigrantes judeus, poderia também absorver os palestinos.[55] Ao agir assim, o artigo fazia de conta que a questão do retorno palestino era simplesmente uma "capacidade de absorção" neutra, não a recusa árabe de aceitar o direito de soberania dos judeus sobre seu próprio Estado.

Para evitar qualquer dúvida, o artigo da revista oficial expôs que uma omissão em reconhecer o direito de retorno significaria prolongar indefinidamente o conflito, impedindo qualquer possibilidade de coexistência entre israelenses e palestinos. Com uma frase bastante reveladora, o artigo afirmou que o retorno em massa dos refugiados "ajudaria os judeus a se livrarem do sionismo racista que pretendia impor seu permanente isolamento do resto do mundo". Os palestinos estavam tornando claro que o direito de retornar mudaria o caráter de Israel, pondo fim à sua natureza como o Estado-nação do povo judeu.[56] Assim, os palestinos pareciam se apresentar como generosos médicos que ofereciam a eutanásia para um paciente que queria viver.

* * *

Aquilo que os palestinos alegavam ter desejado – encerrar a ocupação militar de Israel na Margem Ocidental e em Gaza e ter um Estado próprio – estava agora ao seu alcance. No entanto, abandonaram a chance, sem qualquer remorso, sem artigos de opinião lamentando a oportunidade perdida, sem palestinos contestando a decisão de Arafat, e sem a fundação de ONGs para assegurar que tal oportunidade não seria perdida novamente. Os palestinos, completa e conscientemente, deixaram claro que, se um direito de retorno para Israel não fosse concedido para cada uma das milhões de pessoas que reivindicavam esse direito, não haveria acordo.

Era de se supor que a rejeição dos Parâmetros Clinton pela liderança palestina levaria a comunidade internacional a realizar uma reavaliação profunda. O dramático insucesso de tudo em que haviam acreditado deveria ter levado os diplomatas e os elaboradores das propostas a reexaminar seus pressupostos sobre a natureza do conflito. Depois que ficou claro que os palestinos insistiam no reconhecimento do seu direito de retorno, e genuinamente queriam que os refugiados retornassem para o Estado de Israel, era de se esperar uma avaliação mais séria em Israel e no exterior sobre o problema do refugiado, encarando-o como o assunto-chave no conflito árabe-israelense.

No entanto, nada disso aconteceu. Ignorar naquele momento a evidência de que o problema do refugiado era central no conflito, desconsiderando as mais explícitas declarações dos palestinos e focando apenas em seus comentários mais sutis deu ensejo no Ocidente e, em alguma medida, em certos círculos em Israel, a um sistema de justificativas para explicar que os palestinos tinham efetivamente renunciado à exigência de retorno – um fenômeno introduzido neste livro com o neologismo *"Westplaining"**. Os palestinos não foram tão explícitos e na verdade disseram o oposto, afirmavam os apologistas, mas se tratava apenas de "palavras"; e de alguma maneira os palestinos "haviam entendido" de forma mágica que, na prática, não haveria retorno em massa para o território israelense.

A base ideológica para essa abordagem foi delineada por ninguém menos que Yasser Arafat. Em um artigo no *The New York Times* em fevereiro de 2002, Arafat explicitou sua visão de um acordo com Israel, apresentando vários termos que até hoje merecem destaque no debate. "Agora é o momento", escreveu Arafat, "para os palestinos estabelecerem claramente, e para o mundo ouvir claramente, a visão palestina". No meio do artigo, Arafat colocou duas exigências centrais – o estabelecimento de um Estado palestino e o retorno dos refugiados para Israel. O *status* de Jerusalém foi mencionado em apenas uma sentença.[57]

No artigo, Arafat pediu uma "correta e justa solução para o pleito dos refugiados palestinos", que foram impedidos por décadas de retornarem a "seus lares". Nenhum tratado de paz entre Israel e os Palestinos seria possível, alertou Arafat, se "os direitos legítimos" dos palestinos comuns não forem levados em conta. Sem uma solução, disse Arafat, o problema do refugiado desestabilizaria qualquer acordo permanente entre israelenses e palestinos: como alguém poderia explicar aos refugiados palestinos que a eles não seria dada a opção de "retornar", quando afegãos, kosovares e timorenses do leste

---

* N.T.: Este é um neologismo introduzido pelos autores, associado ao termo *mansplaining*, que significa originalmente desconsiderar, desmerecer a capacidade de compreensão das mulheres. *Westplaining* está aplicado no sentido da desconsideração da palavra dos palestinos. Ele é explicado pelos autores na "Conclusão".

tiveram essa escolha concedida? Arafat ignorou o fato de que esses retornos não ocorreram em oposição à vontade do país receptor, e que não eram uma obrigação legal.

Arafat também alegou que o retorno dos refugiados era uma prerrogativa garantida pelo direito internacional (o que não é) e pela Resolução 194 (o que não é). Como num truque de mágica, Arafat acenou que os palestinos compreendiam as "preocupações demográficas" de Israel e sabiam que o retorno "deveria ser implementado levando em conta essas preocupações". Os palestinos, explicou ele, tinham que ser realistas no que diz respeito aos desejos demográficos de Israel.[58]

Esse artigo novamente exemplifica a estratégia de Arafat e dos palestinos de usarem termos e frases que sugerem moderação aos ouvidos ocidentais, mas que, de fato, não moderam sua posição. Muitos tomaram a observação "levando em conta as preocupações [demográficas de Israel]" como se os palestinos estivessem compreendendo que não haveria retorno em massa. Outros alegaram que o discurso palestino estava inequivocamente amenizado no que se refere ao direito de retorno e que, embora ele fosse amplo e absoluto, soava agora consideravelmente mais qualificado.[59]

Muitos também se convenceram de que Arafat falava de uma solução "justa" e "acordada" para o problema do refugiado (termos também usados pela Iniciativa de Paz Árabe de 2002). De acordo com essa interpretação, se os próprios palestinos falavam de uma solução acordada, sabendo que Israel nunca concordaria com o retorno em massa, então nas entrelinhas essa deveria ser uma concessão no direito de retorno.

Cada uma dessas alegações merece ser avaliada separadamente e em detalhe.

Consideremos, em primeiro lugar, o termo "justo". Yehoshafat Harkabi, reconhecido especialista em Oriente Médio, demonstrou que esse termo tem um significado especial no léxico árabe e que

Negociando a paz (1988-até o presente) ■ 205

a expressão "solução justa" tem uma antiga linhagem. Quando o líder soviético Nikita Khruschev visitou Porto Said nos anos 1960 e falou de uma "solução justa para a questão da Palestina", por exemplo, um jornal egípcio interpretou suas considerações assim: "O povo de Porto Said está bem ciente de que uma solução justa para o problema da Palestina significa a restauração da Palestina para os árabes e o reassentamento de todos os refugiados em sua pátria saqueada". Quando estrangeiros usam o termo "solução justa", os árabes geralmente a entendem como apoio à rejeição à existência de Israel.[60]

O presidente Nasser, do Egito, também costumava falar de seu desejo de uma "paz baseada em justiça" – do tipo que reinaria após Israel desaparecer. Nesse sentido, uma "solução justa" significa o oposto de uma solução baseada em um *status quo* que mantém Israel no lugar. Cabe lembrar que, aos olhos árabes, o estabelecimento do Estado de Israel é considerado uma injustiça sem paralelo e um crime que só pode ser apropriadamente remediado através da eliminação de Israel. Assim, quando uma refugiada de 80 anos do campo Ain al-Hilweh, no Líbano, ouvia os líderes árabes, como Arafat, falando sobre uma "solução *justa* para o problema do refugiado" (destaque nosso), ela entendia como o retorno dos refugiados e o estabelecimento de um Estado árabe no lugar de Israel.[61]

A palavra "acordada" é também altamente enganosa, porque ela parece sugerir claramente uma concessão sobre a exigência de retorno. Para compreender como os palestinos interpretam esse termo, consideremos uma transmissão de televisão da rede de notícias do Catar, Al Jazeera, no final dos anos 1990, na qual se pergunta a uma mulher de Amã, nascida de uma família de refugiados de Jaffa, sua opinião sobre os refugiados. A mulher responde que Arafat não é seu advogado e que ela nunca deu a ele o poder de procurador para negociar, em seu nome, a propriedade de sua família em Jaffa. "Se Arafat quiser, ele pode desistir da casa de seu próprio pai", ela retruca. "Ele não pode desistir da casa de meu pai".[62]

Essa também foi a posição da liderança palestina: o direito de retorno é um direito pessoal reservado a cada um dos milhões de refugiados e seus descendentes, e ninguém pode renunciar em seu nome. Mesmo se a OLP estivesse para concordar com um tratado de paz para o retorno de um "número acordado" – talvez milhares ou dezenas de milhares –, isso não seria o seu final. Os palestinos ainda acreditariam que cada um dos milhões de refugiados tinha o direito de retornar para Israel. O presidente da OLP, Mahmoud Abbas, disse o mesmo em inúmeras ocasiões. Em novembro de 2012, em uma entrevista para a televisão israelense, afirmou que, pessoalmente, não queria retornar a Safed, mas esclareceu poucos dias mais tarde que isso não lesava os diretos de outros refugiados. "É uma decisão pessoal", explicou. "Ninguém pode arrogar o direito de retorno em nome dos palestinos."[63]

Assim, as declarações feitas por Arafat e Abbas, e muitos outros palestinos, eram contraditórias. Se cada refugiado palestino possui um direito de retorno, e se o direito é "inalienável" e "justo", e permanente, como direitos não podem ser negociados e são um "pré-requisito", não há absolutamente como assegurar coletiva e definitivamente que isso seria implementado de uma forma limitada. Se Israel concordasse com um certo número, nunca teria garantia de que esse número seria respeitado. As circunstâncias mudam, e mesmo que se suponha que apenas poucos refugiados desejariam exercer o "direito" em um certo momento, nada asseguraria que isso não iria mudar. Assim que o retorno se tornasse um "direito inalienável", a soberania de Israel estaria permanentemente em risco, e o conflito poderia nunca chegar a um fim. Mas os que desejaram acreditar que aquela paz era ainda possível – apesar da clara insistência de Arafat de que havia um direito de retorno para milhões de "refugiados", que seria reconhecido em qualquer acordo – escolheram ignorar essa contradição óbvia.

O que Arafat e Abbas queriam dizer, de fato, era que a OLP e Israel concordariam com um certo número de refugiados retornando a Israel sem retirar os "direitos" de todo o restante. Eles, por sua vez, poderiam exigir esse "direito", seja nas cortes israelenses ou internacionais, ou simplesmente caminhar para a fronteira, como haviam feito recentemente na Grande Marcha do Retorno em Gaza.[64] Israel teria então que negociar diretamente com eles.

Foi também por esse motivo que, sempre que houve concordância em repatriar um número limitado de refugidos, nas conversas anteriores com Israel, os palestinos se recusaram a assinar qualquer declaração de que não teriam mais demandas contra Israel, pois significaria que não haveria mais direito de retorno aos refugiados remanescentes. Em 2008, após rodadas intensas de negociações, os palestinos, dessa vez liderados pelo presidente Mahmoud Abbas, novamente se afastaram da oportunidade de estabelecer um Estado palestino. Estavam em condições de encerrar a ocupação e ter um Estado palestino em, efetivamente, 100% do território da Margem Ocidental e de Gaza, sem nenhum assentamento em todo o Estado palestino; uma capital em Jerusalém Oriental e permissão para 5 mil refugiados, ao longo de cinco anos, assentarem-se no Estado soberano de Israel.[65] O entrave foi novamente o direito de retorno. De fato, quando a secretária de Estado, Condoleezza Rice, esboçou para Abbas os detalhes da proposta do primeiro-ministro de Israel, Ehud Olmert, em maio de 2008, a resposta foi: "Eu não posso dizer a 4 milhões de palestinos que apenas 5 mil deles podem voltar para casa".[66]

Abbas, como Arafat antes dele, nunca fez qualquer esforço para preparar seu povo para o fato de que não haveria retorno e para o fato de que eles não possuíam tal "direito". Como resultado, novamente, não havia indícios de remorso entre os palestinos, nem críticas a Abbas, nem artigos dizendo que essa foi a grande oportunidade que deveria ter sido agarrada com as duas mãos, e nem ONGs fundadas para ajudar os palestinos a sair da obsessão do retorno.

Embora essas posições estivessem claramente disponíveis para todos os que acompanhavam as declarações dos líderes palestinos e não tentavam *"Westplain"* tais declarações, o fato de que durante as negociações os palestinos não tivessem, nem por um momento, a intenção de realizar um verdadeiro compromisso, foi revelado em um grande vazamento para a mídia alguns anos atrás, que expôs os pensamentos secretos das autoridades da OLP.

* * *

No início de 2011, cerca de 1.700 documentos originais vazaram do escritório do principal negociador palestino, Saeb Erekat, e foram publicados on-line pelo *Al Jazeera*. O material foi realmente explosivo. Os documentos, conhecidos como *Palestine Papers*, eram internos, principalmente memorandos e outros originais em inglês da Autoridade Palestina (AP), que registravam uma década de negociações de paz com Israel. Muitos dos documentos foram escritos pelos membros da Unidade de Apoio das Negociações Palestinas, que fornecia assessoria política e jurídica aos negociadores palestinos e trabalhava na formulação das posições oficiais palestinas. As autoridades palestinas nunca questionaram a autenticidade dos documentos, nem tentaram alegar que eram forjados ou fabricados.[67]

Simultaneamente aos *Palestine Papers*, foram publicados vários comentários sobre eles tanto pelo *Al Jazeera*, quanto pelo jornal diário britânico de esquerda *The Guardian*. De acordo com *Al Jazeera*, os documentos revelaram "os compromissos que

Negociando a paz (1988-até o presente) ■ *209*

a Autoridade Palestina se dispunha a fazer sobre refugiados e o direito de retorno".[68] O jornal *The Guardian* ecoou esse comentário, afirmando que os negociadores palestinos "concordaram que apenas 10 mil refugiados e suas famílias, do total de uma população refugiada superior a 5 milhões, podiam retornar para Israel, como parte de um acordo de paz".[69]

Entretanto, uma revisão cuidadosa e exaustiva dos documentos originais revelou que a verdade era o contrário, e que a liderança palestina considerava a questão dos direitos dos refugiados como central para a resolução do conflito com Israel.[70]

Os líderes e negociadores palestinos sempre falaram do "direito de retorno" como uma questão de escolha individual que teria que ser estendida para cada um dos mais de 7 milhões de "refugiados".[71] Uma representação de 2009, por exemplo, menciona que qualquer solução "deve refletir a escolha do refugiado", o que significa que ela deveria estar fora das mãos dos negociadores: qualquer refugiado que quisesse retornar deveria ter permissão para isso. Outro documento assinala: "O direito de retorno é, em essência, um direito de escolha. Os refugiados palestinos esperam um acordo para honrar seu direito de escolher se desejam o retorno ao seu país de origem ou o reassentamento em outro lugar".[72]

Os *Palestine Papers* afirmam repetidamente que "a solução deveria aplicar a justiça individual", baseada na livre escolha dos refugiados. Um memorando preparado antes de um encontro com o negociador israelense Tal Becker, em 2008, diz que "a OLP prosseguirá com o reconhecimento dos direitos de todos os refugiados e o seu cumprimento com um cuidado particular, especialmente porque esses são *direitos individuais*" (destaque nosso). No mesmo ano, uma proposta palestina sobre a questão do refugiado afirmava que eles deveriam ser reassentados *"no destino escolhido* (Israel, Palestina, outros países)" (destaque nosso).[73]

Além disso, a Autoridade Palestina contratou especialistas externos para realizar um estudo demográfico de "Capacidade de Absorção", que supostamente provava que Israel tinha a capacidade demográfica para absorver grandes números de refugiados palestinos e ainda manter a sua maioria judaica.[74] Baseada nesse estudo, a AP previu o potencial retorno de milhões de palestinos para o Estado de Israel, com eles mantendo o direito de tentar negociar "retornos" adicionais, além de qualquer número inicialmente definido em um tratado de paz.[75]

Um documento secreto de abril de 2008 afirmava explicitamente que o objetivo do estudo era

> subsidiar a liderança palestina com uma abordagem científica do tema que pudesse amparar sua posição no debate sobre os retornos para Israel. Em outras palavras, a proposta [...] é estabelecer uma análise racional apoiando as exigências palestinas para o retorno dos refugiados, em consideração à história passada de imigração de Israel e as capacidades de absorção.[76]

O estudo foi realizado em 2008 por Youssef Courbage, um especialista do Instituto Francês para Estudos Demográficos. Ele analisou três possíveis cenários de retorno – entre centenas de milhares e 2 milhões de retornados para Israel – e tentou demonstrar que, em cada cenário, os judeus ainda manteriam uma maioria no Estado de Israel. No primeiro cenário, 41 mil refugiados teriam permissão para retornar a cada ano, durante 15 anos (entre 2013 e 2028), em um total de 615 mil refugiados. No segundo, 38 mil refugiados teriam permissão para retornar a cada ano durante o mesmo período, em um total de 570 mil refugiados. E no cenário final, cerca de 2 milhões de refugiados buscariam retornar para Israel.[77]

A proposta do estudo era mostrar que, mesmo se centenas de milhares de palestinos viessem para Israel, eles não seriam capazes de ameaçar a maioria judaica do país. O estudo argumentava que, mesmo se 2 milhões de refugiados retornassem, a proporção de palestinos em Israel em 2058 chegaria a apenas 36%, com os judeus ainda constituindo a maioria. O número de refugiados recebidos no primeiro e no segundo cenários estava baseado em uma média dos níveis de imigração judaica em vários períodos: o primeiro de 1948 a 2007, quando Israel absorveu 41 mil imigrantes judeus por ano, e o segundo de 1996 a 2007, quando acolheu 38 mil por ano. Israel experimentou a imigração em massa nesses anos, e os palestinos argumentaram que se Israel pode absorver números tão altos de judeus imigrantes, poderia igualmente absorver o mesmo número de refugiados palestinos. A grande relevância do estudo, relatado aqui pela primeira vez, é que ele apresenta uma avaliação extremamente detalhada dos verdadeiros sentimentos dos palestinos sobre o retorno dos refugiados para Israel, e que o retorno em larga escala desejado pelos palestinos é, de fato, bastante grande: os palestinos avaliam que o número de refugiados que iriam querer voltar para Israel, se lhes fosse dada a escolha, chega a 2 milhões. Os documentos também revelam que as avaliações do estudo serviram de base para as exigências árabes nas negociações com Israel.[78]

Portanto, o estudo elucida a frase aparentemente inócua "considera tais preocupações". Cunhada por Yasser Arafat no seu artigo no *The New York Times*, foi interpretada como significando que os palestinos estariam satisfeitos com um gesto simbólico de Israel, tal como o retorno de poucos milhares de refugiados. Mas não é o caso: com essa frase, os palestinos referem-se ao retorno de centenas de milhares ou milhões. Outro memorando de 2008 sugere que os palestinos exigem o retorno de 1 milhão de refugiados.[79]

* * *

Essa não foi a palavra final. O que os palestinos vislumbram é na realidade um retorno ilimitado. Os documentos revelam que exigem que uma cota de refugiados previamente acordada tenha permissão para entrar em Israel todo ano, por um determinado número de anos. E também que, após esse período, fosse possível continuar um processo de retorno com o consentimento de ambos os lados. Ou seja, os palestinos não veem o primeiro estágio do retorno como o fim da questão e pretendem exigir de Israel um novo retorno no segundo estágio.[80]

Um dos documentos, por exemplo, diz que um tratado de paz deveria permitir o retorno de um número acordado de refugiados durante um período de 15 anos, após o qual ambos os lados concordariam com um número adicional de refugiados. O enunciado, embora aparentemente inocente e sem problema, contém a possibilidade inerente de repetidamente reabrir a questão do refugiado. Nesse cenário, os palestinos seriam capazes de buscar o retorno de mais refugiados após os 15 anos preestabelecidos. Se Israel recusasse, os palestinos poderiam renovar suas exigências, declarando que o problema não estaria resolvido e que o conflito teria continuidade. Assim, seriam capazes de perpetuar o conflito e deixá-lo sem solução para sempre, a menos que Israel concordasse definitivamente com o retorno de um número infinito de refugiados.[81]

A combinação desses dois fatores – a exigência em reconhecer o direito individual de toda a diáspora palestina de retornar para Israel e a possibilidade de reabrir os acordos após 15 anos – também revela a verdade sobre a frase aparentemente inócua "solução acordada para o problema do refugiado". Ela significa que, mesmo se a OLP concordasse com Israel sobre o retorno de um determinado número relativamente baixo de refugiados, todo indivíduo ainda poderia exigir retornar para Israel, e a OLP e o Estado da Palestina ficariam liberados de assumir a responsabilidade sobre o seu destino.

Os palestinos são tão convictos sobre o direito de retorno que não estão dispostos a aceitar frases e formulações que possam ameaçá-lo. Consideram a expressão "dois Estados para dois povos" uma ameaça ao retorno e ao direito de autodeterminação dentro das fronteiras do Estado de Israel. Em um memorando para Saeb Erekat de 3 de maio de 2009, por exemplo, a equipe de negociação escreve que:

> A referência ao direito dos dois povos à autodeterminação em dois Estados pode ter um impacto adverso sobre os direitos dos refugiados, especificamente o direito de retorno, dado que ele sugere que os refugiados palestinos serão capazes apenas de exercer seu direito de retorno em conjunção com seu direito de autodeterminação. Além disso, um reconhecimento do princípio dos dois Estados como uma solução para o conflito israelense-palestino confirma que *a OLP não vislumbra mais a autodeterminação palestina dentro do território do Estado de Israel* [destaque nosso]. Consequentemente, a implementação do direito de retorno dos refugiados palestinos será provavelmente realizada apenas no contexto do estabelecimento de um Estado palestino ao lado de Israel.[82]

A equipe de negociação palestina esclareceu em outro memorando, datado de novembro de 2007, que reconhecer Israel como um Estado judeu "seria provavelmente considerado [...] uma renúncia implícita ao direito de retorno" e "comprometeria os direitos legais dos refugiados". Outro documento de junho de 2008, que faz recomendações sobre a questão do refugiado, observa que a formulação "dois Estados para dois povos não implica retorno de [*sic*] refugiados para Israel". E um documento de maio de 2009 afirma que, no que se refere aos direitos dos refugiados e a responsabilidade de Israel na criação do problema do refugiado palestino, "a referência a 'dois Estados para dois povos' traz riscos similares aos associados ao reconhecimento de Israel como o Estado do povo judeu".[83]

Nesse aspecto, a Unidade de Apoio às Negociações Palestinas reconheceu que a sua recusa em aceitar a formulação "dois Estados para dois povos" era porque a própria OLP rejeitou esse princípio e não estava preparada para aceitar apenas um Estado árabe entre o rio e o mar. Os membros da equipe de negociação propuseram a Saeb Erekat substituir a expressão "dois Estados para dois povos" pela frase "dois Estados vivendo lado a lado em paz". Pelo monitoramento das declarações palestinas, podemos ver que essa é, de fato, a sua expressão favorita. Enquanto essa formulação pode parecer inócua e mesmo pacífica aos observadores estrangeiros, na realidade ela atesta a extensão da oposição dos palestinos à existência de um Estado judeu.[84]

Os *Palestine Papers* mostram que os palestinos interpretaram a Resolução 194 da Assembleia Geral da ONU e a Iniciativa de Paz Árabe como uma afirmação de seu direito de retorno. Os membros da Unidade de Apoio às Negociações Palestinas escreveram a Saeb Erekat em março de 2008 que "se os israelenses se opõem a uma referência explícita ao direito de retorno no acordo de paz, a referência à Resolução 194 poderia ser usada como uma menção indireta ao direito de retorno. Essa resolução é, de fato, uma afirmação do direito de retorno dos refugiados palestinos". Fica evidente, a partir de outro memorando interno de 2002, no qual as autoridades palestinas fazem comentários sobre o enunciado da Iniciativa de Paz Árabe, que eles acreditam que a iniciativa apoia a sua exigência de retorno.[85]

O que explica que essas criativas formulações – que poderiam ser compreendidas tanto no Ocidente quanto em Israel como uma concessão efetiva – não sejam o que querem parecer de uma perspectiva interna árabe? Muito provavelmente, os palestinos sabem que insistir publicamente em um retorno em massa de refugiados para Israel seria mal recebido no Ocidente, que entende isso como ameaça ao caráter de Israel como Estado-nação do povo judeu.

Um exemplo desse tipo de uso deliberado de formulações inventivas pode ser encontrado em um documento de 2008, no qual a Unidade de Apoio às Negociações explica claramente o significado da expressão "uma solução acordada para a questão do refugiado". O documento recomenda "apenas especificar a fórmula pela qual uma solução acordada será obtida no Tratado". "Essa abordagem é obviamente a melhor opção estratégica política para os palestinos, uma vez que não requer renunciar à opção de retorno de milhões de palestinos".[86] Essa é uma clara e inequívoca admissão de que aquilo que o Ocidente entende como o poder de veto de Israel sobre o retorno dos refugiados não é isso, e que quando os palestinos dizem "solução acordada" não significa que vão desistir do retorno em massa dos refugiados.

$$* \ * \ *$$

Para seu próprio povo, que dispensa os constrangimentos da diplomacia e da polidez ocidental, as autoridades palestinas falam muito mais claramente. Um estudo de campo de 2014, realizado pelo Grupo de Crise Internacional (ICG, na sigla em inglês – International Crisis Group) na Margem Ocidental e na Faixa de Gaza, por exemplo, descobriu que a maioria absoluta de palestinos nos territórios rejeitaria qualquer acordo que não garantisse o direito dos refugiados e de seus milhões de descendentes decidirem se quereriam retornar a Israel. Um assessor de Mahmoud Abbas disse aos autores do relatório que, "mesmo com amplas concessões de Israel, os palestinos não aceitarão um acordo que não dê aos refugiados a escolha para onde se deslocar, incluindo Israel".[87]

Os relatores do ICG ouviram duras considerações nas cidades e nos campos de refugiados. Muitos palestinos previram um surto de violência se a liderança palestina flexibilizasse o assunto. Um líder local no campo de Qalandiya disse, em uma entrevista, que Mahmoud Abbas "não será capaz de pôr os pés na Palestina" se ele renunciar a essa exigência; não faltaram entrevistados que apoiassem assassinar a liderança palestina se fosse feita essa concessão sobre a questão do refugiado.

Os autores do relatório criticaram a comunidade internacional por não darem a devida atenção às exigências palestinas e tratá-las como mera retórica. Essa era uma ilusão perigosa, concluiu o relatório, e longe da verdade: a questão do refugiado permaneceu no centro da narrativa palestina, e a liderança palestina nunca obteria anuência para um acordo sem o apoio dos refugiados.

Os jornalistas que visitaram os campos de refugiados e perguntaram aos residentes sobre seus pontos de vista ouviram considerações igualmente incisivas. Em julho de 2010, por exemplo, o *The New York Times* publicou uma reportagem minuciosa sobre a Faixa de Gaza. Os repórteres escreveram: "Pergunte aos moradores de Gaza como resolver o conflito palestino-israelense – com dois Estados? um Estado? – e a resposta geralmente é um instintivo chamado pela expulsão de Israel". "Toda a terra é nossa", diz Ramzi, professor de escola de Rafah, expressando um ponto de vista muito comum: "Nós transformaríamos os judeus em refugiados e então deixaríamos a comunidade internacional cuidar deles".[88]

O repórter do Canal 10 israelense, Hezi Simantov, visitou vários campos de refugiados em 2015 para pesquisar a atitude dos refugiados e de seus descendentes em torno do conflito com Israel. Conheceu um rapaz chamado Jihad, no campo Dheisheh, que lhe disse com absoluta convicção que "queria retornar" para Israel. Outro residente do campo, indagado sobre o que deveria ser feito sobre os judeus em Tel Aviv, respondeu: "Deveriam voltar para os países de onde vieram, porque esta terra é minha terra e de meus antepassados". Em uma reunião no campo de

Negociando a paz (1988-até o presente) ■ 217

refugiados de Jenin, para celebrar a libertação de um prisioneiro do Fatah da prisão israelense, uma autoridade de segurança da AP disse que a missão comum de todos era retornar a suas cidades de origem, "nas terras que foram ocupadas em 1948". "Nós não vamos desistir disso", assegurou. Muhammed Laham, legislador palestino do Fatah, disse a Simantov que queria o direito de retorno. "Nós não queremos mais atirar os judeus no mar", declarou, mas "viver juntos" – ou seja, em um Estado, sem direito de autodeterminação para os judeus.[89]

* * *

Mais de 30 anos se passaram desde que os palestinos supostamente renunciaram a suas ambições sobre a totalidade do território em 1988. Mais de 25 anos se passaram desde que negociações diretas pela paz entre israelenses e palestinos tiveram início em 1993. Múltiplas rodadas de negociações falharam em produzir um acordo, e nenhum "sim" palestino para qualquer proposta foi apresentado. Se os palestinos realmente renunciaram a suas demandas pela totalidade do território, por que não houve a paz? O que tomou tanto tempo? Afinal, quando o presidente egípcio Anwar Sadat discursou no Knesset, em 1977, afirmando claramente e sem termos ambíguos o seu desejo de fazer a paz com Israel, a paz foi negociada dentro de dois anos, e a península do Sinai foi entregue dentro de mais dois anos, sem os assentamentos, que foram evacuados à força.

A resposta é simples: a paz não foi obtida ainda porque os palestinos têm que renunciar à sua exigência por uma Palestina árabe exclusiva "do Rio ao Mar" – uma exigência bastante evidente na sua continuada recusa em concordar com qualquer fala, qualquer formulação, e certamente qualquer acordo que comprometesse e impedisse a exigência palestina de retorno ao soberano Estado de Israel. Um verdadeiro reconhecimento palestino de que os judeus, como povo e nação, possuem o direito, assim como eles, à autodeterminação na terra que ambos os povos chamam de lar, está ainda para acontecer.

Então o que os pacificadores deveriam fazer? Como as pessoas dedicadas à causa da paz entre israelenses e palestinos deveriam proceder para assegurar que uma futura rodada de negociações levasse, realmente, à paz? Uma pacificação efetiva requereria uma completa reversão dos paradigmas reinantes que dominaram as negociações nas décadas passadas. Em vez de deixar questões para "conversações finais" possibilitando que elas continuem flutuando, é imperativo começar a remover os obstáculos no caminho da paz. Em vez de forçar as partes a uma negociação, é muito mais importante assegurar que, quando eles finalmente negociarem, será de fato produzido um acordo de paz, e não uma campanha de terror sangrenta. E o único obstáculo que tem sido continuamente desconsiderado e subestimado é a exigência palestina de retorno e a organização financiada pelo Ocidente – a UNRWA – que alimenta essa exigência.

Conclusão: Seguindo em frente

NÚMERO DE REFUGIADOS REGISTRADOS (2019): 5.442.947[1]

O caminho para a paz

Se é para haver paz, a guerra deve terminar.

Após mais de sete décadas de guerra, travada em diferentes áreas e usando vários métodos, chegou o momento de a comunidade internacional reconhecer que é real a reivindicação palestina de exclusividade no território que vai da Jordânia até o Mediterrâneo, e nenhuma paz será possível antes de essa posição ser substituída por outra que não negue a autodeterminação judaica.

Na longa guerra contra a soberania judaica, tijolo sobre tijolo foi colocado para criar toda uma infraestrutura destinada a manter a prolongada guerra árabe e palestina até a vitória final, mesmo que demorada. Quando a efetiva guerra violenta e os exércitos invasores falharam em conseguir esse fim, foram acionados outros meios, como os boicotes econômicos, o terrorismo e as manobras legais e diplomáticas, mas o princípio permaneceu o mesmo: a guerra contínua.

Encerrar esse longo conflito de uma forma que não seja necessário o fim de Israel requer, portanto, desmantelar os muitos elementos que foram colocados para mantê-la. Um dos principais elementos foi a criação de um "estado de refugiado", em que geração após geração, independentemente das circunstâncias, julgam a si mesmos como refugiados daquela guerra, e são internacionalmente legitimados

O compromisso dos palestinos com a ideia de que são ainda refugiados e também possuem um direito de retorno para o Estado de Israel está profundamente enraizado na identidade palestina e no seu *ethos* coletivo. É uma questão sobre a qual não há oposição política palestina ou dissenso. Não há artigos, não há discursos, não há ONGs na sociedade palestina assumindo uma posição clara contra o *ethos* palestino de retorno. Embora os palestinos se diferenciem quanto à melhor maneira de conseguir esse objetivo – um Estado com retorno, dois Estados com retorno, ou uma luta armada para o retorno –, não há uma convocação geral para superar essa exigência. Ninguém clamando ao povo para fazer o que centenas de milhões de refugiados ao redor do mundo fizeram, mesmo depois de guerras e deslocamentos perversos: seguir em frente para construir novas vidas.

Ainda assim, apesar de poderosas evidências, muitos diplomatas ocidentais, pacificadores e políticos recusam-se a considerar seriamente a exigência palestina de retorno. Argumentam que os palestinos *sabem*, de alguma forma, que não vão retornar e estão apenas usando essa demanda como moeda de troca para as negociações finais. Mas o retorno palestino não é uma moeda de troca a serviço de um objetivo maior de independência e da condição de Estado. Ele *é* realmente o grande objetivo. Se o retorno fosse de fato apenas uma moeda de troca, ele poderia ser e teria sido negociado há mais tempo em troca de um Estado palestino. Em vez disso, a negociação do Estado palestino é infinitamente postergada para manter a luta pelo retorno. Os palestinos têm rejeitado constantemente qualquer formulação, acordo ou arranjo que possa impedir a opção de retorno, mesmo às custas da condição de Estado.

Não há evidências de que os palestinos "sabem" que não vão retornar. Bem ao contrário, há evidências abundantes de que consideram seriamente o retorno.[2] Repetidamente, sempre que os palestinos encararam a possibilidade de ter um Estado próprio em parte da terra – e com essa escolha aceitar que o povo judeu tivesse o seu na outra parte –, optaram consciente e deliberadamente por manter a luta por uma visão em que não existe Estado para o povo judeu em qualquer parte da terra.

Alegar que os palestinos "sabem" que não vão retornar é agir com o *Westplaining*, que, muito semelhante ao *mansplaining*, demonstra uma atitude paternalista, e mesmo neocolonialista, que recusa a levar a sério as declarações. O *Westplaining* é a recusa em tratar os palestinos como agentes ativos que sabem muito bem o objetivo pelo qual estão lutando. Além disso, os palestinos são, na verdade, bastante racionais em sua incessante exigência pelo retorno. As demandas não são necessariamente delírios ou fantasias. Eles vivem em uma região árabe e quase exclusivamente muçulmana desde as conquistas árabes bem-sucedidas do século XVII. Basta os palestinos darem uma olhada no mapa demográfico para observar que milhões de judeus estão lutando para sobreviver no meio de centenas de milhões de árabes e de mais de um bilhão de muçulmanos, cuja maioria permanece hostil a Israel, e reconhecer que a soberania judaica é profundamente vulnerável. Da perspectiva palestina, o pleno retorno deve levar uma, duas ou mais gerações, sem grande preocupação com o tempo. Com paciência, os palestinos, como um coletivo, esperam sobreviver ao "experimento temporário sionista" e reivindicar a terra que, para eles, é exclusivamente deles.

Não é por coincidência, portanto, que depois de 70 anos da guerra que criou o problema do refugiado palestino persista o problema da perpetuação da questão do refugiado palestino. Essa situação, sem precedente histórico ou paralelo internacional, na qual mais de 5 milhões de pessoas estão registradas como refugiados de uma guerra que terminou 70 anos atrás, em uma ainda provisória agência da ONU, é o resultado de escolhas deliberadas a serviço de um objetivo claro: manter a guerra. A guerra, que foi iniciada para evitar a implementação do plano de partilha da ONU e o nascimento e a consolidação de um Estado judeu em parte da terra, ainda não acabou.

O problema do refugiado foi deliberadamente ampliado por várias décadas a serviço da manutenção dessa longa disputa. Não foi por acaso que, após o término da guerra em 1949, a única opção que os Estados árabes iriam admitir seria o pleno retorno dos refugiados. Não foi por acaso que, nos anos 1950, os Estados árabes e os próprios refugiados violentamente rejeitaram qualquer possibilidade de readaptação. Nem foi por acaso que, nos anos 1960 (mesmo antes da guerra de 1967 e da ocupação militar dos territórios por Israel), os campos de refugiados desenvolveram uma cultura de luta violenta, do rio Jordão ao mar Mediterrâneo, para a libertação completa da Palestina. E não foi por acaso que, durante o que os negociadores ocidentais consideraram ser as conversações sérias de paz, os palestinos se afastaram de uma oportunidade para uma solução negociada de dois Estados, já que ela não continha o princípio do retorno.

Em nenhum estágio do conflito israelo-palestino o problema foi falta de criatividade ou boa vontade dos Estados ocidentais. O problema também não foi o de uma recusa da parte de Israel para apoiar o compromisso e a partilha – começando com o plano de partilha de 1947, passando por Camp David e os Parâmetros Clinton, até a proposta de Olmert. Mesmo hoje, depois de anos de afastamento dos palestinos de repetidas ofertas de paz e de anos de terrorismo brutal, se os cidadãos judeus de Israel sentissem que seria possível uma solução de dois Estados e uma paz real que encerraria o conflito de uma vez por todas, uma maioria deles estaria convencida a apoiar a partilha.

A perpetuação do problema do refugiado palestino e da exigência associada a esse retorno foi, e permanece sendo, o mais evidente sintoma da recusa palestina em reconhecer o direito do povo judeu a um grau de soberania sobre sua própria pátria histórica. A resolução do conflito, portanto, reside não simplesmente em encontrar soluções técnicas às questões de fronteiras, assentamentos, segurança e mesmo sobre Jerusalém – mas, sobretudo, em conseguir que o mundo árabe, e especificamente os palestinos, aceitem o exercício legítimo da soberania dos judeus no seu meio, reconhecendo que não haverá retorno palestino para o Estado de Israel.

A comunidade internacional necessita reconhecer abertamente que esse é o pressuposto palestino subjacente, e então decidir se o aceita ou se se opõe a ele, mas ela não pode continuar a ignorar a sua centralidade. Apenas quando ela o fizer, clara e diretamente, pode haver uma chance de encerrar o conflito e trazer a paz. Mas enquanto diplomatas estrangeiros, autoridades e políticos trabalhando pela paz se apegarem à ilusão de que a questão do refugiado palestino é só uma questão de *status* e marginal se comparada às questões de fronteiras, assentamentos e segurança, não haverá solução. É completamente equivocado acreditar que, no que diz respeito ao problema do refugiado, um acordo permanente dependa de encontrar formulações criativas para permitir que os palestinos se deem conta do erro, como se essa atitude não fosse consciente.

Uma razão possível para essa cegueira e ingenuidade é que um certo paradigma se enraizou durante as décadas de conversas e discussões na direção de um acordo final, e certamente desde a Conferência de Madri e os Acordos de Paz de Oslo dos anos 1990. Sob esse paradigma, conseguir a paz significa uma "ambiguidade construtiva". Ou seja, os lados devem assinar um acordo do qual o enunciado referente às questões centrais do conflito seja deliberadamente ambíguo, porque a coisa mais importante é a assinatura de um acordo, e não os seus detalhes. O político Shimon Peres cunhou o famoso aforismo de que a paz, como o amor, "deveria ser feita com os olhos parcialmente fechados". No entanto esse olhar cerrado não levou a um acordo de paz. Em vez disso, ele possibilitou aos palestinos afirmarem ao mundo exterior que haviam aceitado a solução de dois Estados e o reconhecimento do Estado de Israel, sem realmente ter aceitado jamais qualquer formulação de uma solução de dois Estados que negassem a exigência de retorno.

Os Estados árabes e palestinos desenvolveram expressões como "uma solução justa e acordada para o problema do refugiado", o que parece interessante, mas na verdade mantém a exigência de retorno, enquanto esconde esse fato do Ocidente. Mesmo a Iniciativa de Paz Árabe, que foi recebida entusiasticamente no Ocidente, mantém a exigência de uma retirada israelense para as fronteiras pré-1967, combinada com uma mal disfarçada imposição de retorno, sob a expressão codificada de "uma solução justa para o problema dos refugiados palestinos a ser acordada, segundo a Resolução 194 da Assembleia Geral da ONU". Ou seja, essa iniciativa também dá continuidade à longa tradição de apoiar uma solução de dois Estados árabes em ambos os lados da fronteira pré-1967 – um Estado árabe na Margem Ocidental e em Gaza, e outro Estado árabe, com uma minoria judaica, na melhor das hipóteses, para substituir Israel.[3]

Se os países e líderes ocidentais pensam que a terra deveria ser exclusivamente árabe e que os judeus deveriam voltar ao seu *status* anterior de minoria que "sabe seu lugar", seria lamentável para os judeus, mas pelo menos judeus, israelenses e seus apoiadores saberiam onde estariam. No entanto, se os países ocidentais, de fato, apoiam, como alegam, um Estado soberano para o povo judeu em parte da terra, e buscam encerrar a longa guerra e alcançar a paz, precisam tomar medidas sérias e sustentadas para contrapor a exigência palestina sobre toda a terra.

Se os países ocidentais querem que exista uma chance, mesmo pequena, de que um dia um líder palestino emergirá – e que ele ou ela dirá a seu povo, clara e inequivocamente, como disse o laureado pelo Prêmio Nobel da Paz, Willy Brandt, aos refugiados alemães do Leste Europeu sobre os territórios dos quais foram brutalmente expulsos após a Segunda Guerra Mundial: esses territórios "foram perdidos há muito tempo", e "deveriam olhar para o futuro", porque retornar para lá constitui uma "demanda irrealizável" e que, ao fazer isso, "não estariam seguindo uma política de rendição, mas de bom senso" – então os países ocidentais precisam parar de apoiar o atual *ethos* palestino.[4] Certamente, não há garantia de que, se o Ocidente cessar o apoio a essa visão palestina, esse ou essa líder surgirá. Não há dúvida de que isso tomaria tempo, uma vez que o retorno está profundamente enraizado no *ethos* e na identidade palestina, mas ao menos seria estabelecido um caminho que poderia levar à sua emergência, e as chances de isso ocorrer seriam maiores do que são hoje.

Para esse fim, o Ocidente necessita elaborar uma clara mensagem e assegurar que todas as suas políticas e ações estejam alinhadas com isso. Não pode haver legitimidade, apoio e estímulo à exigência palestina de retorno; apenas a plena legitimidade, apoio e estímulo para uma visão palestina moderada, que não leve à eliminação de Israel sob qualquer pretexto.

Sem direito de retorno

Uma das principais fontes de sustentação da vinculação palestina ao retorno é a sua percepção equivocada de que realmente possuem um direito de retorno estabelecido no direito internacional. Os palestinos possuem outros direitos, mas não esse. Portanto, o primeiro passo a ser tomado pelos países e profissionais dedicados à verdadeira paz é enviar uma clara e inequívoca mensagem aos palestinos de que não possuem um direito de retorno ao soberano Estado de Israel. Não deve haver ambiguidade ou margem para outro entendimento nessa mensagem.

Não existe direito internacional que requeira que Israel permita aos refugiados palestinos e seus descendentes retornarem para Israel.[5] Ademais, nenhum tratado ou resolução vinculativa da ONU foram violados com expulsão dos palestinos por Israel durante o conflito de 1948 e nenhum concede um direito de retorno para os refugiados palestinos.[6]

O *status* de refugiado em si não implica um direito para retornar ao seu país de origem. O principal tratado sobre refugiados, a Convenção dos Refugiados de 1951 e o seu Protocolo Relacionado ao *Status* de Refugiados da ONU de 1967, nem mesmo trata da questão da repatriação.[7] Ele é principalmente voltado a evitar o retorno forçado de refugiados ao seu Estado de origem (*refoulement*) e garantir seus direitos no Estado para o qual fugiram. A convenção garantiu aos seus signatários o direito de decidir quais refugiados, se houver, teriam permissão para se reestabelecer em seus territórios.[8]

Em outras áreas do direito internacional, tal como a lei de imigração e a lei de nacionalidade, que os palestinos afirmam incluir requerimentos legais vinculativos de Israel, a questão de quem entrará nas fronteiras do país e será considerado um cidadão é vista como uma prerrogativa doméstica e soberana.[9]

Na medida em que os palestinos se baseiam nos recentes tratados legais, declarações e práticas de Estado para apoiar seu direito de retorno, ignoram o fato de que a não retroatividade é uma regra padrão da interpretação de tratados. Os direitos legais decorrentes das ações nos anos 1940 não podem ser baseados em tratados internacionais ratificados mais tarde no século XX.[10]

Talvez percebendo a fraqueza de suas demandas sob o direito internacional, os proponentes de um direito palestino de retorno se baseiem cada vez mais na chamada *"soft law"*, como as declarações políticas não vinculativas de fóruns internacionais – principalmente a Assembleia Geral da ONU –, ou nos pronunciamentos das comissões internacionais ou conferências. Entretanto, essas fontes não constituem lei vinculativa. Um exemplo é a Declaração Universal dos Direitos Humanos de 1948, cujo caráter não vinculativo e de natureza não jurídica foi destacado repetidamente nos debates da ONU, prévios à votação.[11] Outro exemplo é a dependência na Resolução 194 da Assembleia Geral, que é uma resolução não vinculativa por sua natureza.

Os Estados árabes e muçulmanos, que são alguns dos proponentes principais da teoria de que o direito internacional requer *sim* o retorno dos refugiados palestinos a Israel, têm, ao mesmo tempo, se recusado a obedecer aos padrões mínimos internacionais de tratamento geral de refugiados, negando aos palestinos que residem em seus países alguns dos direitos humanos mais básicos. Seu discurso nos fóruns diplomáticos, contrariado por seu real comportamento quando seus próprios interesses estão em jogo, certamente não pode criar lei vinculativa em outros Estados.[12]

Os defensores do direito de retorno palestino alegam que refugiados retornam em situações de pós-conflito, mas na verdade há poucos precedentes relevantes mostrando isso. Isso é especialmente verdadeiro nas circunstâncias singulares do confronto israelo-palestino. Alguns fatores distinguem esse conflito. Um deles é sua longevidade, que não encontra paralelo em lugar algum. Outro é o fato de que os palestinos não eram à época, e não são agora, cidadãos de Israel, então as obrigações do Estado de Israel para com eles são muitos limitadas, se é que existem. O tamanho da população palestina comparada à população israelense é também singular, o que faz com que a prerrogativa israelense de não permitir a sua entrada seja razoável e não arbitrária. Outro aspecto é o fato de que não houve um acordo amplo de paz entre as partes e mesmo um cessar permanente da violência.

Em resumo, os refugiados palestinos *não* têm um direito legal de retornar para Israel.

Na ausência de uma autoridade jurídica para um direito de retorno e o fato de que essa contínua exigência torna impossível uma negociação bem-sucedida pela paz, a comunidade internacional deveria encontrar meios de elaborar uma clara mensagem para os palestinos de que eles não possuem esse direito específico, prévio às negociações. Uma forma de fazer isso seria um membro do Conselho de Segurança da ONU propor uma resolução desse Conselho que espelharia a Resolução 2334 (2016) com relação ao retorno palestino.[13] A Resolução 2334 negou legitimidade às demandas judaicas ao leste das fronteiras pré-1967, e declarou que os assentamentos "não tinham validade jurídica" e eram "flagrante violação sob o direito internacional". Ela apelava aos Estados-membros da ONU para "distinguirem [...] entre o território do Estado de Israel e os territórios ocupados desde 1967". Uma resolução espelho do Conselho de Segurança, proposta com relação às demandas palestinas ao *oeste* das fronteiras pré-1967, afirmaria que as exigências palestinas de retornar a Israel dentro das fronteiras pré-1967 "não têm validade jurídica" e são "flagrante violação sob o direito internacional". Usando a mesma linguagem da Resolução 2334 do Conselho de Segurança da ONU, ela decidiria que aquelas organizações que promovem essas exigências (como ocorre com os assentamentos) deveriam "cessar todas as atividades imediata e completamente" e apelar aos Estados-membros da ONU para distinguirem entre as aspirações palestinas legítimas ao leste da linha de cessar-fogo pré-1967, e as exigências palestinas ilegais e ilegítimas de retorno ao oeste daquela linha.

Além de esclarecer a inexistência do direito em si, é também importante a comunidade internacional rejeitar qualquer noção de que o reconhecimento daquele direito inexistente poderia, de alguma forma, ser parte de um acordo de paz, inserido como um "gesto" de boa vontade em direção aos palestinos. A ideia bastante comum de que o reconhecimento do direito poderia ser um mero "gesto" depende da tendência em minimizar o risco de sua real implementação. A minimização do risco tem servido como uma camuflagem para a proposta do reconhecimento do direito parecer bem menos importante do que realmente é.

Desde os primeiros esforços de readaptação dos refugiados nos anos 1950, vários pacificadores têm operado com uma suposição sem fundamento de que o reconhecimento de um direito palestino de retorno poderia, de alguma forma, ser separado de sua real implementação. Os palestinos têm insistido sempre no apelo inflexível de que não apenas possuem um direito de retorno, mas também que tal direito necessita ser reconhecido e afirmado em qualquer acordo de paz com Israel. Confrontadas com essa exigência, gerações de pacifistas se agarraram, em um exercício de pensamento positivo, sem qualquer evidência, à esperança de que os palestinos estariam, de alguma forma, satisfeitos com o simples reconhecimento do *princípio* de que todo palestino tem o direito individual de retornar ao Estado soberano de Israel. Esses pacificadores tinham a expectativa de que os palestinos nunca fossem exigir o pleno exercício desse direito. Eles argumentavam, sem fundamento, que qualquer retorno real seria pequeno e que os palestinos demonstrariam, em última instância, a necessária flexibilidade na sua implementação.[14]

O perigo de reconhecer e inserir tal direito inexistente em um acordo amplo de paz deveria ser evidente. Fazer isso seria fornecer um mecanismo de perpetuação da exigência de retorno e, portanto, do conflito. Se um direito existe, então há um direito de exercê-lo. Nenhum acordo de paz é possível se qualquer dos lados é considerado possuidor de um direito definido para anular e invalidar a soberania do outro lado. Se Israel reconhecer que esse direito existe, abre a porta para repetidas e indefinidas exigências para a sua implementação. Não haveria fim para o conflito e, portanto, não haveria paz. Por isso, é necessário, e mesmo urgente, na preparação para negociações bem-sucedidas, criar um ambiente no qual esteja bastante claro que não existe algo como um direito de retorno palestino para o Estado soberano de Israel.

A comunidade internacional deveria deixar claro que qualquer acordo de paz deve incluir a completa rejeição da exigência palestina de retorno. Dado que as consequências da sua implementação seriam drásticas – a anulação do Estado judeu –, não há espaço para crenças ou suposições enraizadas em pensamentos ilusórios. Não deveria mais ser feito o uso de termos como "número simbólico", "em bases humanitárias", "reconhecimento como base" ou qualquer frase que pudesse ser interpretada pelos palestinos como uma abertura para o retorno. Quando os palestinos reclamam que reconhecer um Estado judeu significa renunciar ao direito de retorno, a resposta deveria ser, "Sim, é exatamente isso que significa". É hora de os termos serem claramente definidos e sem qualquer espaço para termos imprecisos como "acordado", "justo" ou "razoável", que permanecem abertos a interpretação.

A "ambiguidade construtiva" tem que ser abandonada como uma abordagem para fazer a paz e ser substituída pela "especificidade construtiva". Um verdadeiro compromisso para um acordo de paz permanente significa enviar esta mensagem clara e precisa: não há direito palestino de retorno para o Estado de Israel.

Abandonando o sistema
de registro de refugiados da UNRWA

Uma circunstância absolutamente problemática que possibilitou o crescimento e a difusão da ideia de que milhões de palestinos possuem um direito de retorno tem sido o sistema de registro da UNRWA, que definiu e manteve milhões de palestinos como refugiados. A UNRWA atualmente registra 5,5 milhões de refugiados em suas áreas de operações (Margem Ocidental, Gaza, Jordânia, Síria e Líbano). Os palestinos alegam que eles somam cerca de 8 milhões.[15] Esses números são amplamente inflados para servir como um crescente obstáculo para a obtenção de um acordo no qual a soberania judaica possa ser mantida.

Teoricamente, uma vez que está estabelecido que sob o direito internacional não há direito de retorno dos palestinos ao Estado de Israel, não deveria importar que haja milhões de refugiados registrados pela UNRWA, porque esse registro não lhes concede tal direito. No entanto, a ideia de retorno, assim como as gerações de palestinos que têm sido registradas e se consideram palestinos refugiados, nunca foi apenas uma reivindicação de direito internacional. É, sobretudo, associada a política e diplomacia pública. Os palestinos insistem no termo "refugiado" pelo que evoca, não necessariamente pelo efeito específico em direito internacional. Afinal, a UNRWA e os países doadores seriam os primeiros a admitir que a agência não confere de fato aos palestinos um *status* de refugiado, tal como reconhecido pela Convenção Internacional e pelo direito internacional.

Mas, mesmo que o uso do termo "refugiado palestino" falhe em criar um direito de retorno para Israel, os palestinos insistem em ser registrados como refugiados para obter o apoio público e a legitimidade para a sua demanda de retorno, independentemente de ser um direito. Usam esse termo no sentido de evocar a simpatia por uma crise que, se fosse tratada como qualquer outra crise de refugiados, teria deixado de existir anos atrás. Trata-se de criar um sentimento de simpatia em relação aos palestinos como refugiados e de gerar um problema a ser resolvido, cuja solução é o retorno. Mesmo que o termo "refugiado" não crie quaisquer direitos legais, a perpetuação de grande número de palestinos como refugiados permanece um obstáculo à paz.

Portanto, é necessário voltar ao início e revisar as bases reais de designação de palestinos como refugiados. A UNRWA continua a usar a definição operacional original de "pessoas cujo lugar normal de residência foi a Palestina durante o período de 1º de junho de 1946 a 15 de maio de 1948 e que perderam suas casas e seus meios de subsistência como um resultado do conflito de 1948".[16] Essa definição abrange apenas um curto período de moradia em um certo território e refere-se à perda das casas e bens de subsistência. Embora essa definição possa ter feito sentido quando utilizada para o propósito da provisão de assistência imediata após a guerra, já não faz sentido e é contraproducente como uma definição contínua dos refugiados palestinos nos dias de hoje.

Essa definição operacional, que nunca foi submetida a qualquer exame sério em grupos internacionais fora da UNRWA, não se assemelha à definição de refugiado no direito internacional segundo a Convenção de Refugiados de 1951, que define como "alguém que não pode ou não quer retornar ao seu país de origem devido a um justificado medo de ser perseguido por razões de raça, religião, nacionalidade, pertencimento a um grupo social específico ou opinião política". Observemos a diferença entre a ideia internacionalmente aceita de que o retorno é para o seu próprio país, enquanto os palestinos insistem em retornar a seus lares específicos.

Décadas depois de sua criação para propósitos operacionais e aparentemente temporários, o termo "refugiado registrado" permanece uma invenção singular da UNRWA. Ele não apenas sustenta todo o sistema de registro da agência, possibilitando que fuja dos padrões e das práticas internacionais, mas também permite aos palestinos alavancar a imagem de refugiados na imaginação popular como tendo apenas fugido de uma zona de conflito, sob sofrimento e com terrível necessidade de ajuda, ainda que a realidade, há muito tempo, tenha se

234 ∎ *A guerra do retorno*

distanciado dessa imagem. Não se imaginam normalmente refugiados como indivíduos de classe média que nunca fugiram de suas casas, que vivem em habitações permanentes, trabalham em profissões qualificadas e se beneficiam da cidadania de um Estado em funcionamento. No entanto, essa descrição combina com a de muito mais palestinos do que as pessoas podem imaginar, pelo fato de eles ainda estarem registrados como refugiados pela UNRWA.[17]

A grande maioria desses inscritos na UNRWA nunca deixou suas casas. São os descendentes, agora na quinta geração, dos refugiados originais. Em 1965, a UNRWA alterou os requisitos de elegibilidade para ser considerado palestino refugiado, de forma a incluir os descendentes de terceira geração. E em 1982, isso foi novamente estendido, para incluir todos os descendentes dos refugiados homens palestinos, incluindo as crianças legalmente adotadas.[18] O resultado disso foi a criação de uma população permanente e em crescimento perpétuo de refugiados. Essa é uma das principais razões pelas quais uma guerra, que terminou em 1949 com várias centenas de milhares de refugiados, pode agora ser acusada de ter produzido mais de 5 milhões.

As autoridades da UNRWA alegam que não há nada de excepcional em transmitir o *status* de refugiado através de gerações e que o ACNUR faz isso, também, em casos de conflitos estendidos. Isso não é verdade. Não há concessão de *status* de refugiado baseado na descendência na Convenção dos Refugiados de 1951. O ACNUR interpreta a Convenção de 1951 como favorecendo a "unidade familiar", e implementa esse princípio pela extensão de benefícios para a família que acompanha o refugiado, a quem é conferido o *status* de "refugiado derivado". Entretanto, embora a UNRWA transmita automaticamente o *status* de refugiado aos descendentes palestinos, sem discriminação, e não obstante as mudanças nas circunstâncias políticas e econômicas, o ACNUR opera um mecanismo de verificação de dependência caso a caso, de cada membro da família do refugiado original. Não existe algo como um *status* automático para descendentes de refugiados. Outros países que determinam o *status* de refugiado a solicitantes consideram a opção do *status* derivativo como uma simples recomendação e não uma regra vinculante.[19]

A UNRWA se recusa a divulgar quantos refugiados registrados se adequam à sua definição original de terem vivido na Palestina da época do Mandato entre junho de 1946 e maio de 1948 e "perdido suas casas e meios de subsistência como um resultado do conflito árabe-israelense de 1948". Um cálculo baseado na expectativa de vida produz uma estimativa de que apenas cerca de dezenas de milhares, no máximo 100 mil, entre os milhões atualmente registrados como refugiados, realmente teriam fugido da guerra. A esmagadora maioria dos 5,5 milhões refugiados registrados na UNRWA são os descendentes dos refugiados originais.

Outro meio pelo qual o número de refugiados palestinos é inflado pelo sistema de registro da UNRWA é a recusa em aceitar o padrão internacional de que as pessoas que são cidadãos em seu país não são refugiadas. A Convenção dos Refugiados de 1951 estabelece claramente as circunstâncias que resultam no fim do *status* de refugiado de uma pessoa, uma delas é obviamente a aquisição de nova cidadania.[20] A UNRWA ignora isso, mais proeminentemente na Jordânia. O Reino da Jordânia concedeu cidadania aos refugiados palestinos que fugiram para lá (incluindo aqueles que estavam, na época, na Margem Ocidental, que a Jordânia ocupou de 1949 a 1967). Como resultado, ao menos 40%, mais de 2,2 milhões de refugiados palestinos, são, na verdade, cidadãos de um Estado soberano em funcionamento. Ademais, a grande maioria desses refugiados registrados na Jordânia, que são seus cidadãos, é de descendentes e nascidos no país, como seus cidadãos.[21]

236 ■ *A guerra do retorno*

Isso significa que na Jordânia existe uma situação diferente de qualquer outro lugar do mundo, onde cidadãos de seu Estado – a maioria dos quais nasceu e viveu a vida toda ali, beneficiando-se de sua proteção, sem nunca ter sido deslocado pela guerra, viajando livremente com seus passaportes, votando em suas eleições e sendo eleitos para altos cargos – são designados como refugiados de um Estado distinto.[22] Além disso, a imagem do que significa ser um refugiado está muito divorciada da realidade na Jordânia (mas não apenas lá), onde mais de 80% dos registrados como refugiados não vivem nos campos.[23] Muitos deles são profissionais de classe média e alguns são ricos empresários conhecidos, viajando através do Golfo para seus negócios.[24] Os palestinos na Jordânia simplesmente não são refugiados, sob nenhum esforço de imaginação.

Uma situação diferente, mas também altamente problemática, com relação ao sistema de registro da UNRWA, se dá com relação à Margem Ocidental e Gaza. Nessas regiões, os refugiados palestinos registrados vivem em territórios governados pela Autoridade Palestina (800 mil na Margem Ocidental, sem incluir Jerusalém Oriental) ou pelo Hamas (1,4 milhão na Faixa de Gaza) e consideram estar vivendo na Palestina. Eles empreendem esforços, muitos dos quais bem-sucedidos, para ter a Palestina reconhecida como um Estado, tanto em fóruns internacionais quanto de forma bilateral. Isso significa que 2,2 milhões de pessoas registradas como refugiados palestinos estão, na verdade, vivendo onde alegam ser, e buscam que se reconheça como, Palestina.

Então, a questão central é: se as pessoas que vivem em Gaza, Belém, Nablus e Ramallah – todas na Palestina – são registradas como refugiados da Palestina, de qual Palestina exatamente elas são refugiadas? A resposta é clara – a Palestina que um dia substituirá Israel e se estenderá do rio Jordão até o mar Mediterrâneo. O problema é que ao continuar a apoiar e financiar a UNRWA com sua definição expansiva de refugiado palestino, os países doadores do Ocidente estão sustentando e alimentando essa visão. E isso apesar do fato de ser completamente contraditório com a solução que os próprios Estados doadores defendem, e apesar de promover uma barreira permanente para um acordo de paz entre israelenses e palestinos.

Se os palestinos realmente buscassem construir um futuro em um Estado independente na Margem Ocidental e em Gaza, vivendo em paz lado a lado com o Estado de Israel, insistiriam que os palestinos que ali habitam não poderiam ser refugiados, uma vez que estão vivendo em sua própria pátria e em seu próprio país, e mesmo, em seu futuro Estado. Eles destacariam, com satisfação, que sob a Autoridade Palestina, como na Jordânia, a grande maioria dos refugiados registrados não vive nos campos, e tomariam iniciativas para desmantelar os campos remanescentes.[25] Eles certamente não conduziriam autoridades visitantes, com roteiros indicando que estão visitando o Estado da Palestina, para orgulhosamente conhecer campos de refugiados naquele mesmo Estado.[26]

Um povo que busca construir um futuro se valeria da oportunidade de tratar Gaza como o seu lar. Os palestinos aproveitariam a retirada de Israel de Gaza para construir um modelo de soberania palestina, em vez de transformá-la em um trampolim para a luta armada pelo retorno. Argumentariam, com razão, que buscam soberania nesses territórios, em vez de ocupações, e não alegariam ser refugiados de algum outro país.

Infelizmente, essa é exatamente a mensagem que os palestinos buscam enviar quando insistem em se manter como refugiados registrados mesmo vivendo na Margem Ocidental e em Gaza. Propositalmente, eles querem reforçar a ideia de que *não* são assentados em seu país. Internacionalmente, os refugiados são, em primeiro lugar, reconhecidos por estarem fora de seu país (do contrário, seriam considerados "internamente deslocados" e mereceriam menor proteção que os refugiados). Assim, se um palestino em Ramallah é registrado como um refugiado, isso implica que o seu país não é a Palestina da Margem Ocidental, mas algum outro lugar – especificamente, o Estado de Israel nas fronteiras pré-1967. Quando a UNRWA registra palestinos da Margem Ocidental e de Gaza como refugiados, e quando o Ocidente apoia isso, significa de fato aceitar a alegação palestina de que não apenas a Margem Ocidental e Gaza são palestinas, mas que o Estado de Israel também deveria ser palestino.

Além dos 2,2 milhões de cidadãos refugiados da Jordânia e dos 2,2 milhões de refugiados na Palestina – juntos somando mais de 80% do número total registrado pela UNRWA –, outro milhão de palestinos permanece registrado no Líbano e na Síria. O registro desse milhão pela UNRWA, cerca de metade na Síria e metade no Líbano, está também marcado por práticas singulares, sem paralelo a outras situações de refugiados. Esse total inclui principalmente descendentes, como ocorre na Jordânia e na Margem Ocidental e em Gaza, mas a maioria nem reside mais na Síria e no Líbano.

Muitos refugiados palestinos no Líbano ou na Síria que há muito deixaram os países e devem ter começado uma nova vida na Alemanha ou nos Estados Unidos, e até mesmo obtido a cidadania, ainda estão listados como refugiados pela UNRWA. Enquanto para os demais refugiados do mundo esse cenário significaria que não são mais refugiados, a UNRWA, por uma questão de princípio, não os retira de seus livros e nem rastreia pessoas que deixaram os países nos quais ela opera.

Como resultado dessa política singular, a UNRWA continua a registrar 1 milhão de refugiados na Síria e no Líbano, mesmo que a maioria tenha ido embora há muito, e alguns já devam ser cidadãos de outros países. Um censo recente realizado pelo governo do Líbano revelou que apenas um terço

Conclusão ■ 239

daqueles registrados pela UNRWA como refugiados no Líbano estão, de fato, no Líbano.[27] Dada a devastadora guerra na Síria, os números de refugiados residentes lá são provavelmente ainda menores. A UNRWA se recusa a adotar ativamente políticas que resolvam a situação de refugiados palestinos na Síria e no Líbano por outros meios que não o retorno. E a UNRWA não leva em consideração indivíduos palestinos que constroem vidas melhores em outros países, mantendo-os como refugiados registrados em seus livros.

Mesmo nos casos em que refugiados registrados obtiveram efetivamente qualificação para o retorno, como veremos no exemplo a seguir, a agência ainda os mantém registrados como refugiados. Isso poderia significar apenas que o sistema de registro da UNRWA serve a uma visão de um tipo muito específico de retorno. Essa prática realmente extrema é mais evidente sobretudo no registro dos refugiados em Jerusalém Oriental. Após a Guerra dos Seis Dias, Israel anexou de fato Jerusalém Oriental e seus arredores, aplicando sua lei e administração nessas áreas. Entre as aldeias anexadas estava o campo de refugiados Shuafat, que acolhia, na época, milhares de refugiados registrados. Consequentemente, os residentes de Shuafat preenchiam de fato as exigências de autorização para o retorno. Essa não era certamente a intenção de Israel, mas seu *status* lhes permitia retornar porque, como residentes legais de Israel, tinham o direito de assentar-se onde quisessem no país, incluindo a cidade da qual eles ou seus ancestrais tinham vindo. Além disso, eles puderam requerer a cidadania com base no seu desejo "de viver em paz com seus vizinhos" – para preenchimento completo da interpretação dos próprios árabes do parágrafo 11 da Resolução 194.

Para fins de retorno, não importa se a anexação de Jerusalém Oriental e das aldeias vizinhas por Israel é legítima ou não. Os

240 ■ A guerra do retorno

refugiados que se tornaram residentes de Israel obtiveram na prática a qualificação para retornar. Isso posto, a UNRWA poderia ter anunciado que não tinha mais negócios dentro dos novos limites de Jerusalém e recusado registrar os refugiados vivendo em Jerusalém Oriental e suas dezenas de milhares de descendentes como refugiados. Ainda assim, ela não fez esse anúncio e os habitantes do campo de refugiados de Shuafat, que na sua maioria eram nascidos após a Guerra da Independência de 1948 e depois da anexação de Jerusalém de 1967, permanecem como palestinos refugiados.

O caso de Shuafat demonstra que as práticas de registro da UNRWA estão inteiramente a serviço de uma visão política do retorno palestino coletivo, amplo e completo, que desfaz o Estado de Israel. Parece que nada menos do que isso levaria a UNRWA a remover os palestinos de seu sistema de registro de refugiados.

O sistema de registro combina todas essas práticas e definições singulares para criar números amplamente inflacionados de refugiados palestinos. A agência usa uma definição operacional obsoleta de "refugiados palestinos" e cria uma distinta categoria administrativa de refugiados registrados, simulando que ela está relacionada à categoria internacional de refugiados, e registrando os descendentes automática, ampla e indefinidamente, como refugiados. O sistema da UNRWA recusa a reconhecer que cidadãos vivendo em seus próprios países não são refugiados, registra os palestinos que alegam viver na Palestina como refugiados e se nega a monitorar a situação real dos refugiados registrados para verificar se se tornaram cidadãos de outros países. Por fim, abstém-se de tomar quaisquer medidas para pôr fim ao *status* de refugiado palestino a não ser por meio do completo e pleno retorno para o Estado de Israel, continuando a tratar palestinos que são qualificados para retornar ainda como refugiados.

A capacidade da UNRWA de evitar a inspeção e a prestação de contas de suas práticas de registro de refugiados tem sido apoiada por um processo opaco e inexplicável. Na Assembleia Geral, sob cuja autoridade a UNRWA opera, o processo de permitir que ela tome decisões importantes é essencialmente burocrático. A UNRWA apresenta relatórios periódicos, que são devidamente ratificados. Isso significa que assuntos importantes de um dos conflitos mais amplamente relatados no mundo são decididos por alguns poucos burocratas juniores, sobre os quais pouco se conhece e cujo comportamento é menos ainda compreendido. Durante décadas, a UNRWA sustentou um mundo paralelo de políticas e de decisões executivas que servem unicamente à narrativa palestina. A agência criou, de fato, um incomum conjunto de normas e padrões no que se refere aos refugiados palestinos.

Quando todas as práticas singulares e inflacionárias do registro de refugiados da UNRWA forem revisadas e colocadas de lado, o que provavelmente se verá é que menos de 5% (250 mil de 5,5 milhões) dos que são atualmente registrados pela UNRWA como refugiados deveriam ser considerados de fato refugiados. Os outros 95% são cidadãos de um Estado em funcionamento (na Jordânia) ou vivendo na Palestina – para a qual eles buscam reconhecimento na Margem Ocidental e em Gaza –, ou estão construindo novas vidas em outro lugar. Mas, mesmo se aqueles aproximadamente 250 mil que permanecem da Síria e no Líbano – que são os refugiados originais que fugiram da guerra, assim como os seus descendentes – tivessem sido tratados e tivessem aceitado esse tratamento como as dezenas de milhões de refugiados das guerras sangrentas do século XX, não haveria refugiados palestinos hoje, assim como não há refugiados de outra guerra dos anos 1940 e mesmo dos anos 1950.

Na realidade, se os critérios inflacionários que a UNRWA utilizou para registrar os refugiados palestinos fossem aplicados ao restante da população mundial, não haveria apenas os 20 milhões de refugiados que o ACNUR conta atualmente.[28] Em vez disso, uma ampla parcela da população mundial, centenas de milhões de pessoas, seriam consideradas refugiados. Pior, o resultado das políticas de perpetuação de refugiados teria sido um mundo obsoleto, recusando-se a caminhar para o futuro. A Coreia do Sul ainda seria a terra arrasada que era após a Guerra da Coreia, em vez de um tigre asiático econômico. Nos dois lados da fronteira Índia-Paquistão, dezenas de milhões de refugiados estariam em ebulição, geração após geração, continuamente reclamando o outro país como seu. Os Estados Unidos não teriam muito da sua energia e se tornariam um país de refugiados que se recusam a construir um futuro nele, persistindo em olhar para trás, para suas vidas antigas mitificadas ou, na verdade, para as vidas de seus bisavôs. Centenas de milhões de refugiados na África e Europa permaneceriam nos campos nutrindo ressentimentos e fantasias de vingança, e nenhuma fronteira nacional seria definida. Tivessem as pessoas do restante do mundo sido registradas como refugiados da mesma maneira que a UNRWA faz com os palestinos, a longa (relativa) paz que tem marcado boa parte do mundo desde o fim da Segunda Guerra Mundial teria sido substituída por uma guerra constante.

Desmantelar a UNRWA: por quê

A trágica, mas inescapável, realidade é que a UNRWA facilitou a perpetuação do problema do refugiado palestino, em vez de promover sua solução. Mesmo o ministro das Relações Exteriores suíço Ignazio Cassis, que pensava que a UNRWA "funcionava há muito tempo como uma solução", destacou, após visitar um campo de refugiados na Margem Ocidental em maio de 2018, que "hoje ela se tornou parte do problema". Cassis acrescentou que a UNRWA "forneceu munição para o conflito" e que, "ao apoiar a UNRWA, estamos mantendo o conflito vivo".[29] De fato, a ficção de que há milhões de refugiados não poderia ter sido sustentada se não fosse pela UNRWA, que os registra como tal. A agência, suas políticas e suas práticas têm dado efetivamente uma marca internacional de aprovação para a ideia de que a guerra de 1948 não terminou, e que gerações de refugiados palestinos deveriam esperar o retorno para Israel, que então não existiria mais como um Estado judeu.

O desejo de manter constante a guerra de 1948 explica por que, quando o ACNUR foi fundado em 1950, os Estados árabes exigiram que fossem removidas de sua responsabilidade "pessoas que no momento estão recebendo de [outros] órgãos ou agências das Nações Unidas" – ou seja, a UNRWA, que tem tratado dos refugiados palestinos desde 1950. Para os Estados árabes, era óbvio que se os refugiados palestinos fossem tratados de forma similar aos outros refugiados à época, não permaneceriam sob a condição de refugiados por muito tempo. Os Estados árabes, portanto, se esforçaram para criar uma exceção para os palestinos, na Convenção de Refugiados e no mandato do ACNUR.

A criação da exceção da UNRWA significou que ela poderia registrar por décadas, milhões de pessoas como refugiados, que não se adequavam aos critérios básicos aplicados a todos os outros grupos de refugiados no mundo, e deixar de buscar qualquer solução para os refugiados palestinos que não fosse o amplo e completo retorno para Israel, quando, em outras situações de refugiados, a readaptação no local e o reassentamento em terceiros países são consideradas soluções igualmente legítimas.

Uma vez que o mandato do ACNUR é implementar a Convenção de Refugiados de 1951, ele trabalha para encontrar uma solução pessoal para cada refugiado, de forma que deixem de ser refugiados e necessitados da sua proteção. O ACNUR não tem a obrigação de repatriar refugiados como única solução para acabar com esse *status*, e pode, como comumente faz,

244 ■ A guerra do retorno

desenvolver esforços para assegurar outras soluções para acabar com o *status* de refugiado.[30] Esse é particularmente o caso quando se torna clara a persistência da beligerância, como na situação de Israel com os palestinos.

Os doadores ocidentais da UNRWA rejeitam fortemente a alegação de que, ao apoiar a exceção dela e suas práticas inflacionadas de registro, estão subscrevendo a visão palestina de retorno. Há, entretanto, uma conexão direta entre o apoio econômico e político para a UNRWA e a exigência palestina de retorno.

O apoio da comunidade internacional (e especialmente ocidental) para a UNRWA é substancial e de longa data. Diferentemente do ACNUR, a UNRWA é uma agência temporária (ainda), e não recebe um orçamento regular das Nações Unidas, exceto um pequeno orçamento para sua gestão internacional.[31] Portanto, ela tem que continuamente levantar fundos de países doadores. O orçamento anual da UNRWA para custos fixos e projetos especiais, que tem se mantido em torno de 1,2 bilhão de dólares nos últimos anos, vem amplamente do Ocidente. Por décadas, os Estados Unidos contribuíram com quase um terço do total (cerca de 370 milhões de dólares anuais nos últimos anos). O país fez isso até 2018, quando decidiu retirar o financiamento da UNRWA.

Normalmente, a Europa como um todo contribui com cerca da metade do orçamento total da UNRWA. Antes de aumentar sua participação em decorrência do fim do financiamento dos EUA, a União Europeia contribuía com cerca de 160 milhões de dólares, além da colaboração individual de Estados europeus, como Alemanha, Reino Unido, Suécia, Suíça, Noruega e Holanda, somando outros 400 milhões de dólares. Japão, Austrália e Canadá contribuem com mais 80 milhões de dólares.[32]

Isso significa que o Ocidente vem apoiando financeiramente a UNRWA por 70 anos, contribuindo com dezenas de bilhões de dólares, não para resolver o problema do refugiado, mas para perpetuá-lo. Oficialmente, Estados ocidentais são comprometidos com o avanço do acordo de paz árabe-israelense baseado em uma solução de dois Estados: um Estado judeu de Israel e um Estado árabe da Palestina. Mas ao apoiar a UNRWA, simultaneamente alimentam a exigência palestina de retorno para Israel, em completa violação dessa política declarada.

Os diplomatas ocidentais recorrem a várias explicações para essa flagrante contradição entre as políticas oficiais de seus países e o apoio financeiro contínuo à UNRWA. Seu principal argumento é que o problema do refugiado deve ser resolvido em um acordo de paz abrangente, que no entender deles significa "humanitário". Um argumento relacionado é negar que o apoio econômico ocidental para a UNRWA signifique que os países doadores apoiam a exigência palestina de retorno. No entanto os palestinos insistem que a UNRWA e o apoio ocidental são "a corporificação da promessa de justiça internacional para os refugiados palestinos"; e de acordo com os palestinos, "justiça" para os refugiados significa retorno.[33]

A leitura que os palestinos fazem da situação é a mais razoável. O argumento ocidental de que o apoio econômico contínuo para uma organização com clara agenda política não necessariamente implica apoio para aquela agenda demonstra a cegueira ou a ingenuidade do Ocidente. Isso é especialmente verdade desde que ficou óbvio para os Estados ocidentais, logo no início dos anos 1950, que sua sujeição à exigência árabe de manter a UNRWA aberta, muito depois do fracasso de seus planos de readaptação ficar evidente, era uma forma de suborno geopolítico delineado para comprar a boa vontade dos Estados árabes.

Mesmo que os diplomatas e as autoridades ocidentais não tenham consciência do contexto político da sujeição ocidental à UNRWA nos anos 1950, e tenham genuinamente se convencido de que não há conexão entre o apoio de seus países à UNRWA e o apoio à exigência palestina de retorno, não está claro por que se abstêm de se posicionarem sobre essa questão do *status* final, já que, rotineiramente, assumem posições claras sobre outras questões, como o Estado, as fronteiras e os assentamentos palestinos.

Se os diplomatas ocidentais aplicassem aos assentamentos e à presença de Israel a mesma política aplicada à UNRWA e à questão do refugiado palestino, teriam concedido por décadas apoio econômico e político ativo aos assentamentos e se esquivado de qualquer crítica, argumentando que essa questão seria resolvida nas negociações finais. Para isso, eles também teriam adotado pareceres jurídicos que afirmam a legalidade dos assentamentos.

Para os países ocidentais, não declarar publicamente uma posição sobre a questão do refugiado significa que os palestinos podiam persistir na crença de que suas expectativas de retorno seriam alcançadas no futuro. Combinar esse silêncio com a consistente assistência econômica para a UNRWA e suas políticas, que especificamente apoiavam o direito palestino de retorno, inegavelmente indica apoio à posição palestina, e apenas àquela posição.

A triste verdade é que se a UNRWA tivesse verdadeiramente se dedicado à assistência humanitária, e não a objetivos políticos, poderia ter anunciado seu sucesso décadas atrás e encerrado suas operações. Graças à UNRWA, os palestinos têm recebido grandes serviços educativos que fazem deles um dos grupos mais bem instruídos no mundo árabe. Têm sido integrados em economias árabes locais onde isso é permitido, além de desfrutar de habilidades para integrar mesmo economias competitivas ocidentais. Mas a UNRWA não tem interesse em encerrar suas operações e declarar sucesso porque o sucesso só pode se dar no pleno e amplo retorno. É por isso que o número de refugiados que ela registra sempre cresce. A agência, portanto, garante a si mesma um papel para a eternidade e às partes beligerantes mais um século de guerra.

Para a UNRWA, assegurar a si mesma um trabalho perpétuo é uma motivação central, porque, diferentemente do ACNUR, ela é uma organização *de* palestinos *para* palestinos. A UNRWA é o maior empregador de palestinos depois da Autoridade Palestina. O ACNUR, por outro lado, é uma organização de autoridades da ONU para refugiados, que não emprega os refugiados e nem é gerida por eles. A UNRWA, contudo, com a exceção de um estrato bem reduzido no topo, é uma organização inteiramente palestina. Os professores das escolas da UNRWA são principalmente refugiados palestinos registrados, assim como os funcionários dos hospitais e escritórios de políticas de bem-estar dela. No seu website, a UNRWA se orgulha de empregar cerca de 30 mil refugiados palestinos e "um pequeno número de funcionários internacionais".[34]

Para efeito de comparação: em 2019, o ACNUR lidou com cerca de 20 milhões de refugiados utilizando uma equipe de aproximadamente 17 mil empregados, que não eram refugiados, mas o pessoal da agência.[35] A UNRWA registrou 5,5 milhões de refugiados atendidos por uma equipe de mais de 30 mil, dos quais quase todos são palestinos. Isso significa que a proporção de refugiados por equipe na UNRWA é sete vezes maior do que na do ACNUR. Para todos os propósitos e sentidos, a UNRWA é uma organização palestina sob a cobertura internacional das Nações Unidas.

A UNRWA atua sob o disfarce das Nações Unidas e de uma preocupação com os direitos dos refugiados para efetivamente assegurar que o conflito com Israel continuará e permanecerá intratável. A menos que o objetivo do Ocidente seja de fato manter contínua a guerra de 1948, até que a vitória árabe reverta a soberania judaica, é perigosamente contraproducente manter a UNRWA, já que significa que o Ocidente apoia o objetivo palestino de uma Palestina Árabe exclusiva "do rio Jordão ao mar". Desmantelar a UNRWA, portanto, seria um

248 ■ A guerra do retorno

passo crucial na direção da paz entre israelenses e palestinos, não baseada na visão palestina da não existência de Israel.

É verdade que extinguir a UNRWA e seu mecanismo de registro de refugiados não vai, provavelmente, transformar de forma imediata a visão palestina de retorno. Mas permitir que a UNRWA permaneça na sua presente forma garante a perpetuação do problema do refugiado e do conflito. Por décadas, a cegueira ocidental, intencional ou não, significou a cumplicidade do Ocidente em criar e alimentar a incubadora que nutre e desenvolve um nacionalismo palestino beligerante, devotado a uma visão de retorno. A UNRWA não é uma organização marginal e isolada em um mar de agências da ONU ativas na região, nem é neutra. Apesar de conter as iniciais "UN", a UNRWA não é de fato uma agência da ONU. Ela é parte ativa do conflito israelo-palestino, mas não consegue reverter políticas e práticas que empregou durante 70 anos e que se tornaram apenas um meio de perpetuar o real problema para cuja solução ela havia sido criada. Como a UNRWA não pode ser reformada, desmontá-la é uma condição necessária para construir um verdadeiro caminho para a paz.

Desmantelar a UNRWA: como

Em janeiro de 2018, Nikki Haley, embaixadora dos Estados Unidos na ONU à época, anunciou que "o presidente disse basicamente que não quer dar qualquer financiamento adicional à UNRWA, ou seja, quer parar o financiamento até que os palestinos concordem em voltar à mesa de negociações".[36] Apoiando imediatamente os comentários de Haley, o presidente Trump "tuitou": "Nós pagamos aos palestinos CENTENAS DE MILHÕES DE DÓLARES por ano e não recebemos nenhuma apreciação ou respeito. Eles não querem nem mesmo negociar um tratado de paz há muito esperado com Israel; mas com os palestinos não se dispondo a falar sobre a paz, por que nós deveríamos fazer massivos pagamentos a eles no futuro?".[37]

O que se seguiu foi uma luta de nove meses entre o Departamento de Estado dos EUA, de um lado, e o presidente Trump e a embaixadora Haley, de outro, com relação a continuar o financiamento. Em agosto de 2018, a luta interna foi decidida em favor de deixar de financiar a UNRWA. Uma declaração, emitida de forma relutante pelo Departamento de Estado em nome dos Estados Unidos, dizia que "o modelo central de negócios e as práticas fiscais que marcaram a UNRWA por anos – vinculados à comunidade de beneficiários autorizados da UNRWA, em contínua e exponencial expansão – é simplesmente insustentável e tem estado em crise por muitos anos". Portanto, "os Estados Unidos não vão mais se comprometer com fundos adicionais para essa operação irremediavelmente fracassada".[38]

Embora a declaração tenha destacado a "operação irremediavelmente fracassada", ela definitivamente focalizou mais o aspecto financeiro, observando que os EUA não estão "mais dispostos a arcar com a parcela muito desproporcional do fardo dos custos da UNRWA que nós assumimos por muitos anos".[39] Como o foco estava nas lacunas orçamentárias e na "divisão dos encargos", os EUA não tomaram novas medidas para conseguir que outros países também suspendessem o financiamento da UNRWA, nem se empenharam em explicar à comunidade diplomática e ao público como, exatamente, a UNRWA criou essa "comunidade de beneficiários autorizados da UNRWA, em contínua e exponencial expansão", e que por esse motivo se tornou uma "operação irremediavelmente fracassada". Quase nada foi feito para destacar a conexão entre o cancelamento do financiamento da UNRWA e a promoção da paz. Como resultado, o procedimento de Trump pareceu puramente punitivo. Os países europeus, e a União Europeia em particular, apressaram-se para preencher o vazio orçamentário, supondo que a posição dos EUA fosse temporária. Isso praticamente encerrou a curta discussão pública e midiática sobre a UNRWA.

A maneira como os EUA retiraram os fundos da agência e a consequente resposta europeia transformaram-se numa infausta oportunidade perdida. Há políticas muito melhores e mais efetivas que desmantelariam a UNRWA de forma a promover a paz e o bem-estar de israelenses e palestinos.

Os países doadores frequentemente alegam que nada pode ser feito sobre a UNRWA porque o mandato da agência é autorizado pela Assembleia Geral da ONU, onde os palestinos se aproveitam de uma maioria automática, e nenhum Estado possui poder de veto. Mas mesmo que o mandato da UNRWA seja definido e renovado pela Assembleia Geral da ONU, seu orçamento é quase totalmente dependente da boa vontade da Europa, do Canadá e da Austrália (e alguns ainda esperam que os EUA voltem a financiar a organização). Enquanto o orçamento principal para a operação da UNRWA não for coberto pelo orçamento regular das Nações Unidas, esses países têm grande poder de influência sobre ela, independentemente dos padrões de votação na Assembleia Geral da ONU.

No entanto, mesmo aceitando a contragosto que os países doadores têm substancial influência sobre a UNRWA devido às suas contribuições financeiras, os diplomatas e elaboradores de políticas europeus se abstêm de usar essa influência financeira, citando preocupações de segurança. Alegam que a UNRWA é uma força moderadora e preferível a grupos radicais como o Hamas, que aproveitariam a ausência dela para fomentar o caos e a violência.

Mas os argumentos sobre a força moderadora da UNRWA perderam credibilidade depois de falhar no teste do tempo. Embora a agência não seja participante direta na atividade violenta ou terrorista, tudo o que faz atua para manter vivo o *ethos* que anima e encoraja a luta violenta palestina. Não é coincidência que o Líbano e Gaza, em que a cultura refugiada tem sido a mais extremada, abriguem as formas mais virulentas do extremismo palestino. Há uma conexão íntima entre a UNRWA e o fato de seus campos em Gaza e no Líbano serem os locais das mais intensas rodadas de violência israelo-palestina. Ela não é uma força moderadora no conflito. Pior, fingindo ser uma força moderadora, a UNRWA na verdade fornece cobertura para um dos mais sérios casos de radicalização palestina.

A noção equivocada de que a UNRWA é uma força moderadora se deve largamente ao fato de fornecer serviços de educação e saúde para aqueles registrados como refugiados. Mas esses valiosos serviços poderiam ser fornecidos sem a perpetuação da situação do refugiado palestino. Durante décadas, a política ocidental tem sido baseada na suposição equivocada de que havia uma escolha apenas entre duas opções extremas – dar plena proteção à UNRWA ou enfrentar um levante palestino de base ampla, e talvez uma violência árabe mais generalizada – então a escolha foi dar à agência plena proteção. Nenhuma tentativa foi feita para formular uma política mais tênue, criativa ou visionária que mantivesse a proteção da UNRWA e que ao mesmo tempo limitasse os perigos disso.

Essa política existe. Há uma via racional, humana e efetiva de abordar a questão do refugiado palestino. Ela facilitaria a provisão de serviços de assistência, saúde e educação aos palestinos em necessidade, ao mesmo tempo desvinculando esse provimento do objetivo político de preservar e nutrir a exigência de retorno.

É crucial que o objetivo final da política seja claramente definido desmantelando a UNRWA. Qualquer política que busque pequenas reformas, como mudar o conteúdo de livros-texto para serem menos um reflexo do *ethos* de uma luta violenta pelo pleno retorno, ou remover a equipe da UNRWA, que tem sido pega fazendo comentários antissemitas nas redes sociais, ou inspecionar o pessoal da UNRWA para assegurar-se de que não sejam ativos combatentes no Hamas, serviria, meramente, de prorrogação do fim necessário. Não há dúvida de que essas são questões importantes e problemáticas, mas as variações delas têm sido presentes desde os anos 1960. Levantar esses fatos permite à UNRWA e a seus apoiadores proclamar que estão tratando do problema e, assim desviam a atenção do fato de que a raiz do problema é a própria agência, sua estrutura e toda sua essência e operação.

O lugar óbvio para começar o processo de desmantelamento da UNRWA é o território governado pela Autoridade Palestina. As operações da UNRWA deveriam ser mescladas àquelas da AP. De uma perspectiva prática e de uma perspectiva de assistência dispensada, apenas mudaria a placa na porta. As escolas da UNRWA se tornariam escolas da AP, mas os alunos, professores e currículos permaneceriam os mesmos. O mesmo vale para os hospitais. A quantidade e a qualidade de assistência atualmente fornecida pela UNRWA continuariam iguais, mas elas viriam através da AP.

Atualmente, a AP fornece os mesmos serviços sociais e educacionais que a UNRWA, e no mesmo território. Isso significa que nas cidades da Margem Ocidental, as escolas e os hospitais da AP e da UNRWA trabalham lado a lado. Os serviços da AP são apresentados como parte crucial de um esforço de construção de Estado, em preparação para a paz baseada em uma visão de dois Estados, enquanto, ao mesmo tempo e no mesmo território, a UNRWA opera um sistema paralelo que preserva o sonho de uma "Palestina do Rio ao Mar". Se os países doadores levam a sério a promoção da paz, não faz sentido preservarem um sistema paralelo à UNRWA na AP.

A mensagem que seria enviada pela transferência das operações da UNRWA para a AP seria clara. Os refugiados palestinos não mais receberiam assistência de uma agência da ONU, cujo propósito é sustentá-los enquanto esperam retornar para Haifa. A situação deles se aproximaria muito mais da ideia de construção de um Estado em que seriam cidadãos assentados em seu próprio território, recebendo serviços sociais de seu próprio governo.

Essa transferência de operações poderia ser feita gradualmente, de maneira que enfatizasse a disposição ocidental de apoiar as necessidades palestinas, mas não alimentar a perspectiva de retorno. No decorrer do período de transição, seria muito útil se os Estados doadores ocidentais declarassem que, embora estejam temporariamente mantendo a assistência econômica aos palestinos através da UNRWA, isso não deveria ser visto equivocadamente como apoio político para a exigência palestina de retorno. Se os Estados ocidentais não veem de fato seu apoio financeiro para a UNRWA como apoio político para um direito palestino de retorno, deveriam ser capazes de dizer isso bem abertamente.

Durante a fase de transição, a transferência de fundos poderia ser condicionada à obtenção de marcos específicos no processo de desmantelamento da UNRWA. Nesse período, os fundos poderiam ser mantidos sob custódia até que os marcos fossem alcançados. Manter os fundos sob custódia demonstraria que o Ocidente está disposto a ajudar, não mais a assinar um cheque em branco. A transferência de fundos poderia, por exemplo, ser direta e proporcionalmente condicionada à transferência de um certo número de instalações para a gestão da AP.

Certamente, é possível que os próprios refugiados e a própria AP resistam à transferência de operações da UNRWA para a AP. Mas se tal plano – que não reduz financiamento e mantém os serviços como são – for rejeitado por causa da política de retorno, isso seria o ponto exato em que os doadores ocidentais deveriam deixar claro que não vão mais utilizar o dinheiro de seus contribuintes para apoiar uma agência que contradiz e afeta diretamente a sua própria política externa de promoção da paz por meio de dois Estados.

Embora a Autoridade Palestina represente a escolha mais óbvia para desmontar a UNRWA, a Faixa de Gaza é um caso à parte. Teoricamente, os países doadores poderiam adotar uma política similar à da Margem Ocidental, dado que a AP está ainda oficialmente responsável por Gaza. Na prática, pode haver necessidade de uma abordagem que reconheça a situação diferente na Faixa de Gaza governada pelo Hamas. Há um amplo consenso em tentar evitar a deterioração da situação na Faixa de Gaza, e com a ruptura em curso entre a AP e o Hamas, a UNRWA tornou-se o principal mediador para o tratamento da assistência internacional para a Faixa.

O problema é que a UNRWA não pode ser um parceiro verdadeiro e honesto na readaptação da Faixa de Gaza. O envolvimento da agência como um dos principais atores nos esforços de readaptação em Gaza tem sido uma fonte central do seu fracasso. A essência e o impacto do trabalho da UNRWA na Faixa de Gaza é tornar claro para os 1,4 milhões de refugiados registrados (compreendendo 80% da população total da Faixa) que Gaza não é seu verdadeiro lar, e que seu verdadeiro lar está além da cerca, e foi tomado deles pela força em 1948. Esse sonho de retorno é alimentado não apenas pelos pais e avós palestinos – todos os dias, os palestinos andam nas ruas de Gaza e veem sinalizações pertencentes a uma agência da ONU formada especificamente para tratar dos refugiados palestinos. Para eles, esse é um claro sinal de que a comunidade internacional ainda os reconhece como refugiados e os encoraja a retornar para Israel.

Conclusão ■ *255*

Do mesmo modo que os refugiados que vivem em campos na Margem Ocidental, esses palestinos viveram suas vidas inteiras acreditando que o seu lar – onde eles, seus pais e muitos de seus avós nasceram – não é o seu lar real, mas uma morada temporária, uma estação enquanto esperam um retorno ao seu lar real (dentro do Estado de Israel). Essa é a principal razão de os palestinos em Gaza continuarem a usar o cimento fornecido pela assistência estrangeira, não para construir casas permanentes para aliviar a crise, mas para abrir túneis de ataque terrorista que conduzem a Israel.[40] Com uma posição sustentada pela UNRWA de que eles são refugiados de uma terra além da fronteira entre Gaza e Israel, de que o Estado de Israel se coloca entre eles e aquilo que consideram seu direito justo e fundamental de retorno a sua pátria real, eles se sentem justificados em adotar toda e qualquer forma de resistência armada contra Israel.

Qualquer benefício, portanto, da colaboração com a UNRWA em Gaza é enormemente suplantado pelo dano. A readaptação real só poderia ser fundamentada em uma visão pela qual o futuro para os gazenses estaria em Gaza, e não no Estado de Israel. Os esforços de readaptação não deveriam mais ser confiados à UNRWA, que enfraqueceria essa mensagem simples.

A política dos países ocidentais doadores em Gaza deveria, portanto, assegurar a presença de outros fornecedores de serviços em Gaza, garantindo a retirada da UNRWA de lá. Se as tensões entre o Hamas e a AP impedirem que ela assuma a responsabilidade pela provisão de serviços, os países doadores poderiam pressionar pelo estabelecimento de uma nova organização guarda-chuva, ou uma organização baseada nas organizações existentes, cujo único propósito fosse a readaptação de Gaza. Todas as doações internacionais para a readaptação e as necessidades locais poderiam ser dirigidas para essa organização, que seria encarregada de lidar com toda a população de Gaza, operaria as escolas e os hospitais, e dispensaria outras formas de assistência sem referência aos refugiados, e sem o *status* de refugiado como sendo um fator determinante na provisão dessa assistência.

Na Jordânia, o caminho para desmantelar a UNRWA é o mais direto. Existem 2,2 milhões de refugiados na Jordânia, sendo quase todos também cidadãos jordanianos – então, não são refugiados verdadeiros, nas definições internacionalmente aceitas.[41] A maior parte deles nem usa os serviços da UNRWA, e o orçamento da agência para operações na Jordânia é relativamente baixo, comparado ao número de refugiados que ela registra no país.[42] Portanto, não há qualquer razão real para a UNRWA operar na Jordânia. Especialmente, dado que há um claro endereço para um fornecedor alternativo dos serviços da agência na Jordânia – o governo jordaniano – os Estados doadores poderiam transferir diretamente para ele os orçamentos de assistência que destinam à UNRWA no país.

Na Jordânia, entretanto, o caminho para desmantelar a UNRWA é também o mais sensível politicamente, dado que a questão dos refugiados palestinos é considerada diretamente relacionada à estabilidade do regime hashemita, um valioso aliado ocidental. Em 21 de julho de 1951, o rei Abdullah da Jordânia foi assassinado por um nacionalista palestino do clã husseini, enquanto visitava a Mesquita al-Aqsa em Jerusalém porque, entre outras coisas, estava disposto a fazer a paz com o jovem Estado de Israel sem exigir o retorno, tendo, inclusive, naturalizado todos os refugiados na Margem Ocidental e na Jordânia com essa finalidade. Dado que 70% dos cidadãos jordanianos são palestinos (em vez de membros das tribos beduínas), o reino hashemita tornou-se profundamente cauteloso ao tratar da questão do refugiado palestino desde o assassinato do rei.

Precisamente pelo desejo da monarquia jordaniana de preservar a própria estabilidade e apoio, sobretudo entre a maioria palestina do reino, que ela vê uma necessidade de manter como ambíguo o *status* de refugiados registrados em seu solo. É difícil, beirando o impossível, obter uma resposta consistente das autoridades jordanianas para a questão de como o Estado jordaniano vê seus próprios cidadãos. Alguns afirmam que eles são inequivocamente jordanianos, enquanto outros dizem que são inequivocamente palestinos, que um dia retornarão ao oeste do rio Jordão.

O regime jordaniano entende ter capacidade para considerar essas duas alegações simultaneamente como uma condição para a sua sobrevivência.

Para os países doadores, portanto, há um receio genuíno de que chamar atenção para o *status* dos refugiados palestinos na Jordânia e desmantelar as operações da UNRWA teriam consequências prejudiciais para a estabilidade do seu regime. No entanto, o fato de algumas considerações políticas ditarem a necessidade de registrar os palestinos como refugiados não pode esconder a realidade básica de que eles simplesmente não são refugiados. Além disso, uma estabilidade de longo prazo na região estaria muito mais bem servida com a solução do conflito e a remoção do maior obstáculo para sua solução, que seria abandonar a ficção de que existem milhões de refugiados palestinos com direito de retorno para o Estado de Israel.

A política dos países doadores poderia ser, então, trilhar um caminho para encerrar as atividades da UNRWA na Jordânia e transferir todos os serviços educacionais e de saúde de 2,2 milhões de refugiados registrados para o governo, reduzindo os riscos para o regime jordaniano. Tal política teria que ser elaborada de forma a deixar claro que o regime jordaniano não teria qualquer escolha nessa questão. Desmantelar a UNRWA na Jordânia tem que ser feito como um ato unilateral e determinado do Ocidente, de maneira que o regime jordaniano possa dizer ao povo que fez tudo que podia para evitar isso, mas fracassou. As autoridades jordanianas poderiam, certamente, continuar a alegar que, da sua perspectiva, os palestinos ainda possuem um direito de retorno – mas a UNRWA e o Ocidente não mais estariam fornecendo a legitimidade internacional a essa reinvindicação.

A Jordânia, assim, não teria escolha a não ser fornecer os serviços de saúde e educação no lugar da UNRWA, como faz para todos os seus cidadãos. Os países ocidentais poderiam, então, proporcionar paulatinamente maior assistência para a Jordânia – mas apenas depois que esteja bem claro que o regime do país não teve absolutamente nenhuma escolha na questão.

Para os refugiados registrados na Síria e no Líbano, é necessária uma política diferente. Embora seja evidente que os cidadãos jordanianos não sejam refugiados e que os que se estabeleceram em Gaza e na Margem Ocidental já estão vivendo na Palestina (para a qual eles buscam reconhecimento), os refugiados registrados na Síria e no Líbano estão em situação diferente. A abordagem da Síria para os refugiados palestinos possibilitou-lhes e aos descendentes integrarem-se às economias locais e usufruir o *status* de residentes efetivos com grande sucesso através dos anos, embora sem a cidadania oficial. Entre 1949 e 1956, o governo sírio aprovou leis específicas para os refugiados palestinos, concedendo-lhes direitos civis iguais aos dos cidadãos sírios, com a exclusão do direito de voto e do direito de cidadania. Esse processo culminou em uma lei, de 1956, que declarou que os palestinos que vivem na República Árabe Síria têm as mesmas condições que os cidadãos sírios "em todas as leis e regulações válidas com respeito aos direitos de emprego, comércio e serviço militar, mesmo mantendo sua nacionalidade original".[43]

No entanto, supondo que o censo no Líbano possa dar alguma indicação sobre a situação na vizinha Síria e, certamente, pela situação de guerra sangrenta, é altamente provável que apenas uma fração do meio milhão de refugiados registrados pela UNRWA estejam, de fato, residindo ainda na Síria. Abordar a questão no país necessita, como primeiro passo, uma contagem adequada dos refugiados registrados atualmente residentes no país. Uma vez contabilizados, os que ainda ali residem, refugiados originais e seus descendentes, deveriam ser transferidos para os cuidados e a proteção do ACNUR. Ao fazer isso, eles se tornariam refugiados oficiais, sujeitos à proteção da convenção dos refugiados. Em paralelo, a UNRWA cessaria suas operações na Síria, e o financiamento para a UNRWA no país seria integralmente transferido para o ACNUR, que operaria, então, da mesma maneira que faz com outras populações de refugiados ao redor do mundo. Ao mesmo tempo em que lhes oferece proteção provisória, buscaria implementar soluções individuais que encerrariam o *status* de refugiados de todos os palestinos remanescentes na Síria, tanto através da obtenção da cidadania plena, quanto reassentando-os em outro lugar.

É preciso observar que a guerra civil na Síria evidenciou ainda mais os paradoxos da maneira singular de classificar e tratar os refugiados palestinos, que é diferente de qualquer outro grupo de refugiados no mundo. A guerra civil forçou milhões de sírios, incluindo os refugiados palestinos vivendo na Síria, a fugirem para os países vizinhos, incluindo o Líbano e a Jordânia, onde a UNRWA tem operações oficiais. Nesses países, os cidadãos sírios são cuidados pelo ACNUR, que está se empenhando para encerrar o *status* de refugiado, tanto por meio da integração em seus países receptores, como pelo reassentamento em terceiros países, ou pela repatriação quando o conflito terminar, e se isso for possível.

Os refugiados palestinos da Síria, entretanto, continuam a ser registrados como refugiados da Palestina, em vez da Síria, e cuidados pela UNRWA, em vez do ACNUR. Isso apesar de serem residentes da Síria, terem *status* jurídico e terem fugido dali devido à guerra civil. Por qualquer padrão internacional, eles deveriam ser tratados como todo refugiado sírio, e cuidados pelo ACNUR. Mas quando o conflito na Síria terminar, os

260 ■ *A guerra do retorno*

refugiados palestinos que retornarem para a Síria ainda serão tratados como refugiados, aguardando retorno, algum dia, para a Palestina. E aqueles refugiados palestinos que, por exemplo, conseguiram fugir para a Europa e se tornaram cidadãos da Alemanha, permanecerão nos livros da UNRWA na Síria como refugiados registrados. Enquanto o ACNUR, com satisfação, deixaria de considerar refugiados os sírios que fugiram da Síria e ganharam cidadania na Alemanha, a UNRWA continuaria a registrá-los como refugiados palestinos.

Os países doadores deveriam exigir que o *status* dos refugiados palestinos que haviam fugido da Síria fosse equiparado ao dos outros refugiados da Síria, e transferidos para a completa responsabilidade do ACNUR. Esses refugiados deveriam ser tratados de acordo com os padrões dessa agência e devidamente registrados como refugiados da Síria, e não da Palestina. O ACNUR deveria tratar os refugiados sírios de origem palestina exatamente como trata os refugiados sírios de qualquer outra origem: fornece proteção e serviços, ao mesmo tempo que trabalha para suspender o *status* de refugiado tanto pela repatriação para a Síria, como pela integração nos países receptores ou pela naturalização como cidadãos em um terceiro país.

O Líbano tem também uma situação singular. De todos os países árabes para os quais os refugiados palestinos fugiram durante a guerra de 1948, o país no qual foram mais maltratados foi o Líbano, que não os naturalizou, como fez a Jordânia, nem os integrou economicamente, como fez a Síria. Na realidade, o Líbano criou um sistema de discriminação extrema sancionado pelo Estado. No Líbano, os refugiados palestinos e seus descendentes têm sido proibidos de assumirem empregos em mais de 20 profissões, e a autorização para entrar e sair do país é muito limitada. Cerca da metade vive em campos de refugiados (uma taxa similar à de Gaza) e muitos na extrema pobreza. Não é coincidência que

Conclusão ■ 261

o Líbano acolha formas muito piores de extremismo palestino do que a Síria ou a Jordânia. Essa é uma forte indicação de que a verdadeira força moderadora em relação aos refugiados palestinos não é a UNRWA, mas a naturalização ou a integração econômica.

A política relacionada aos refugiados palestinos no Líbano deveria, como é a dos refugiados da Síria, transferir a responsabilidade dos registrados na UNRWA para o ACNUR, buscando encerrar o *status* de refugiado por outros meios que não o retorno. Os países doadores transfeririam o financiamento da UNRWA no Líbano para o ACNUR. E novamente, isso deveria ser feito após apurados os números e as identidades verdadeiros dos residentes no Líbano. Em 2017, um censo oficial no Líbano concluiu que o número de refugiados registrados efetivamente vivendo lá era apenas um terço do que consta nos registros da UNRWA.[44] Uma vez que a população refugiada no Líbano é muito menor do que se supunha, deveria ser muito mais fácil encontrar soluções individuais para eles. Se a ACNUR assumisse a responsabilidade, os refugiados palestinos – os originais e seus descendentes – se tornariam verdadeiros refugiados, merecendo a proteção de refugiados. Isso significa que o ACNUR defenderia acabar com o regime discriminatório contra eles no Líbano, ao mesmo tempo que buscaria soluções de reassentamento em terceiros países, e até tentaria a naturalização no Líbano, ao menos para alguns poucos.

Um excelente exemplo recente de como o ACNUR opera, e poderia operar na Síria e no Líbano, uma vez recebendo a responsabilidade pelos refugiados palestinos ainda residentes lá, é seu tratamento dos refugiados étnicos nepaleses do Butão. Nos anos 1990, a tensão entre a etnia butanesa e a minoria étnica nepalesa no Butão intensificou-se e irrompeu em violência. Dezenas de milhares de nepaleses étnicos do Butão fugiram ou foram expulsos para o contíguo Nepal, onde a população era de uma composição étnica similar. No seu ápice, os refugiados étnicos nepaleses no Nepal contabilizavam mais de 100 mil. Eles viviam em sete campos administrados pelo ACNUR.

O Nepal e o Butão realizaram conversações por muitos anos, mas foram incapazes de resolver a crise. Em 2007, 17 anos depois de os primeiros refugiados começarem a chegar no Nepal, e cerca de uma década depois de seu número alcançar 100 mil, o ACNUR anunciou que estava iniciando um plano para reassentar os refugiados em terceiros países. Os Estados Unidos absorveram a grande maioria, com o restante indo para Canadá, Austrália, Nova Zelândia, Noruega, Holanda e Grã-Bretanha.[45]

Há muitas similaridades entre esse caso e o dos palestinos: os refugiados, aqui, eram etnicamente semelhantes às populações do país para o qual eles fugiram. Nesse caso, também, os refugiados exigiram repatriação (retorno), mas, como uma minoria étnica, foram rejeitados por um país cuja maioria étnica butanesa era culturalmente muito diferente (embora, nesse caso, diferente da situação dos refugiados palestinos com relação a Israel, os refugiados nepaleses tivessem cidadania no Butão). Igualmente aqui, as negociações fracassaram em produzir um acordo político. No entanto, diferente da UNRWA, quando ficou claro que a repatriação seria impraticável e improvável, o ACNUR assumiu uma postura decisiva para encontrar soluções alternativas. Com a Convenção dos Refugiados, o ACNUR não se atém a questões políticas como culpa, responsabilidade, justiça histórica, ou se é aceitável que os refugiados não tenham uma perspectiva razoável de retorno. Sua preocupação é encontrar uma solução conveniente e viável para os refugiados, a fim de que não precisem mais da sua proteção.[46] Se o ACNUR for autorizado a trabalhar na Síria e no Líbano da mesma maneira, é possível que, em poucos anos, os refugiados palestinos ainda residentes lá não sejam mais refugiados.

Conclusão ■ 263

A totalidade da implementação dessas várias políticas em cada uma das áreas de operações da UNRWA levaria ao desmantelamento da UNRWA. Esses passos sinalizariam claramente que o Ocidente não está mais disposto a subscrever uma organização designada para manter os palestinos em uma situação de limbo sustentado, aguardando o retorno. Isso retiraria um dos principais obstáculos à paz.

Os palestinos não podem ser impedidos de sonhar com um tempo antes do nascimento do Estado de Israel, nem com o retorno para uma mítica Palestina. Mas certamente é possível desvincular esse sonho de suas fontes de estímulo e apoio internacional. A via para a paz só poderá ser vislumbrada se os palestinos entenderem que suas reivindicações sobre a totalidade da Palestina, do rio até o mar, não têm apoio internacional, assim como Israel não tem apoio internacional para as suas alegações para o território além da linha de 1967. Os palestinos provavelmente continuarão a sonhar em ter Jaffa e Haifa, assim como os judeus continuarão a sonhar em ter Hebron e a Judeia – mas os dois sonhos permanecerão precisamente assim. Eles seriam sonhos, não reinvindicações e certamente não reivindicações que gozem de apoio internacional tácito. Embora os palestinos possam, mesmo sem o selo de uma agência de refugiado da ONU, sentarem-se à mesa de negociação com exigências de um retorno em massa, isso seria improvável, pois já não teriam mais o argumento de que gozam do apoio internacional para essas exigências.

Esse processo precisa começar agora. Não é possível esperar por uma era messiânica de um acordo permanente de paz. A exigência palestina de retorno está crescendo sob o guarda-chuva da cegueira e da indulgência ocidentais. A política de "chutar pra frente" pode parecer inofensiva, mas na verdade cobra um preço cada vez maior em conflitos. A questão se avoluma a cada momento, a violência cresce com o risco de se transformar num barril de pólvora.

Esse alto preço é pago na intensificação das chamas da guerra e no substancial prejuízo às perspectivas de paz. A menos que recursos sejam dedicados a desmantelar a barreira do retorno palestino, não haverá paz entre Israel e os palestinos. Enquanto os palestinos sentirem que são apoiados em sua visão de uma Palestina Árabe desde "o rio até o mar", continuarão a luta contra Israel, armados, ou de outra maneira.

A obrigação de qualquer pessoa que, verdadeira e sinceramente, quer a paz é agir agora para remover os obstáculos a essa visão. Em vez de alimentar o crescimento desses obstáculos, e esperar que, por alguma mágica, as partes possam alcançar a paz a despeito deles, é muito mais sábio remover tais obstáculos, de forma que a paz possa realmente ser alcançada. E não há maior empecilho para a paz do que a exigência palestina de retorno e a organização – UNRWA – que possibilitou que essa exigência continuasse crescendo ao longo de tantas décadas.

Conclusão ▪ *265*

Bibliografia

Arquivos on-line

Hansard Online, the official report of all proceedings in the UK Parliament: https://hansard.parliament.uk/

UN Official Document System: https://www.un.org/en/sections/general/documents/index.html

UNISPAL, the UN information system about the Palestine question: https://www.un.org/unispal/

UNESCO database: http://www.unesco.org/new/en/unesco/resources/online-materials/publications/unesdoc-database/ Ben Yehuda

Project: http://benyehuda.org/

Israeli Justice Ministry Database of International Conventions: http:// www.justice.gov.il/Units/TergomOmanotBimLeumi/Pages/search.aspx

Foreign Relations of the United States (FRUS), archives of the US State Department: https://history.state.gov/historicaldocuments

Truman Presidential Library: https://www.trumanlibrary.org/ Kennedy Presidential Library: https://www.jfklibrary.org/

UNRWA website: https://www.unrwa.org/ Israel State Archives: http://www.archives.gov.il/

Palestine Papers: http://www.aljazeera.com/palestinepapers/

Israeli Foreign Ministry: http://www.mfa.gov.il/MFA/ForeignPolicy/MFADocuments/Pages/Documents_Foreign_Policy_Israel.aspx

Entrevistas

Danny Ayalon

Eitan Dangot

Michael Oren

Amos Gilad

Rex Brynen

Daniel Reisner

Livros e artigos

Mahmoud Abbas, "Lord Balfour's Burden," *Cairo Review of Global Affairs*, (November 12, 2017).

Oroub El-Abed, "The Forgotten Palestinians: How Palestinian Refugees Survive in Egypt," *Forced Migration Review* 20 (May 2014): 29–31.

Salman H. Abu-Sitta, "The Feasibility of the Right of Return," ICJ and CIMEL paper (June 1997).

Salman H. Abu-Sitta, "The Implementation of the Right of Return,"

Palestine-Israel Journal 15, no. 4 (2008): 23–30.

Salman H. Abu-Sitta, *The Palestinian Nakba 1948: The Register of Depopulated Localities in Palestine* (London: Saki Books, 1998).

Howard Adelman and Elazar Barkan, *No Return, No Refuge: Rites and Rights in Minority Repatriation* (New York: Columbia University Press, 2011).

Pertti Ahonen, "Domestic Constraints on West German Ostpolitik: The Role of the Expellee Organizations in the Adenauer Era," *Central European History* 31, nos. 1 and 2 (March 1998): 31–63.

Susan M. Akram, "Palestinian Refugees and Their Legal Status: Rights, Politics, and Implications for a Just Solution," *Journal of Palestine Studies* 31, no. 3 (Spring 2002): 36–51.

Musa Alami, "The Lesson of Palestine," *Middle East Journal* 3, no. 4 (October 1949): 373–405.

Anaheed Al-Hardan, "Al-Nakbah in Arab Thought—The Transformation of a Concept," *Comparative Studies of South Asia, Africa and the Middle East* 35, no. 3 (2015): 622–638.

Anaheed Al-Hardan, "The Right of Return Movement in Syria: Building a Culture of Return, Mobilizing Memories for the Return," *Journal of Palestine Studies* 41, no. 2 (Winter 2012): 62–79.

Jalal Al-Husseini, "The Arab States and the Refugee Issue: A Retrospective View," *Israel and the Palestinian Refugees*, ed. Eyal Benvenisti, Chaim Gans, and Sari Hanafi (Berlin: Springer, 2007): 435–463.

Jalal Al-Husseini, "UNRWA and the Palestinian Nation-Building Process," *Journal of Palestine Studies* 29, no. 2 (Winter 2000): 51–64.

Jalal Al-Husseini, "UNRWA and the Refugees: A Difficult but Lasting Marriage," *Journal of Palestine Studies* 40, no. 1 (2010): 6–26.

Jalal Al-Husseini and Ricardo Bocco, "The Status of the Palestinian Refugees in the Near East: The Right of Return and UNRWA in Perspective," *Refugee Survey Quarterly* 28, nos. 2–3 (2010): 260–285. Anne Applebaum, *Iron Curtain: The Crushing of Eastern Europe, 1944-1956* (New York: Anchor Books, 2013).

"Arafat Goes to Moscow," *Journal of Palestine Studies* 4, no. 4 (1975): 145–147.

Gaetano Arangio-Ruiz, "The Normative Role of the General Assembly of the United Nations and the Declaration of Principles of Friendly Relations," *Collected Courses of the Hague Academy of International Law, 1972-III* 137 (1974), 419–572.

Natan Aridan, *Britain, Israel and Anglo-Jewry 1949–1957* (London: Routledge, 2004).

Nasser Aruri, ed., *Palestinian Refugees—The Right of Return* (London: Pluto Press, 2001).

David Barnett and Efraim Karsh, "Azzam's Genocidal Threat," *Middle East Quarterly* 18, no. 4 (Fall 2011): 85–88.

Gershon Baskin, *In Pursuit of Peace in Israel and Palestine* (Nashville, TN: Vanderbilt University Press, 2017), 266–270.

Yossi Beilin, *Touching Peace: From the Oslo Accords to a Final Agreement* (London: Weidenfeld & Nicolson, 1999).

Elad Ben-Dror, *Ralph Bunche and the Arab-Israeli Conflict: Mediation and the UN, 1947–1949* (London: Routledge, 2015).

Elad Ben-Dror, "Ralph Bunche and the Establishment of Israel," *Israel Affairs* 14, no. 3 (2008): 519–537.

Eyal Benvenisti, "The Right of Return in International Law: An Israeli Perspective" (paper presented at the Stock Taking Conference on Palestinian Refugee Research, Ottawa, Canada, June 17–20, 2003).

Folke Bernadotte, *To Jerusalem*, trans. Joan Bulman (Westport, CT: Hyperion Press, 1976).

Prashant Bharadwaj, Asim Khwaja, and Atif Mian, "The Big March: Migratory Flows after the Partition of India," *Economic and Political Weekly* 43, no. 35 (2008): 39–49.

Gideon Biger, *The Boundaries of Modern Palestine, 1840–1947* (New York: Routledge, 2004).

Kenneth W. Bilby, *New Star in the Near East* (Garden City, NY: Doubleday, 1950).

Laurie Brand, "Palestinians in Syria: The Politics of Integration," *Middle East Journal* 42, no. 4 (Autumn 1988): 621–637.

Ahron Bregman, *Israel's Wars, 1947–1993* (New York: Routledge, 2000).

Adam Bromke and Harald von Riekhoff, "The West German-Polish Treaty," *The World Today* 27, no. 3 (March 1971): 124–131.

Fred C. Bruhns, "A Study of Arab Refugee Attitudes," *Middle East Journal* 9, no. 2 (Spring 1955): 130–138.

Rex Brynen, *Sanctuary and Survival: The PLO in Lebanon* (Boulder, CO: Westview Press, 1990).

Khaldun Bshara, "Spatial Memories: The Palestinian Refugee Camps as Time Machine," *Jerusalem Quarterly* 60 (2014): 14–30.

Edward H. Buehrig, *The UN and the Palestinian Refugees—A Study in Nonterritorial Administration* (Bloomington: Indiana University Press, 1971).

John Roy Carlson, *Cairo to Damascus* (New York: Knopf, 1951). Anatoly Chernyaev, *My Six Years with Gorbachev* (University Park: Pennsylvania State University Press, 2000).

B. S. Chimni, "From Resettlement to Involuntary Repatriation: Towards a Critical History of Durable Solutions to Refugee Problems," *Refugee Survey Quarterly* 23, no. 3 (2004): 55–73.

Bill Clinton, *My Life* (New York: Knopf, 2004).

Helena Cobban, *The Palestinian Liberation Organization–People, Power and Politics* (Cambridge: Cambridge University Press, 1984).

Aharon Cohen, *Israel and the Arab World* (London: W. H. Allen, 1970).

Mark Cutts, ed., *The State of the World's Refugees, 2000: Fifty Years of Humanitarian Action* (Oxford: Oxford University Press, 2000).

Jeff Crisp, "The Local Integration and Local Settlement of Refugees: A Conceptual and Historical Analysis," New Issues in Refugee Research, UNHCR, working paper no. 102 (April 2004).

John H. Davis, *The Evasive Peace–A Study of the Zionist-Arab Problem* (New York: New World Press, 1970).

Andrew Demshuk, "What was the 'Right to the *Heimat*'? West German Expellees and the Many Meanings of *Heimkehr*," *Central European History* 45, no. 3 (September 2012): 523–556.

Karl DeRouen and Uk Heo, *Civil Wars of the World: Major Conflicts Since World War II* (Santa Barbara, CA: ABC-CLIO, 2007).

Ali E. Hillal Dessouki, "Arab Intellectuals and Al-Nakba: The Search for Fundamentalism," *Middle Eastern Studies* 9, no. 2 (May 1973): 187–195.

R. M. Douglas, *Orderly and Humane, The Expulsion of the Germans after the Second World War* (New Haven, CT: Yale University Press, 2012).

Abba Eban, *Personal Witness–Israel Through My Eyes* (New York: G. P. Putnam's Sons, 1992).

Hassan Elnajjar, "Planned Emigration: The Palestinian Case," *International Migration Review* 27, no. 1 (1993): 34–47.

Michael R. Fischbach, "The United Nations and Palestinian Refugee Property Compensation," *Journal of Palestine Studies* 31, no. 2 (Winter 2002): 34–50.

David P. Forsythe, "UNRWA, the Palestine Refugees, and World Politics: 1949–1969," *International Organization* 25, no. 1 (Winter, 1971): 26–45.

Geoffrey Furlonge, *Palestine Is My Country–The Story of Musa Alami* (London: John Murray, 1969).

Mark Galeotti, *Russia's Wars in Chechnya 1994–2009* (Oxford: Osprey Publishing, 2014).

Ruth Gavison, ed., *The Two-State Solution: The UN Partition Resolution of Mandatory Palestine, Analysis and Sources* (New York: Bloomsbury, 2013).

Honaida Ghanim, "Poetics of Disaster: Nationalism, Gender, and Social Change Among Palestinian Poets in Israel After Nakba," *International Journal of Politics Culture and Society* 22, no. 1 (2009): 23–39.

Martin Gilbert, *In Ishmael's House: A History of Jews in Muslim Lands* (New Haven, CT: Yale University Press, 2010).

Misha Glenny, *The Balkans, 1804–1999: Nationalism, War and the Great Powers* (London: Granta Publications, 1999).

Brenda Goddard, "UNHCR and the International Protection of Palestinian Refugees," *Refugee Survey Quarterly* 28, nos. 2–3 (2010): 477–486.

Alain Gresh, *The PLO–The Struggle Within* (London: Zed Books, 1988). Efraim Halevy, *Man in the Shadows: Inside the Middle East Crisis with a Man Who Led the Mossad* (New York: St. Martin's Griffin, 2008).

Muhammad Hallaj, "The Mission of Palestinian Higher Education," *Journal of Palestine Studies* 9, no. 4 (Summer 1980): 75-95.

Yehoshafat Harkabi, *Arab Attitudes to Israel* (Jerusalem: Israel Universities Press, 1972).

K. Hill et al., "The Demographic Impact of Partition in the Punjab in 1947," *Population Studies* 62, no. 2 (July 2008): 155-170.

Cecil A. Hourani, "Experimental Village in the Jordan Valley," *Middle East Journal* 5, no. 4 (Autumn 1951): 497-501.

Dennis C. Howley, *The United Nations and the Palestinians* (New York: Exposition Press, 1975).

Rex A. Hudson, *The Sociology and Psychology of Terrorism: Who Becomes a Terrorist and Why?* (Washington, DC: Library of Congress, 1999).

Amitzur Ilan, *Bernadotte in Palestine 1948: A Study in Contemporary Humanitarian Knight-Errantry* (London: The MacMillan Press, 1989).

Alexander H. Joffe, "UNRWA Resists Resettlement," *Middle East Quarterly* 19, no. 4 (Fall 2012): 11-25.

Alexander H. Joffe and Asaf Romirowsky, "A Tale of Two Galloways: Notes on the Early History of UNRWA and Zionist Historiography," *Middle Eastern Studies* 46, no. 5 (2010): 655-675. Paul A. Jureidini and William E. Hazen, *The Palestinian Movement in Politics* (Lexington, MA: Lexington Books, 1976).

Yoram Kaniuk, *1948* (NYRB Lit, 2012).

Efraim Karsh, "How Many Palestinian Arab Refugees Were There?," *Israel Affairs* 17, no. 2 (April 2011): 224-246.

Efraim Karsh, *Palestine Betrayed* (New Haven, CT: Yale University Press, 2010).

Efraim Karsh, "The Uses of Lydda," *Mosaic Magazine*, July 1, 2014, https://mosaicmaga-zine.com/response/2014/07/the-uses-of-lydda/.

Yossi Katz, "Transfer of Population as a Solution to International Disputes: Population Exchanges Between Greece and Turkey as a Model for Plans to Solve the Jewish-Arab Dispute in Palestine During the 1930s," *Political Geography* 11, no. 1 (January 1992): 55-72.

Chaim D. Kaufmann, "When All Else Fails: Ethnic Population Transfers and Partitions in the Twentieth Century," *International Security* 23, no. 2 (Fall 1998): 132-144.

Andrew Kent, "Evaluating the Palestinians' Claimed Right of Return," *University of Pennsylvania Journal of International Law* 34, no. 1 (2012): 149-275.

Rashid Khalidi, "Fifty Years After 1948: A Universal Jubilee?" *Palestine- Israel Journal* 5, no. 2 (1998): 15-19.

Rashid Khalidi, "Observations on the Right of Return," *Journal of Palestine Studies* 21, no. 2 (Winter 1992): 29-40.

Rashid Khalidi, *Palestinian Identity–The Construction of Modern National Consciousness* (New York: Columbia University Press, 2010).

Walid Khalidi, "Plan Dalet: Master Plan for the Conquest of Palestine," *Journal of Palestine Studies* 18, no. 1 (1988): 4-33.

Muhammad Khalil, *The Arab States and the Arab League: A Documentary Record*, vol. 1 (Beirut: Khayats, 1962).

Elias Khoury, *Gate of the Sun* (New York: Picador, 2007).

Baruch Kimmerling and Joel Migdal, *The Palestinian People: A History* (Cambridge, MA: Harvard University Press, 2003).

Martin Kramer, "Distortion and Defamation," *Mosaic Magazine*, July 20, 2014, https://mosaicmagazine.com/response/2014/07/distortion-and-defamation/.

Martin Kramer, "The Meaning of 'Massacre'," *Mosaic Magazine*, July 28, 2014, https://mosaicmagazine.com/response/2014/07/the-meaning-of-massacre/.

Martin Kramer, "What Happened at Lydda," *Mosaic Magazine*, July 1, 2014, https://mosaicmagazine.com/essay/2014/07/what-happened-at-lydda/.

Nadia Latif, "Space, Power and Identity in a Palestinian Refugee Camp," *Asylon(s)*, no. 5 (September 2008).

Ann M. Lesch, "Palestinians in Kuwait," *Journal of Palestine Studies* 20, no. 4 (Summer 1991): 42–54.

Bernard Lewis, *The Jews of Islam* (Princeton, NJ: Princeton University Press, 1984).

Keith Lowe, *Savage Continent: Europe in the Aftermath of World War II*, (London: Viking, 2012).

Gene M. Lyons, "American Policy and the United Nations' Program for Korean Reconstruction," *International Organization* 12, no. 2 (Spring 1958): 180–192.

Giles MacDonogh, *After the Reich: The Brutal History of the Allied Occupation* (New York: Basic Books, 2007).

Gregory S. Mahler and Alden R. W. Mahler, *The Arab-Israeli Conflict: An Introduction and Documentary Reader* (New York: Routledge, 2010).

Claudia Martinez Mansell, "Camp Code," *Places Journal* (April 2016), https://placesjournal.org/article/camp-code/.

Susan F. Martin, *International Migration: Evolving Trends from the Early Twentieth Century to the Present* (New York: Cambridge University Press, 2014).

Emanuel Marx, "Some UNRWA Refugees Have Resettled," *Middle East Quarterly* 19, no. 4 (Fall 2012): 37–44.

Emanuel Marx and Nitza Nachmias, "Dilemmas of Prolonged Humanitarian Aid Operations: The Case of UNRWA (UN Relief and Work Agency for the Palestinian Refugees)," *Journal of Humanitarian Assistance* (June 15, 2004).

Nur Masalha, "Remembering the Palestinian Nakba: Commemoration, Oral History and Narratives of Memory," *Holy Land Studies* 7, no. 2 (2008): 123–156.

James G. McDonald, *My Mission in Israel, 1948–1951* (New York: Simon & Schuster, 1951).

Khalid Abdullah Sulaiman Mohammad, "The Influence of the Political Situation in Palestine on Arabic Poetry from 1917–1973," thesis presented for the degree of Doctor of Philosophy in the University of London School of Oriental and African Studies, November 1982.

Erin Mooney, "The Concept of Internal Displacement and the Case for Internally Displaced Persons as a Category of Concern," *Refugee Survey Quarterly* 24, no. 3 (2005): 9–26.

Benny Morris, *The Birth of the Palestinian Refugee Problem Revisited* (Cambridge: Cambridge University Press, 2004).

Benny Morris, *1948: A History of the First Arab-Israeli War* (New Haven, CT: Yale University Press, 2008).

Benny Morris, *One State, Two States* (New Haven, CT: Yale University Press, 2009).

Benny Morris, *Righteous Victims: A History of the Zionist-Arab Conflict, 1881–1999* (New York: Knopf, 1999).

Benny Morris, "Zionism's Black Boxes," *Mosaic Magazine*, July 13, 2014, https://mosaic-magazine.com/response/2014/07/zionisms-black-boxes/.

Fouad Moughrabi, Elia Zureik, Manuel Hassassian, and Aziz Haidar, "Palestinians on the Peace Process," *Journal of Palestine Studies* 21, no. 1 (Autumn 1991): 36–53.

Karma Nabulsi, ed., *Palestinians Register: Laying Foundations and Setting Directions*, Report of the Civitas Project (Oxford: Nuffield College, 2006).

Alexander Nader, "The Development of International Assistance to Refugees from the Nansen Office to the Present (1921–1952)," (MA thesis, American University of Beirut, 1953).

Joseph Nevo, *King Abdallah and Palestine–A Territorial Ambition* (London: Macmillan, 1996).

Veronica Nmoma, "The Civil War and the Refugee Crisis in Liberia," *Journal of Conflict Studies* 17, no. 1 (1997).

The Palestine Arab Case–A Statement by the Arab Higher Committee (Cairo: Costa Tsoumas, 1947).

Palestine: The Solution–The Arab Proposals and the Case on which They Rest (Washington, DC: The Arab Office, 1947).

Ilan Pappé, *The Making of the Arab-Israeli Conflict, 1947–1951* (London: B. Tauris, 1992).

Don Peretz, "The Arab Refugees: A Changing Problem," *Foreign Affairs* 41, no. 3 (April 1963): 558–570.

Don Peretz, "Who Is a Refugee?," *Palestine-Israel Journal* 2, no. 4 (1995). Andrew J. Pierre, "The Bonn-Moscow Treaty of 1970: Milestone or Mirage?" *The Russian Review* 30, no. 1 (January 1971): 17–26.

Avi Plascov, *The Palestinian Refugees in Jordan, 1948–1957* (London: F. Cass, 1981). "Putting the Right of Return into Practice," Badil Resource Center, http://www.badil.org/phocadownloadpap/Badil_docs/publications/tools/practicalities-of-return-en-brochure.pdf.

Kurt René Radley, "The Palestinian Refugees: The Right to Return in International Law," *American Journal of International Law* 72, no. 3 (July 1978): 586–614.

Simon Reeve, *One Day in September* (New York: Arcade Publishing, 2011).

Condoleezza Rice, *No Higher Honor* (New York: Random House, 2011).

Richard Robbins, "The Refugee Status: Challenge and Response," *Law and Contemporary Problems* 21, no. 2 (Spring 1956): 311–333.

Steven J. Rosen, "Kuwait Expels Thousands of Palestinians," *Middle East Quarterly* 19, no. 4 (Fall 2012): 75–84.

Steven J. Rosen, "Why a Special Issue on UNRWA?," *Middle East Quarterly* 19, no. 4 (Fall 2012): 3–10.

Maya Rosenfeld, "From Emergency Relief Assistance to Human Development and Back: UNRWA and the Palestinian Refugees, 1950– 2009," *Refugee Survey Quarterly* 28, nos. 2 and 3 (2009): 286–317.

Dennis Ross, *Doomed to Succeed: The U.S.-Israel Relationship from Truman to Obama* (New York: Farrar, Straus and Giroux, 2015).

Barry Rubin and Judith Colp Rubin, *Yasir Arafat: A Political Biography* (Oxford: Oxford University Press, 2005).

Edward Said, "The Burdens of Interpretation and the Question of Palestine," *Journal of Palestine Studies* 16, no. 1 (Autumn 1986): 29–37.

Edward Said, *The Question of Palestine* (New York: Vintage, 1980).

Yezid Sayigh, *Armed Struggle and the Search for State: The Palestinian National Movement, 1949–1993* (Oxford: Oxford University Press, 1997).

Joseph B. Schechtman, *The Arab Refugee Problem* (New York: New York Philosophical Library, 1952).

Benjamin Schiff, *Refugees unto the Third Generation: UN Aid to Palestinians* (Syracuse, NY: Syracuse University Press, 1995).

Stephen M. Schwebel, "The Effect of Resolutions of the U.N. General Assembly on Customary International Law," *Proceedings of the ASIL Annual Meeting* 73 (1979): 301–309.

Victor Sebestyen, *1946: The Making of the Modern World* (New York: Vintage, 2014).

Ghassan Shabaneh, "Education and Identity: The Role of UNRWA's Education Programmes in the Reconstruction of Palestinian Nationalism," *Journal of Refugee Studies* 25, no. 4 (2012): 491–513.

Anita Shapira, *Land and Power: The Zionist Resort to Force, 1881–1948*

(Stanford, CA: Stanford University Press, 1992).

Hisham Sharabi, *Palestine Guerillas: Their Credibility and Effectiveness* (Washington, DC: Center for Strategic and International Studies, Georgetown University, 1970).

Malcolm N. Shaw, *International Law*, 6th ed. (New York: Cambridge University Press, 2008).

Ben Shephard, *The Long Road Home: The Aftermath of the Second World War* (London: The Bodley Head, 2010).

Abbas Shiblak, "The Palestinian Refugee Issue: A Palestinian Perspective," Chatham House Briefing Paper (2009).

Abbas Shiblak, "Residency Status and Civil Rights of Palestinian Refugees in Arab Countries," *Journal of Palestine Studies* 25, no. 3 (Spring 1996): 36–45.

Avi Shlaim, *Collusion Across the Jordan–King Abdullah, the Zionist Movement, and the Partition of Palestine* (New York: Columbia University Press, 1988).

Avi Shlaim, *The Iron Wall: Israel and the Arab World* (New York: W. W. Norton & Co., 2001).

Avi Shlaim, "The Rise and Fall of the All-Palestine Government in Gaza," *Journal of Palestine Studies* 20, no. 1 (Autumn 1990): 37–53.

Jaber Suleiman, *Marginalised Community: The Case of Palestinian Refugees in Lebanon* (UK: University of Sussex, April 2006).

Jamil M. Tahir, "An Assessment of Palestinian Human Resources: Higher Education and Manpower," *Journal of Palestine Studies* 14, no. 3 (Spring 1985): 32–53.

Alex Takkenberg, *The Status of Palestinian Refugees in International Law* (Oxford: Oxford University Press, 1998).

Shabtai Teveth, *Ben-Gurion and the Palestinian Arabs: From Peace to War* (New York: Oxford University Press, 1985).

A. L. Tibawi, "Visions of the Return: The Palestine Arab Refugees in Arabic Poetry and Art," *Middle East Journal* 17, no. 5 (Autumn, 1963): 507–526.

Åge A. Tiltnes and Huafeng Zhang, "Progress, Challenges, Diversity: Insights Into the Socio-economic Conditions of Palestinian Refugees in Jordan," Fafo-report 2013:42, https://www.unrwa.org/sites/default/files/insights_into_the_socio-economic_conditions_of_palestinian_refugees_in_jordan.pdf.

Jacob Tovy, *Israel and the Palestinian Refugee Issue: The Formulation of Policy, 1948–1956* (London: Routledge, 2014).

Yann Le Troquer and Rozenn Hommery al-Oudat, "From Kuwait to Jordan: The Palestinians' Third Exodus," *Journal of Palestine Studies* 28, no. 3 (Spring 1999): 37–51.

Harry Truman, *Memoirs by Harry S. Truman, Vol. 2: Years of Trial and Hope* (Garden City, NY: Doubleday, 1956).

Milton Viorst, *Reaching for the Olive Branch: UNRWA and Peace in the Middle East* (Washington, DC; Bloomington: Middle East Institute; Indiana University Press, 1989).

Simon A. Waldman, *Anglo-American Diplomacy and the Palestinian Refugee Problem, 1948–51* (New York: Macmillan, 2015).

Antoine Zahlan and Rosemarie Zahlan, "The Palestinian Future," *Journal of Palestine Studies* 6, no. 4 (Summer 1977): 103–112.

Alfred-Maurice de Zayas, *A Terrible Revenge: The Ethnic Cleansing of the East European Germans* (New York: St. Martin's Press, 1994).

Yaffa Zilbershats and Nimra Goren-Amitai, *The Return of Palestinian Refugees to the State of Israel* (Jerusalem: Metzilah Center, 2011).

Constantine K. Zurayk, *The Meaning of the Disaster* (Beirut: Khayat, 1956).

Elia Zureik, "Palestinian Refugees and the Middle East Peace Process," paper presented at the conference Middle East Peace Process: Costs of Instability and Outlook for Insecurity, University of Quebec, Montreal (October 23, 1998).

Relatórios e *position papers*

Guido Ambroso, "The End of History? Conflict, Displacement and Durable Solutions in the Post-Cold War Era," research paper 207 (Geneva: UNHCR, 2011), http://www.unhcr.org/research/working/4dc902909/end-history-conflict-displacement-durable-solutions-post-cold-war-era-guido.html.

Rex Brynen, "The Past as Prelude? Negotiating the Palestinian Refugee Issue," Chatham House Briefing Paper MEP/PR BP 08/01, Chatham House (2008), https://www.chathamhouse.org/publications/papers/view/108831.

Zuhair Diab (ed.), *International Documents on Palestine, 1968* (Beirut: Institute for Palestine Studies, 1971).

"Facts and Figures about the Palestinians," information paper no. 1, Center for Policy Analysis on Palestine (1992).

Sarah Gammage, "El Salvador: Despite End to Civil War, Emigration Continues," Migration Policy Institute, Migration

Information Source (July 2007), https://www.migrationpolicy.org/article/el-salvador-despite-end-civil-war-emigration-continues. The Geneva Accord–A Model Israeli-Palestinian Peace Agreement, http://www.geneva-accord.org/mainmenu/english.

Global Protection Cluster (GPC), *Handbook for the Protection of Internally Displaced Persons* (Geneva: UNHCR, June 2010), http:// www.unhcr.org/4c2355229.pdf.

International Crisis Group, "Bringing Back the Palestinian Refugee Question," report no. 156 (October 9, 2014), https://www.refworld.org/pdfid/543787384.pdf.

League of Nations Mandate for Palestine (London: His Majesty's Stationery Office, 1922).

Memorandum Submitted by the Arab Higher Committee to the Permanent Mandates Commission and the Secretary of State for the Colonies Dated July 23rd 1937 (Zug: Inter Documentation, 1977).

Norwegian Refugee Council/Internal Displacement Monitoring Centre (NRC/IDMC), "Cyprus: Prospects Remain Dim of Political Resolution to Change Situation of IDPs" (June 2009), http:// www.internal-displacement.org/assets/library/Europe/Cyprus/pdf/200906eu-cyprus-overview-en.pdf.

Norwegian Refugee Council/Internal Displacement Monitoring Centre (NRC/IDMC), "Protracted Internal Displacement in Europe: Current Trends and Ways Forward" (May 2009), http://www.internal-displacement.org/assets/publications/2009/200905-eu-protracted-internal-displacement-thematic-en.pdf.

UNHCR, "Protracted Refugee Situations, High Commissioner's Initiative" (December 2008), http://www.refworld.org/docid/496f041d2.html.

UNHCR, "Protracted Refugee Situations" (June 10, 2004) EC/54/SC/ CRP.14, http:// www.refworld.org/docid/4a54bc00d.html.

US Committee for Refugees and Immigrants, "Country Report Rwanda: Statistics on Refugees and Other Uprooted People" (June 2001), https://reliefweb.int/report/burundi/uscr-country-report-rwanda-statistics-refugees-and-other-uprooted-people-jun-2001.

US Participation in the U.N.: Report by the President to the Congress for the Year 1958 (Washington, DC: US Government Printing Office, 1959).

Jim Zanotti, "US Foreign Aid to the Palestinians," Congressional Research Service Report (December 16, 2016).

Livros e artigos (em hebraico)

Yuval Arnon-Ohana, *Line of Furrow and Fire: 100 Years of Conflict Over the Land of Israel* (Netanya: Ahiasaf, 2013).

Michael Assaf, "The Revenge Complex in the Arab World," *The New East* 1, no. 3 (April 1950): 188.

Mordechai Bar-On, "The Peace That Was Not Possible," *Iyunim Bitkumat Yisrael [Studies in Zionism, the Yishuv, and the State of Israel]* 2 (1992): 455–463.

Mordechai Bar-On, "Status Quo: Before or After? Commentary Notes on Israel's Defense Policy 1949-1958," *Iyunim Bitkumat Yisrael [Studies in Zionism, the Yishuv, and the State of Israel]* 5 (1995): 11–65.

David Ben-Gurion, *The Hebrew Worker and His Union* (Tel Aviv: Mifalei Tarbut ve-Chinuch, 1964).

David Ben-Gurion, *War Diaries Vol. 2* (Tel Aviv: Ministry of Defense, 1982).

David Ben-Gurion, "The Ways of the Jewish State (29 October 1937)," in *In The Campaign [Bama'archa]* (Tel Aviv: Mapai Party, 1950).

Yoram Ben-Porat, Emmanuel Marcus, and Shimon Shamir, *Hilltop Refugee Camp* (Tel Aviv: Shiloach Institute, Tel Aviv University, 1974).

Azriel Carlebach, *The Book of Resurrection* (Tel Aviv: Maariv, 1967). Aharon Cohen, *Israel and the Arab World* (Merhavia: Poalim, 1964). Ezra Danin, *A Zionist Under Any Condition* (Jerusalem: Kidum, 1987).

Moshe Elad, *The Core Issues of the Israeli-Palestinian Conflict* (Haifa: Pardes, 2014).

Yoav Gelber, *Revival and Nakba* (Tel Aviv: Dvir, 2004).

Asher Goren, *Arab Lessons from the War of Independence* (Tel Aviv: Ministry of Defense, 1952).

Yehoshafat Harkabi, *The Palestinians: From Slumber to Awakening*

(Jerusalem: Magnes, 1979).

Yehoshafat Harkabi and Matti Steinberg, *The Palestinian Covenant in the Test of Time and Practice* (Jerusalem: Government Publication Service, 1987).

Mustafa Kabha, "The Palestinians and the Partition Plan," in *60 Years to the November 29th 1947 Resolution* (Jerusalem: Metzilah, 2009), 60–68.

Dov Knohl, ed., *The Battle of the Etzion Bloc* (Israel: Youth and Hehalutz Department, World Zionist organization, 1957).

Mordechai Lahav, *Fifty Years of Palestinian Refugees* (Haifa: Beit Alim, 2000). Michael M. Lasker and Hanuch Bazov, *Terror in the Service of*

Revolution: The Relationship between the PLO and the Soviet Union, 1968–1991 (Ramat Gan: Bar Ilan, 2016).

Rami Livni, "Axioms, Myths, and Political Lies," *Molad* (January 12, 2017).

Nazir Majali, "The Position of the Arab Representation on the Partition Plan: Crime and Punishment," in *60 Years to the November 29th 1947 Resolution* (Jerusalem: Metzilah, 2009), 69–75.

Uri Milstein, "Hatred for Zionism Is Bound to Develop into Hatred for the West," *News1.co.il* (April 14, 2017), http://www.news1.co.il/Archive/002-D-119312-00.html.

Benny Morris, *The Birth of the Palestinian Refugee Problem, 1947–1949* (Tel Aviv: Am Oved, 1991).

Benny Morris, "The Creation of the Refugee Issue: Historical Background," in *The Palestinian Refugees and the Right of Return*, ed. Rafi Nets (Tel Aviv: Tel Aviv University, 2004), 7–12.

Benny Morris, *1948: A History of the First Arab-Israeli War* (Tel Aviv: Am Oved, 2010).

Joseph Nevo, "The Attitude of the Palestine Arabs to the Jewish Yishuv and Zionist Movement," in *Zionism and the Arab Question* (Jerusalem: Zalman Shazar Centre, 1996), 163–172.

Ehud Olmert, *In Person* (Rishon Lezion: Miskal Yedioth Ahronoth, 2018).

Benjamin Pinkus, *Special Relations–The Soviet Union, Its Allies, and Their Relations with the Jewish People, Zionism, and the Jewish State 1939–1959* (Beersheba: Ben-Gurion University of the Negev Press, 2007).

Danny Rubinstein, "The Return of the Right of Return," *Panim* 17 (2001): 23–29.

Moshe Sasson, *Without a Round Table: Peace Negotiations, Testimonies and Lessons (1919–1979)* (Or Yehuda: Maariv, 2004).

Uziel Schmeltz, "The Mass Emmigration from Asia and North Africa to Israel: Demographic Aspects," *Pe'amim* 39 (1989): 15–63.

Samuel Segev, *Behind the Screen: The Iraqi Parliamentary Committee on the War against Israel* (Tel Aviv: Ma'archot, 1954).

Ronny Shaked, *Behind the Keffiyeh: The Conflict from the Palestinian Viewpoint* (Rishon Lezion: Yediot Books, 2018).

Moshe Shemesh, "The *Kadesh* Operation and the Suez Campaign: The Middle Eastern Political Background 1949–1956," *Iyunim Bitkumat Yisrael [Studies in Zionism, the Yishuv, and the State of Israel]* 4 (1994): 66–116.

Moshe Shemesh, "The Palestinian Leadership Crisis Part II: 'All- Palestine Government' in September 1948 and the Mufti's Demise," *Iyunim Bitkumat Yisrael [Studies in Zionism, the Yishuv, and the State of Israel]* 15 (2005): 301–348.

Moshe Shemesh, "The PLO: The Path to Oslo-1988: A Turning Point in the Annals of the New Palestinian National Movement," *Iyunim Bitkumat Yisrael [Studies in Zionism, the Yishuv, and the State of Israel]* 9 (1999): 186–245.

Shoshana Stiftel, ed., *Plan "D": The First Strategic Plan in the Independence War* (Tel Aviv: Ministry of Defense, 2008).

Eliezer Tauber, *Deir Yassin: The End of the Myth* (Israel: Kinneret Zmora-Bitan Dvir Publishing, 2017).

Jacob Tovy, *On Its Own Threshold: The Formulation of Israel's Policy on the Palestinian Refugee Issue, 1948–1956* (Beersheba: Ben-Gurion University of the Negev, 2008).

Tzvi Tzameret, "New Revelations in the Bernadotte Episode: The Nazi Connection and the Jewish Advisor Magnes," *Mida* 7 (October 7, 2014).

Notas

Capítulo "Travando a guerra (1948)"

1. Citado em Benny Morris, *1948: A History of the First Arab-Israeli War* (New Haven, CT: Yale University Press, 2008), 123.
2. Ibid., 123-125.
3. Ao longo do livro, nós usamos o termo *palestinos* como é comumente conhecido e empregado hoje, por questões de conveniência. Entretanto, durante os anos de 1940 e 1950 o termo não era comumente utilizado para se referir aos árabes da região; quando necessário em um contexto histórico específico ou nas citações das pessoas e documentos daquele período, os palestinos são referidos como árabes, árabes refugiados ou palestinos refugiados.
4. *League of Nations Mandate for Palestine* (London: His Majesty's Stationery Office, 1922). A Grã-Bretanha decidiu, em 1921, criar uma entidade separada denominada Transjordânia, que se estendia a leste do rio Jordão, com o objetivo de satisfazer as reivindicações árabes. Dessa forma, toda a área a oeste do rio Jordão deveria acolher o lar nacional judeu. Ver, por exemplo, Gideon Biger, *The Boundaries of Modern Palestine, 1840-1947* (New York: Routledge, 2004), 174-179.
5. Ver, por exemplo, Memorandum Submitted by the Arab Higher Committee to the Permanent Mandates Commission and the Secretary of State for the Colonies Dated July 23rd 1937 (Zug: Inter Documentation 1977); *The Palestine Arab Case – A Statement by the Arab Higher Committee* (Cairo: Costa Tsoumas, 1947); *Palestine: The Solution – The Arab Proposals and the Case on which They Rest* (Washington, DC: The Arab Office, 1947); ver também Yezid Sayigh, *Armed Struggle and the Search for State: The Palestinian National Movement, 1949-1993* (New York: Oxford University Press, 1997), 4-10; Mustafa Kabha, *"The Palestinians and the Partition Plan,"* in *60 Years to the November 29th 1947 Resolution* (Jerusalem: Metzilah, 2009), 60-68 [em hebraico]; Nazir Majali, *"The Position of the Arab Representation on the Partition Plan: Crime and Punishment,"* in *60 Years to the November 29th 1947 Resolution* (Jerusalem: Metzilah, 2009),

69-75 [em hebraico]; Joseph Nevo, *"The Attitude of the Palestine Arabs to the Jewish Yishuv and Zionist Movement,"* em *Zionism and the Arab Question* (Jerusalem: Zalman Shazar Centre, 1996), 163-172 [em hebraico]; Benny Morris, *Righteous Victims: A History of the Zionist-Arab Conflict, 1881-1999* (New York: Knopf, 1999), 56-66, 88-106.

6 "Palestine Conference (Government Policy)," House of Commons Debate, vol. 433, (18 de fevereiro de 1947), cc 985-994.

7 Sobre as recomendações do comitê especial, ver UNGAOR, *Second Session*, Supplement no. 11, "United Nations Special Committee on Palestine: Report to the General Assembly," A/364 (3 de setembro de 1947); para a resolução UN, ver UNGAOR 181 (II) "Future Government of Palestine," A/RES/181(II) (29 de novembro de 1947).

8 UNGAOR, *Second Session*, Supplement no. 11, "United Nations Special Committee on Palestine: Report to the General Assembly," A/364 (3 de setembro de 1947), cap. 6, part I, para. 1.

9 E, na verdade, de maio de 1948 a dezembro daquele ano, cerca de 120 mil judeus imigraram para Israel, a maior parte deles dos campos de refugiados na Europa e no Chipre. Em 1949, cerca de 140 mil judeus imigraram para Israel, incluindo todas as comunidades judaicas que fugiram da Líbia e do Iêmen. Em 1951, o número de judeus em Israel duplicou. Ver Uziel Schmeltz, "The Mass Emmigration from Asia and North Africa to Israel: Demographic Aspects," *Pe'amim* 39 (1989): 15–63 [em hebraico]. Ver também Morris, 1948, 53, 63-65.

10 Morris, 1948, 65; Uri Milstein, "29 November, B: Bribery and Elections," http://www.urimilstein.com/product-107.html [em hebraico]; Azriel Carlebach, *The Book of Resurrection* (Tel Aviv: Maariv, 1967), 10 [em hebraico].

11 David Ben-Gurion, *War Diaries*, March 12, 1947 (Tel Aviv: Ministry of Defense, 1982), vol. 1, 20 [em hebraico].

12 Palestine Royal Commission Report (London: His Majesty's Stationery Office, 1937); *Memorandum Submitted by the Arab Higher Committee to the Permanent Mandates Commission and the Secretary of State for the Colonies Dated July 23rd 1937* (Zug: Inter Documentation, 1977).

13 Ver, por exemplo, "Address by Mr Emil Ghoury (member of the Arab Higher Committee) to the final session of the Anglo-American Committee of Inquiry, 25 March 1946," in Ruth Gavison, ed., *The Two-State Solution: The UN Partition Resolution of Mandatory Palestine, Analysis and Sources* (New York: Bloomsbury, 2013), 97.

14 Bernard Lewis, *The Jews of Islam* (Princeton, NJ: Princeton University Press, 1984), 3-66.

15 Aharon Cohen, *Israel and the Arab World* (London: W. H. Allen, 1970), 402.

16 Morris, *1948*, 26, 42.

17 Ibid., 50.

18 Citado em Abba Eban, *Personal Witness – Israel Through My Eyes* (New York: G. P. Putnam's Sons, 1992), 110.

19 Elad Ben-Dror, "Ralph Bunche and the Establishment of Israel," *Israel Affairs* 14, no. 3 (2008): 519–537; United Nations General Assembly, "United Nations Palestine Commission: First Special Report to the Security Council — The Problem of Security in Palestine," A/AC.21/9 (16 de fevereiro de 1948).

20 Citado em Morris, *1948*, 77.

21 Ibid.; Jacob Tovy, *Israel and the Palestinian Refugee Issue: The Formulation of Policy, 1948-956* (London: Routledge, 2014); Yoav Gelber, *Revival and Nakba* (Tel Aviv: Dvir, 2004) [em hebraico]; Mordechai Lahav, *Fifty Years of Palestinian Refugees* (Haifa: Beit Alim, 2000) [em hebraico]; ver também Efraim Karsh, *Palestine Betrayed* (New Haven, CT: Yale University Press, 2010).

22 Benny Morris, "The Creation of the Refugee Issue: Historical Background," em *The Palestinian Refugees and the Right of Return*, ed. Rafi Nets (Tel Aviv: Tel Aviv University, 2004), 7-12 [em hebraico].

23 Morris, *1948*, 111-115.

24 Ibid., 113-115; Ahron Bregman, *Israel's Wars, 1947-1993* (New York: Routledge, 2000), 12.

25 Morris, *1948*, 115-121.

26 Shoshana Stiftel, ed., *Plan "D": The First Strategic Plan in the Independence War* (Tel Aviv: Ministry of Defense, 2008), 37-45 [em hebraico].

27 O Plano Alfa ("A") foi preparado em setembro de 1941, o Plano Beta ("B") em setembro de 1945 e o Plano Gimel ("C") em maio de 1946. Sobre esses planos, ver Stiftel, *Plan "D"*, 9, 13-15, 27-36; ver também Morris, *1948*, 115-121. Para as recomendações da Comissão Peel, ver *Palestine Royal Commission Report* (London: His Majesty's Stationery Office, 1937), 380-393.

28 Sobre a Revolta Árabe de 1936-1939, ver, por exemplo, Morris, *Righteous Victims*, 128-135. Sobre a resposta judaica sobre a Revolta e a evolução da atitude direcionada à população árabe do Mandato, ver Ibid., 135-137; Anita Shapira, *Land and Power: The Zionist Resort to Force, 1881–1948* (Stanford, CA: Stanford University Press, 1992), 221-234; Shabtai Teveth, *Ben-Gurion and the Palestinian Arabs: From Peace to War* (New York: Oxford University Press, 1985).

29 Stiftel, *Plano "D"*, 292-331.

30 Walid Khalidi, "Plan Dalet: Master Plan for the Conquest of Palestine," *Journal of Palestine Studies* 18, no. 1 (1988): 4-33; Ilan Pappé, *The Making of the Arab-Israeli Conflict, 1947-1951* (London: I. B. Tauris, 1992), 89-96.

31 A tradução inglesa do plano aparece em Khalidi, "Plan Dalet", 24-33.

32 Yoram Kaniuk, *1948* (NYRB Lit, 2012), loc. 1372. Kindle.

33 Citado em Dov Knohl, ed. *The Battle of the Etzion Bloc* (Israel: Youth and Hehalutz Department, World Zionist Organization, 1957), 145 [em hebraico].

34 Morris, *1948*, 128-129; "How the Hadassah Convoy was Destroyed," *Davar* (3 de abril de 1949) [em hebraico].

35 Citado em Knohl, *The Battle of the Etzion Bloc*, 477.

36 John Roy Carlson, *Cairo to Damascus* (New York: Knopf, 1951), 172.

37 Morris, "The Creation of the Refugee Issue," 7-12; Tovy, *Israel and the Palestinian Refugee Issue*, 3-9.

38 As estimativas para os números de refugiados variavam de 500 mil, alegados por Israel, a 1 milhão, alegados por funcionários árabes. Em julho de 1949, Israel disse à Comissão de Conciliação que havia cerca de 520 mil refugiados; ver, por exemplo, Comay para o Comitê Técnico sobre os Refugiados da Comissão pela Conciliação da Palestina, 24 de julho de 1949, citado em Morris, *The Birth*, 602. Os britânicos, em fevereiro de 1949, pensavam que havia 810 mil refugiados; ver a resposta de McNeil ao brigadeiro Rayner, 16 de fevereiro de 1949, citado em Ibid. O Ministério das Relações Exteriores britânico concluiu, em setembro de 1949, que o número de refugiados estava entre 600 mil e 760 mil; ver Ministério das Relações Exteriores para a Delegação do Reino Unido nas Nações Unidas (Nova York), 2 de setembro de 1949, citado em Benny Morris, *The Birth of the Palestinian Refugee Problem Revisited* (Cambridge: Cambridge University Press, 2004), 603.

39 "First Interim Report of the United Nations Economic Survey Mission for the Middle East," Section (A), Number of Refugees, A/1106 (16 de novembro de 1949).

40 Morris, *The Birth of the Palestinian Refugee Problem Revisited*, 570-571; Tovy, *Israel and the Palestinian Refugee Issue*, 7-9; Efraim Karsh, "How Many Palestinian Arab Refugees Were There?," *Israel Affairs* 17, no. 2 (Abril 2011), 224-246; "Facts and Figures about the Palestinians," Information Paper no. 1, Center for Policy Analysis on Palestine (1992), 13.

41 United Nations General Assembly, Interim Report of the Director of the United Nations Relief and Work Agency for Palestine Refugees in the Near East, A/1451/Rev.1 (6 de outubro de 1950): Supplement no. 19, para. 13.

42 Ver "Report of the Secretary-General Concerning United Nations Relief for Palestine Refugees," 24 de outubro de 1950, A/1452, citado em Edward H. Buehrig, *The UN and the Palestinian Refugees – A Study in Nonterritorial Administration* (Bloomington: Indiana University Press, 1971), 31.

[43] "First Interim Report of the United Nations Economic Survey Mission for the Middle East" (16 de novembro de 1949), A/1106, Table B, "Estimate of Number of Arab Refugees From Israeli-Held Territory."

[44] Don Peretz, "Who Is a Refugee?," *Palestine-Israel Journal* 2, no. 4 (1995).

[45] James G. McDonald, *My Mission in Israel, 1948 – 1951* (New York: Simon & Schuster, 1951), 176; Morris, *The Birth of the Palestinian Refugee Problem, 1947-1949*, 119, 185.

[46] Citado em Morris, *1948*, 410.

[47] Declaração de Independência de Israel, disponível em: https://www.knesset.gov.il/docs/eng/megilat_eng.htm; ver também *Arab Society in Israel: Information Portfolio*(Neve Ilan:Abraham Fund, 2009), 4 [em hebraico], https:// www.abrahamfund.org/webfiles/fck/Ogdan%20Final.pdf.

[48] Morris, *1948*, 125-128; Eliezer Tauber, *Deir Yassin: The End of the Myth* (Israel: Kinneret Zmora-Bitan Dvir Publishing, 2017) [em hebraico].

[49] Morris, *1948*, 154; Shmuel Segev, ed., *In Enemy Eyes* (Tel Aviv: Ma'arachot, 1954), 34 [em hebraico].

[50] Ver David Barnett e Efraim Karsh, "Azzam's Genocidal Threat," *Middle East Quarterly* 18, no. 4 (outono, 2011): 85-88.

[51] Citado em Samuel Segev, *Behind the Screen: The Iraqi Parliamentary Committee on the War against Israel* (Tel Aviv: Ma'arachot, 1954), 77 [em hebraico].

[52] Citado em Morris, *1948*, 408.

[53] Ibid., 408-410.

[54] Citado em Morris, *The Birth of the Palestinian Refugee Problem, 1947-1949*, 451.

[55] Yossi Katz, "Transfer of Population as a Solution to International Disputes: Population Exchanges Between Greece and Turkey as a Model for Plans to Solve the Jewish-Arab Dispute in Palestine During the 1930s," *Political Geography* 11, no. 1 (Janeiro 1992): 55-72; Yaffa Zilbershats and Nimra Goren-Amitai, *The Return of Palestinian Refugees to the State of Israel* (Jerusalem: Metzilah Center, 2011), 78-79.

[56] Anne Applebaum, *Iron Curtain: The Crushing of Eastern Europe, 1944–1956* (New York: Anchor Books, 2013), 116–147; ver também Guido Ambroso, "The End of History? Conflict, Displacement and Durable Solutions in the Post-Cold War Era," Research Paper 207 (Geneva: UNHCR, 2011), 2.

[57] Giles MacDonogh, *After the Reich: The Brutal History of the Allied Occupation* (New York: Basic Books, 2007), 154. Para outros relatos sobre a limpeza étnica dos alemães após a Segunda Guerra Mundial, ver Keith Lowe, *Savage Continent: Europe in the Aftermath of World War II*, (London: Viking, 2012); Ben Shephard, *The Long Road Home: The Aftermath of the Second World War* (London: The Bodley Head, 2010); R. M. Douglas, *Orderly and Humane, The Expulsion of the Germans after the Second World War* (New Haven, CT: Yale University Press, 2012); Alfred-Maurice de Zayas, *A Terrible Revenge: The Ethnic Cleansing of the East European Germans* (New York: St. Martin's Press, 1994).

[58] "Report to Office of Military Government Bavaria," citado em Victor Sebestyen, *1946: The Making of the Modern World* (New York: Vintage, 2014), loc. 2229. Kindle.

[59] Citado em ibid., loc. 2239. Kindle.

[60] Winston Churchill citado em Applebaum, *Iron Curtain*, 22.

[61] Chaim D. Kaufmann, "When All Else Fails: Ethnic Population Transfers and Partitions in the Twentieth Century," *International Security* 23, no. 2 (Outono, 1998): 132-144; Prashant Bharadwaj, Asim Khwaja, and Atif Mian, "The Big March: Migratory Flows after the Partition of India," *Economic and Political Weekly* 43, no. 35 (2008): 39-49.

[62] Martin Gilbert, *In Ishmael's House: A History of Jews in Muslim Lands* (New Haven, CT: Yale University Press, 2010).

[63] Morris, *1948*, 406; ver também K. Hill et al., "The Demographic Impact of Partition in the Punjab in 1947," *Population Studies* 62, no. 2 (julho de 2008): 155-170.

Capítulo "Exigindo o retorno (1949)"

[1] "First Interim Report of the United Nations Economic Survey Mission for the Middle East", Section (A), Number of Refugees, A/1106 (16 de novembro de 1949).

[2] Kenneth W. Bilby, *New Star in the Near East* (Garden City, NY: Doubleday, 1950), 79-101.

[3] Citado em Ibid., 79-80.

[4] Ibid., 99.

[5] Citado em *Davar*, 30 de outubro de 1949 [em hebraico].

[6] Edward Said, *The Question of Palestine* (New York: Vintage, 1980), 48.

[7] *Al-Ahram*, 20 de julho de 1949, citado em Elad Ben-Dror, *Ralph Bunche and the Arab-Israeli Conflict: Mediation and the UN, 1947–1949* (New York: Routledge, 2016), 250.

[8] *Al-Ayyam*, 27 de julho, 1949, citado em Aharon Cohen, *Israel and the Arab World* (Merhavia: Poalim, 1964), 460 [em hebraico].

[9] Foreign Office (British), Campbell to Bevin, March 12, 1949, 371/75332, citado em Ben-Dror, *Ralph Bunche and the Arab-Israeli Conflict*, 250.

[10] Abdel Monem Mustafa to Eliahu Sasson, 1º de junho de 1949, citado em Moshe Shemesh, "The *Kadesh* Operation and the Suez Campaign: The Middle Eastern Political Background 1949-1956," [*Studies in Zionism, the Yishuv, and the State of Israel*] 4 (1994): 68 [em hebraico].

[11] Avi Shlaim, *The Iron Wall: Israel and the Arab World* (New York: W. W. Norton, 2001); Mordechai Bar-On, "*Status Quo*: Before or After? Commentary Notes on Israel's Defense Policy 1949-1958," *Iyunim Bitkumat Yisrael* [*Estudos sobre o sionismo, o Yishuv e o Estado de Israel*] 5 (1995): 86-87 [em hebraico].

[12] Morris, *Righteous Victims*, 269.

[13] Constantine K. Zurayk, *The Meaning of the Disaster* (Beirut: Khayat, 1956), 15.

[14] Zurayk, *The Meaning*, 7.

[15] Nos anos logo após a guerra, uma série de livros e artigos aparecera no mundo árabe utilizando esses termos. Para uma discussão dessa literatura, ver, por exemplo, Ali E. Hillal Dessouki, "Arab Intellectuals and Al-Nakba: The Search for Fundamentalism," *Middle Eastern Studies* 9, no. 2 (Maio 1973): 187-195; ver também Asher Goren, *Arab Lessons from the War of In dependence* (Tel Aviv: Ministry of Defense, 1952) [em hebraico]; Shemesh, "The *Kadesh* Operation and the Suez Campaign," 66-116.

[16] Honaida Ghanim, "Poetics of Disaster: Nationalism, Gender, and Social Change Among Palestinian Poets in Israel After Nakba," *International Journal of Politics Culture and Society* 22, no. 1 (2009): 23-39.

[17] Citado em Anaheed Al-Hardan, "Al-Nakbah in Arab Thought - The Transformation of a Concept," *Comparative Studies of South Asia, Africa and the Middle East* 35, no. 3 (2015), 627.

[18] Citado em Goren, *Arab Lessons from the War of Independence*, 69. A guerra também influenciou profundamente os escritores árabes e se refletiu em inúmeros trabalhos, romances, contos e peças de teatro. Ver, por exemplo, Khalid Abdullah Sulaiman Mohammad, "The Influence of the Political Situation in Palestine on Arabic Poetry from 1917-1973," Thesis presented for the degree of Doctor of Philosophy in the University of London School of Oriental and African Studies, novembro de 1982.

[19] Zurayk, *The Meaning*, 2; ver também Mordechai Bar-On, "The Peace That Was Not Possible," *Iyunim Bitkumat Yisrael* [*Estudos sobre o sionismo, o Yishuv e o Estado de Israel*] 2 (1992): 455-463 [em hebraico]; Morris, *1948*, 416-420.

[20] Zurayk, *The Meaning*, 16, 32.

[21] Morris, *Righteous Victims*, 269; Cohen, *Israel and the Arab World*.

[22] Morris, *1948*, 416-417; Ben-Dror, *Ralph Bunche and the Arab-Israeli Conflict*, 250.

[23] Citado em Eban, *Personal Witness*, 197; ver também Bar-On, "The Peace That Was Not Possible."

[24] *Falastin*, 23 de junho de 1949, citado em Shemesh, "The *Kadesh* Operation and the Suez Campaign," 90.

Notas ■ 283

[25] Arab League Resolution 314 from April 13, 1950, "Separate Peace with Israel," citado em Muhammad Khalil, *The Arab States and the Arab League: A Documentary Record*, vol. 1 (Beirut: Khayats, 1962), 166-167.

[26] Radio Damascus, 25 de junho de 1951, citado em Shemesh, "The *Kadesh* Operation and the Suez Campaign," 90.

[27] *Al-Khayat* (Beirut), 8 de setembro de 1951, citado em Shemesh, "The *Kadesh* Operation and the Suez Campaign," 90.

[28] Cohen, *Israel and the Arab World*, 461.

[29] Ibid., 477.

[30] Avi Shlaim, *Collusion Across the Jordan - King Abdullah, the Zionist Movement, and the Partition of Palestine* (New York: Columbia University Press, 1988), 606.

[31] Musa Alami, "The Lesson of Palestine," *Middle East Journal* 3, no. 4 (outubro de 1949): 373-405; ver também Michael Assaf, "The Revenge Complex in the Arab World," *The New East* 1, no. 3 (abril de 1950), 188 [em hebraico]. Para outras discussões sobre a perspectiva árabe após a guerra, ver, dentre outros, Yehoshafat Harkabi, *Arab Attitudes to Israel* (Jerusalem: Israel Universities Press, 1972), 362-383; Dessouki, "Arab Intellectuals and Al-Nakba," 187-195; Al-Hardan, "Al-Nakbah in Arab Thought," 622-638.

[32] Alami, "The Lesson of Palestine," 386, 405.

[33] "Palestine progress report of the United Nations mediator on Palestine: Cablegram dated 28 September 1948 from the Premier and acting Foreign Secretary of All-Palestine Government to the Secretary-General concerning constitution of All-Palestine Government," UN 3rd Session, First Committee, A/C.1/330 (14 de outubro de 1948).

[34] Citado em Avi Shlaim, "The Rise and Fall of the All-Palestine Government in Gaza," *Journal of Palestine Studies* 20, no. 1 (outono, 1990): 37-53. Uma das motivações desse governo, apoiado pelo Egito, era enviar um sinal ao rei hashemita para não anexar os territórios conquistados da Palestina da época do Mandato, daí a insistência na integridade territorial da Palestina. Ver também Moshe Shemesh, "The Palestinian Leadership Crisis Part II: 'All-Palestine Government' in September 1948 and the Mufti's Demise," *Iyunim Bitkumat Yisrael [Studies in Zionism, the Yishuv, and the State of Israel]* 15 (2005): 301-348 [em hebraico].

[35] Citado em Joseph Nevo, *King Abdallah and Palestine - A Territorial Ambition* (London: Macmillan, 1996), 166-171; ver também Shlaim, *Collusion Across the Jordan*, 359; Gelber, *Revival and Nakba*, 379.

[36] Rashid Khalidi, *Palestinian Identity - The Construction of Modern National Consciousness* (New York: Columbia University Press, 2010), 177-183.

[37] Bilby, *New Star in the Near East*, 85.

[38] Citado em Ezra Danin, *A Zionist Under Any Condition* (Jerusalem: Kidum, 1987): 311, 315 [em hebraico]. Ver também "Most Embarrassed," *Palestine Post*, 6 de agosto de 1948; "Refugees Are the Mufti's Last Card," *Palestine Post*, 27 de agosto de 1948.

[39] "Emil Ghoury's Response to the Telegraph on the Matter of the Refugees," agosto 1948, citado em Benny Morris, *1948: A History of the First Arab-Israeli War* (Tel Aviv: Am Oved, 2010), 426-427 [em hebraico].

[40] Walid al-Khalidi, "Reappraisal: An Examination of Certain Western Attitudes to the Palestine Problem," *Middle East Forum* 33, no. 8 (1958), citado em Harkabi, *Arab Attitudes to Israel*, 27.

[41] Rashid Khalidi, "Observations on the Right of Return," *Journal of Palestine Studies* 21, no. 2 (inverno, 1992): 36.

[42] Arab League Resolution 231 from March 17, 1949, citado em Khalil, *The Arab States and the Arab League*, vol. 1, 165.

[43] Ver, por exemplo, "A Statement on the Aims and Policy of the Palestine Arab Refugee Congress," 9 de outubro de 1949, citado em Avi Plascov, *The Palestinian Refugees in Jordan, 1948-1957* (New York: Routledge, 2017), annex no. 4; "Letter Dated 13 May 1949 from Mr. Nassib Bulos, Delegation Secretary, Arab Refugee Congress, to the Chairman of the [Palestine] Conciliation Commission," 14 de maio de 1949, A/AC.25/Org/13.

44 Protocols of the 12th Session of the Council of the League of Arab States, March 25, 1950, to June 17, 1950, citado em Shemesh, "The *Kadesh* Operation and the Suez Campaign," 68; ver também Shlaim, *Iron Wall*; Lahav, *Fifty Years of Palestinian Refugees*, 436-437.

45 Jalal Al-Husseini, "The Arab States and the Refugee Issue: A Retrospective View," in *Israel and the Palestinian Refugees*, ed. Eyal Benvenisti, Chaim Gans, and Sari Hanafi (Berlin: Springer, 2007), 436.

46 Al-Masry, 11 de outubro de 1949, citado em Harkabi, Arab Attitudes to Israel, 28.

47 Al-Joumhouria, 20 de maio de 1964, citado em Harkabi, *Arab Attitudes to Israel*, 7.

48 Citado em Joseph B. Schechtman, *The Arab Refugee Problem* (New York: New York Philosophical Library, 1952), 24.

49 Ibid.

50 Ibid., p. 31.

51 Gelber, *Revival and Nakba*, 253.

52 Shlaim, *The Iron Wall*, 50; Morris, *The Birth of the Palestinian Refugee Problem*, 579-580.

53 Tovy, *Israel and the Palestinian Refugee Issue*, 87-89.

54 Ibid., 87-102.

55 Citado em Morris, *The Birth of the Palestinian Refugee Problem Revisited*, 310-311.

56 Citado em Ibid., 311.

57 Ben-Gurion, *War Diaries*, vol. 2, 524-526.

58 Citado em Morris, *The Birth of the Palestinian Refugee Problem Revisited*, 317.

59 Tovy, *Israel and the Palestinian Refugee Issue*, 16-17.

60 Citado em Tovy, *Israel and the Palestinian Refugee Issue*, 18.

61 Ibid., 19.

62 Citado em Morris, *The Birth of the Palestinian Refugee Problem Revisited*, 553, 559; Tovy, *Israel and the Palestinian Refugee Issue*, 40.

63 Morris, *Birth*, 250-258.

64 Andrew Kent, "Evaluating the Palestinians' Claimed Right of Return," *University of Pennsylvania Journal of International Law* 34, no. 1 (2012): 152.

65 Convention Relating to the *Status* of Refugees, 28 de julho de 1951, United Nations Treaty Series, vol. 189, 176.

66 Howard Adelman and Elazar Barkan, *No Return, No Refuge: Rites and Rights in Minority Repatriation* (New York: Columbia University Press, 2011), 1-23.

67 Alexander Nader, "The Development of International Assistance to Refugees from the Nansen Office to the Present (1921-1952)," (MA thesis, American University of Beirut, 1953), 163; Mark Cutts, ed., *The State of the World's Refugees, 2000: Fifty Years of Humanitarian Action* (Oxford: Oxford University Press, 2000), 60-76.

68 Simon A. Waldman, *Anglo-American Diplomacy and the Palestinian Refugee Problem, 1948-51* (New York: Macmillan, 2015), 18-39.

69 Folke Bernadotte, *To Jerusalem*, trans. Joan Bulman (Westport, CT: Hyperion Press, 1976), 142, 118. Ver também Amitzur Ilan, *Bernadotte in Palestine 1948: A Study in Contemporary Humanitarian Knight-Errantry* (London: Macmillan, 1989), 130.

70 "Text of Suggestions Presented by the United Nations Mediator on Palestine to the Two Parties on 28 June 1948," 28 de junho de 1948, S/863.

71 Morris, *1948*, 269-270; Cohen, *Israel and the Arab World*, 403.

72 Morris, *1948*, 145-146.

73 Morris, *1948*, 209.

74 United Nations General Assembly, "Progress Report of the United Nations Mediator on Palestine Submitted to the Secretary-General for Transmission to the Members of the United Nations," A/648 (16 de setembro de 1948).

75 "Arabs Reject Mediator's Plan," *Palestine Post*, September 22, 1948; FRUS, 1948, *The Near East, South Asia, and Africa, Volume V, Part 2*, eds. Herbert A. Fine and Paul Claussen (Washington, DC: Government Printing Office, 1976), Document 619.

76 Morris, *1948*, 313.
77 United Nations General Assembly, "Progress Report of the United Nations Mediator on Palestine Submitted to the Secretary-General for Transmission to the Members of the United Nations," A/648 (16 de setembro de 1948), Part Three, VI: Conclusions.
78 United Nations General Assembly, "Progress Report of the United Nations Mediator on Palestine Submitted to the Secretary-General for Transmission to the Members of the United Nations," A/648 (16 de setembro de 1948).
79 Bernadotte, *To Jerusalem*, 228.
80 United Nations General Assembly, "Progress Report of the United Nations Mediator on Palestine Submitted to the Secretary-General for Transmission to the Members of the United Nations," A/648 (16 de setembro de 1948).
81 Ibid., 11.
82 Bernadotte, citado em Tovy, *Israel and the Palestinian Refugee Issue*, 95.
83 UN General Assembly Resolution 194, Palestine - Progress Report of the United Nations Mediator, A/RES/194(III) (11 de dezembro de 1948).
84 Ibid.
85 Tovy, *Israel and the Palestinian Refugee Issue*, 24.
86 Benjamin Pinkus, *Special Relations - The Soviet Union, Its Allies, and Their Relations with the Jewish People, Zionism, and the Jewish State 1939-1959* (Beersheba: Ben-Gurion University of the Negev Press, 2007), 226–229 [em hebraico]. Ver também Ilan, *Bernadotte in Palestine 1948*, 170-172.
87 UN General Assembly Resolution 194, Palestine - Progress Report of the United Nations Mediator, A/RES/194(III) (11 de dezembro de 1948).
88 Citado em Schechtman, *The Arab Refugee Problem*, 23.
89 Mahmoud Abbas, "Lord Balfour's Burden," *Cairo Review of Global Affairs*, 12 de novembro de 2017; "Erekat: The 1948 Nakba Is Still Ongoing," WAFA, 14 de maio de 2018; Susan M. Akram, "Palestinian Refugees and their Legal *Status*: Rights, Politics, and Implications for a Just Solution," *Journal of Palestine Studies* 31, no. 3 (primavera, 2002): 36-51.
90 Ver United Nations, Charter of the United Nations, October 24, 1945, 1 UNTS XVI, articles 10, 14; Malcolm N. Shaw, *International Law*, 6th ed. (New York: Cambridge University Press, 2008), 3, 114-115, 1212; Gaetano Arangio-Ruiz, "The Normative Role of the General Assembly of the United Nations and the Declaration of Principles of Friendly Relations," *Collected Courses of the Hague Academy of International Law, 1972-III* 137 (1974), 419-572; Stephen M. Schwebel, "The Effect of Resolutions of the U.N. General Assembly on Customary International Law," *Proceedings of the ASIL Annual Meeting* 73 (1979), 301-309.
91 Eban, *Personal Witness*, 178.
92 UN General Assembly Resolution 194, Palestine—Progress Report of the United Nations Mediator, A/RES/194(III) (11 de dezembro de 1948).
93 Tovy, *Israel and the Palestinian Refugee Issue*, 24.
94 Eyal Benvenisti, "The Right of Return in International Law: An Israeli Perspective" (artigo apresentado na Stocktaking Conference on Palestinian Refugee Research, Ottawa, Canada, 17-20 de junho de 2003); Tovy, *Israel and the Palestinian Refugee Issue*, 24-26.
95 "Progress Report of the United Nations Conciliation Commission for Palestine Covering the Period from 23 January to 19 November 1951," UNGAOR, Sixth Session, Supplement no. 18 (A/1985), para. 32; ver também Benvenisti, "The Right of Return in International Law."
96 Ver, por exemplo, Resolution 393, "Assistance to Palestine refugees," 2 de dezembro de 1950, A/RES/393(V); Resolution 394, "Palestine: Progress Report of the United Nations Conciliation Commission for Palestine; Repatriation or Resettlement of Palestine Refugees and Payment of Compensation Due to Them," 14 de dezembro de 1950, A/RES/394(V).
97 McDonald, *My Mission in Israel*, 38.
98 Ibid., 60.

286 ■ *A guerra do retorno*

99 Richard Holbrooke, "Washington's Battle Over Israel's Birth," *Washington Post*, 7 de maio de 2008. http://www.washingtonpost.com/wpdyn/content/article/2008/05/06/AR2008050602447.html.

100 Uri Milstein, "Hatred for Zionism Is Bound to Develop into Hatred for the West," *News1.co.il*, 4 de abril de 2017, http://www.news1.co.il/Archive /002-D-119312-00.html [em hebraico]; FRUS, 1948, *The Near East, South Asia, and Africa*, Volume V, Part 2, eds. Herbert A. Fine, Paul Claussen (Washington, DC: Government Printing Office, 1976), Document 10.

101 Harry Truman, *Memoirs by Harry S. Truman*, vol. 2, *Years of Trial and Hope* (Garden City, NY: Doubleday, 1956), 162.

102 FRUS, 1948, *The Near East, South Asia, and Africa*, Volume V, Part 2, eds. Herbert A. Fine, Paul Claussen (Washington: Government Printing Office, 1976), Documento 625, citando o memorando do Estado Maior Conjunto datado de 22 de setembro de 1948; FRUS, 1948, Volume V, Part 2, Document 665.

103 Natan Aridan, *Britain, Israel and Anglo-Jewry 1949-1957* (London: Routledge, 2004), 28; Dennis Ross, *Doomed to Succeed: The U.S.-Israel Relationship from Truman to Obama* (New York: Farrar, Straus and Giroux, 2015), 3-26.

104 "United Nations Conciliation Commission for Palestine-Second Progress Report," 19 de abril de 1949, A/838; ver também Morris, *The Birth*, 578, 553.

105 FRUS, 1949, *The Near East, South Asia, and Africa*, Volume VI, eds. Herbert A. Fine, William Z. Slany, Lee H. Burke, Frederick Aandahl, David H. Stauffer, and Frederic A. Greenhut (Washington: Government Printing Office, 1977), Document 577; ver também Morris, *The Birth*, 554.

106 FRUS, 1949, *The Near East, South Asia, and Africa*, Volume VI, eds. Herbert A. Fine, William Z. Slany, Lee H. Burke, Frederick Aandahl, David H. Stauffer, and Frederic A. Greenhut, Document 697.

107 FRUS, 1949, *The Near East, South Asia, and Africa*, Volume VI, eds. Herbert A. Fine, William Z. Slany, Lee H. Burke, Frederick Aandahl, David H. Stauffer, and Frederic A. Greenhut, Document 705; ver também McDonald, *My Mission in Israel*, 181.

108 Citado em McDonald, *My Mission in Israel*, 182.

109 Citado em Morris, *The Birth of the Palestinian Refugee Problem*, 571.

110 "United Nations Conciliation Commission for Palestine: Letter dated 29 May 1949 addressed by Mr. Walter Eytan, Head of the Delegation of Israel, to the Chairman of the Conciliation Commission," 30 de maio de 1949, A/AC.25/IS.19; ver também Morris, *The Birth*, 564; Tovy, *Israel and the Palestinian Refugee Issue*, 49.

111 Citado em Tovy, *Israel and the Palestinian Refugee Issue*, 49.

112 Morris, *The Birth of the Palestinian Refugee Problem Revisited*, 566-568.

113 Citado em Ibid., 574, 577-578.

114 FRUS, 1949, *The Near East, South Asia, and Africa*, Volume VI, eds. Herbert A. Fine, William Z. Slany, Lee H. Burke, Frederick Aandahl, David H. Stauffer, and Frederic A. Greenhut, Document 842.

115 Tenente-General Sir Alexander Galloway ao Reverendo Karl Baehr, Secretário Executivo do Comitê Cristão Americano da Palestina, citado em Alexander H. Joffe and Asaf Romirowsky, "A Tale of Two Galloways: Notes on the Early History of UNRWA and Zionist Historiography," *Middle Eastern Studies* 46, no. 5 (2010): 655.

116 Tovy, *Israel and the Palestinian Refugee Issue*, 54, 69; Lahav, *Fifty Years of Palestinian Refugees*, 432-433.

Capítulo "Recusando a integração (1950-1959)"

1 United Nations Assistance to Palestine Refugees, Interim Report of the Director of the United Nations Relief and Works Agency for Palestine Refugees in the Near East, General Assembly Official Records: Fifth Session, Supplement no. 19 (A/1451/Rev.1), New York,

1951, A/1451/ Rev.1, October 6, 1950, https://unispal.un.org/DPA/DPR/unispal.nsf/0/EC8DE7912121FCE5052565B1006B5152.

[2] Geoffrey Furlonge, *Palestine Is My Country - The Story of Musa Alami* (London: John Murray, 1969), 167-220.

[3] Kennett Love, "Arab 'Moses' Teaches Orphans to Make Jordan Desert Bloom," *New York Times*, 7 de maio de 1955.

[4] Alami, "The Lesson of Palestine."

[5] Love, "Arab 'Moses' Teaches Orphans to Make Jordan Desert Bloom."

[6] Ibid., 80-81.

[7] Buehrig, *The UN and the Palestinian Refugees*, 37.

[8] Citado em Schechtman, *The Arab Refugee Problem*, 43.

[9] United States National Archives and Records Administration (NARA), RG 59, Lot File 53D 468, Records of the Bureau of Near Eastern, South Asian and African Affairs, citado em Michael R. Fischbach, "The United Nations and Palestinian Refugee Property Compensation," *Journal of Palestine Studies* 31, no. 2 (inverno, 2002): 37.

[10] Foreign Office Minute, July 23, 1949, citado em Tovy, *Israel and the Palestinian Refugee Issue*, 76.

[11] Embaixada Britânica para o Departamento de Estado, 1º de setembro de 1949, citado em ibid., 76. Ver também UNGAOR Fifth Session, *Ad Hoc* Political Committee 61st meeting, 29 de novembro de 1950, A/AC.38/SR.61, para. 41.

[12] UNGAOR Fifth Session, *Ad Hoc* Political Committee 35th meeting, 7 de novembro de 1950, A/AC.38/SR.35, citado em Schechtman, *The Arab Refugee Problem*, 72; UNGAOR Fifth Session, *Ad Hoc* Political Committee 64th meeting, 30 de novembro de 1950, A/AC.38/SR.64, citado em ibid., 72-73.

[13] "Oral History Interview with George C. McGhee," 11 de junho de 1975, Harry S. Truman Library & Museum Website, https://www.trumanlibrary.org/oralhist/mcgheeg.htm.

[14] United Nations General Assembly, United Nations Conciliation Commission for Palestine Fourth Progress Report, A/992 (22 de setembro de 1949), annex I; Tovy, *Israel and the Palestinian Refugee Issue*, 73.

[15] Tovy, *Israel and the Palestinian Refugee Issue*, 25-26.

[16] Citado em Albion Ross, "Clapp in Warning on Arab Refugees," *New York Times*, 16 de setembro de 1949; Albion Ross, "Arabs Use Mission to Air Conflicts," *New York Times*, 17 de setembro de 1949.

[17] Citado em Schechtman, *The Arab Refugee Problem*, 45; Dennis C. Howley, *The United Nations and the Palestinians* (New York: Exposition Press, 1975), 19.

[18] Albion Ross, "U.N. Mid-East Unit Facing Hostility," *New York Times*, 3 de setembro de 1949.

[19] Auxílio das Nações Unidas para os Refugiados Palestinos, ou UNRPR

[20] Schechtman, *The Arab Refugee Problem*, 47-48; "Clapp Mission Faces New Arab Opposition," *New York Times*, 9 de setembro de 1949.

[21] Citado em Al-Husseini, "The Arab States and the Refugee Issue: A Retrospective View," 5.

[22] Ibid., 4.

[23] Ibid., 5.

[24] United Nations General Assembly, "First Interim Report of the United Nations Economic Survey Mission for the Middle East" (16 de novembro de 1949).

[25] Citado em Schechtman, *The Arab Refugee Problem*, 51

[26] Tovy, *Israel and the Palestinian Refugee Issue*, 80.

[27] Al-Husseini, "The Arab States and the Refugee Issue," 5-7.

[28] UN General Assembly Resolution 302, Assistance to Palestine Refugees, A/RES/302(IV) (8 de dezembro de 1949); Husseini, "The Arab States and the Refugee Issue," 7.

[29] "Statute of the Office of the United Nations High Commissioner for Refugees," UNGAR 428(V), 14 de dezembro de 1950, A/RES/428(V). A cláusula 2(e) do estatuto "convoca os Governos para cooperar com o Alto Comissariado para os Refugiados das Nações Unidas", entre outras coisas a fim de "promover a assimilação dos refugiados, especialmente facilitando sua naturalização".

30 Para apoiar o governo sul-coreano na tarefa de reconstrução, a Assembleia Geral criou a Agência de Reconstrução Coreana da ONU (UNKRA) pela sua Resolução 401 em 1º de dezembro de 1950. A UNKRA iniciou seu programa 180 dias após o término das hostilidades. Ver, por exemplo, Gene M. Lyons, "American Policy and the United Nations' Program for Korean Reconstruction," *International Organization* 12, no. 2 (primavera, 1958): 180-192

31 "Remarks of the Egyptian Representative," UNGAOR, 3rd Committee, 5th Session, 328th meeting, para. 39, A/C.3/SR.328.

32 "Remarks of the Saudi Arabian Representative," UNGAOR, 3rd Committee, 5th Session, 328th meeting, para. 52, A/C.3/SR.328.

33 Brenda Goddard, "UNHCR and the International Protection of Palestinian Refugees," *Refugee Survey Quarterly* 28, nos. 2-3 (2010): 477-486.

34 "Remarks of the Lebanese Representative," UNGAOR, 3rd Committee, 5th Session, 328th meeting, para. 47, A/C.3/SR.328; ver também Akram, "Palestinian Refugees and their Legal Status."

35 "Remarks of the Lebanese Representative," UNGAOR, 3rd Committee, 5th Session, 328th meeting, para. 41, A/C.3/SR.328.

36 "Statement to the Special Political Committee of the United Nations General Assembly" by Ambassador Abba Eban, 17 de novembro de 1958, http://www.mfa.gov.il/mfa/foreign-policy/mfadocuments/yearbook1/pages/11%20statement%20to%20the%20special%20political%20 committee%20of.aspx.

37 Citado em B. S. Chimni, "From Resettlement to Involuntary Repatriation: Towards a Critical History of Durable Solutions to Refugee Problems," *Refugee Survey Quarterly* 23, no. 3 (2004): 55-73; Jeff Crisp, "The Local Integration and Local Settlement of Refugees: A Conceptual and Historical Analysis" (New Issues in Refugee Research, working paper no. 102, UNHCR, abril de 2004).

38 Richard Robbins, "The Refugee Status: Challenge and Response," *Law and Contemporary Problems* 21, no. 2 (primavera, 1956): 311-333.

39 Ibid., 324; Susan F. Martin, *International Migration: Evolving Trends from the Early Twentieth Century to the Present* (New York: Cambridge University Press, 2014): 78-79.

40 Adelman and Barkan, *No Return, No Refuge,* 12.

41 Pertti Ahonen, "Domestic Constraints on West German Ostpolitik: The Role of the Expellee Organizations in the Adenauer Era," *Central European History* 31, no. 1 and 2 (março de 1998): 36.

42 Ibid., 31-63.

43 Citado em Andrew Demshuk, "What Was the 'Right to the *Heimat*'? West German Expellees and the Many Meanings of *Heimkehr*," *Central European History* 45, no. 3 (setembro de 2012): 523-556

44 Ver Ahonen, "Domestic Constraints on West German Ostpolitik"; Demshuk, "What was the 'Right to the *Heimat*'?"

45 Adam Bromke and Harald von Riekhoff, "The West German-Polish Treaty," *The World Today* 27, no. 3 (março de 1971): 124-131; Andrew J. Pierre, "The Bonn-Moscow Treaty of 1970: Milestone or Mirage?" *Russian Review* 30, no. 1 (janeiro de 1971): 17-26.

46 Furlonge, *Palestine Is My Country*, 182–186; Cecil A. Hourani, "Experimental Village in the Jordan Valley," *Middle East Journal* 5, no. 4 (outono, 1951): 497-501.

47 Howley, *The United Nations and the Palestinians*, 22-23.

48 Ibid., 23, 28; Maya Rosenfeld, "From Emergency Relief Assistance to Human Development and Back: UNRWA and the Palestinian Refugees, 1950-2009," *Refugee Survey Quarterly* 28, nos. 2 and 3 (2010): 294-295; UN General Assembly Resolution 393, *Assistance to Palestine Refugees*, A/RES/393(V) (2 de dezembro de 1950).

49 David P. Forsythe, "UNRWA, the Palestine Refugees, and World Politics: 1949–1969," *International Organization* 25, no. 1 (inverno, 1971): 38-39.

50 Rosenfeld, "From Emergency Relief Assistance to Human Development and Back," 295; UN General Assembly Resolution 513, Assistance to Palestine Refugees, A/RES/503(VI) (26 de janeiro de 1952).

51 Howley, *The United Nations and the Palestinians*, 26-28.

52 Citado em Tovy, *Israel and the Palestinian Refugee Issue*, 180.

53 Al-Husseini, "The Arab States and the Refugee Issue," 8-10; United Nations General Assembly, Annual Report of the Director of the United Nations Relief and Works Agency for Palestine Refugees in the Near East Covering the period 1 July 1956 to 30 June 1957, A/3686 (30 de junho 1957), annex D, para. 29; ver também United Nations, General Assembly, Annual Report of the Director of the United Nations Relief and Works Agency for Palestine Refugees in the Near East Covering the period 1 July 1953 to 30 June 1954, A/2717 (30 de junho 1954), annex C, para. 56; United Nations General Assembly, Annual Report of the Director of the United Nations Relief and Works Agency for Palestine Refugees in the Near East Covering the period 1 July 1951 to 30 June 1952, A/2171 (30 de junho de 1952), para. 62; Tovy, *Israel and the Palestinian Refugee Issue*, 174-175.

54 Montagu-Pollock para Furlonge, 28 de novembro de 1950, citado em Jacob Tovy, *On Its Own Threshold: The Formulation of Israel's Policy on the Palestinian Refugee Issue, 1948-1956* (Beersheba: Ben-Gurion University of the Negev), 241 [em hebraico]; ver também United Nations General Assembly, Annual Report of the Director of the United Nations Relief and Works Agency for Palestine Refugees in the Near East Covering the period 1 July 1955 to 30 June 1956, A/3212 (30 de junho de 1956), paras. 33-36.

55 Tovy, *Israel and the Palestinian Refugee Issue*, 178-180.

56 United Nations General Assembly, Annual Report of the Director of the United Nations Relief and Works Agency for Palestine Refugees in the Near East Covering the period 1 July 1952 to 30 June 1953, A/2470 (30 de junho de 1953), para. 61; United Nations General Assembly, Annual Report of the Director of the United Nations Relief and Works Agency for Palestine Refugees in the Near East Covering the period 1 July 1956 to 30 June 1957, A/3686 (30 de junho de 1957), annex D. para. 1; ver também Tovy, *Israel and the Palestinian Refugee Issue*, 174.

57 "Israel Committed to Peace," Address to the General Assembly by Foreign Minister Golda Meir, October 7, 1957, http://mfa.gov.il/MFA /ForeignPolicy/MFADocuments/Yearbook1/Pages/1%20Israel%20Committed%20to%20Peace%20-%20Address%20to%20the%20Gener.aspx.

58 Al-Husseini, "The Arab States and the Refugee Issue," 9.

59 United Nations General Assembly, Assistance to Palestine Refugees: Annual Report of the Director of the United Nations Relief and Works Agency for Palestine Refugees in the Near East, A/1905 (28 de setembro de 1951), paras. 34-38, 44; Howley, *The United Nations and the Palestinians*, 58-59.

60 United Nations General Assembly, Assistance to Palestine Refugees: Annual Report of the Director of the United Nations Relief and Works Agency for Palestine Refugees in the Near East, A/1905 (28 de setembro de 1951), para. 34.

61 Ibid., paras. 34 e 38.

62 Ibid., para. 38.

63 Ibid., para. 36.

64 Fred C. Bruhns, "A Study of Arab Refugee Attitudes," *Middle East Journal* 9, no. 2 (primavera, 1955): 130-138.

65 "U.N. Agent Attacked by Arab Refugees," *New York Times*, May 25, 1950; "U.N. Office in Syria Blasted," *New York Times*, 16 de setembro de 1950; "Refugee Office Attacked," *New York Times*, 23 de julho de 1951; Howley, *The United Nations and the Palestinians*, 30-31.

66 Ahmad Shukeiri citado em *New York Times*, 4 de abril de 1966, citado em Howley, *The United Nations and the Palestinians*, 31; ver também Milton Viorst, *Reaching for the Olive Branch: UNRWA and Peace in the Middle East* (Washington, DC; Bloomington: Middle

East Institute; Indiana University Press, 1989), 37-38; Bruhns, "A Study of Arab Refugee Attitudes," 136-137.

67 Furlonge, *Palestine Is My Country*, 188-191.

68 Alami reconstruiu sua fazenda em poucos meses, mas foi realizada de uma forma menos ampla e não mais no contexto específico da readaptação dos refugiados.

69 FRUS, 1958-1960, *Arab-Israeli Dispute; United Arab Republic; North Africa*, Volume XIII, eds. Suzanne E. Coffman, and Charles S. Sampson (Washington, DC: Government Printing Office, 1992), Document 48.

70 Ibid.

71 FRUS, 1952-1954, *The Near and Middle East*, Volume IX, Part 1, eds. Paul Claussen, Joan M. Lee, and Carl N. Raether (Washington, DC: Government Printing Office, 1986), Document 418.

72 Ibid.

73 Ibid.

74 Ross, *Doomed to Succeed*, loc. 1024, Kindle.

75 Ross, *Doomed to Succeed*, loc. 668, Kindle.

76 Ross, *Doomed to Succeed*, loc. 889, Kindle.

77 Ross, *Doomed to Succeed*, capítulo 2, Kindle.

78 United Nations General Assembly, Assistance to Palestine Refugees: Annual Report of the Director of the United Nations Relief and Works Agency for Palestine Refugees in the Near East Covering the Period 1 July 1952 to 30 June 1953, A/2470 (30 de junho de 1953), para. 19.

79 United Nations General Assembly, Annual Report of the Director of the United Nations Relief and Works Agency for Palestine Refugees in the Near East Covering the period 1 July 1953 to 30 June 1954, A/2717 (30 de junho de 1954), sec. V, para. 58.

80 United Nations General Assembly, Annual Report of the Director of the United Nations Relief and Works Agency for Palestine Refugees in the Near East Covering the period 1 July 1955 to 30 June 1956, A/3212 (30 de junho de, 1956), para. 84.

81 Citado em Howley, *The United Nations and the Palestinians*, 28-29.

82 US Participation in the U.N.: Report by the President to the Congress for the Year 1958 (Washington, DC: US Government Printing Office, 1959): 72.

83 FRUS, 1958–1960, *Arab-Israeli Dispute; United Arab Republic; North Africa*, Volume XIII, eds. Suzanne E. Coffman, and Charles S. Sampson (Washington, DC: Government Printing Office, 1992), Document 47.

84 Ibid., Document 69.

85 Ibid., Document 52.

86 Ibid., Document 52, Document 82.

87 Forsythe, "UNRWA, the Palestine Refugees, and World Politics," 26-45.

88 UN General Assembly Resolution 1456, United Nations Relief and Works Agency for Palestine Refugees, A/RES/1456(XIV) (9 de dezembro de 1959).

89 FRUS, 1958-1960, *Arab-Israeli Dispute; United Arab Republic; North Africa*, Volume XIII, eds. Suzanne E. Coffman, and Charles S. Sampson (Washington, DC: Government Printing Office, 1992), Document 171; UN General Assembly Resolution 1456, United Nations Relief and Works Agency for Palestine Refugees, A/RES/1456(XIV) (9 de dezembro de 1959).

Capítulo "Exercendo o terror (1960-1987)"

1 United Nations, Annual Report of the Director of the United Nations Relief and Works Agency for Palestine Refugees in the Near East, July 1, 1959–June 30, 1960, General Assembly Official Records: Fifteenth Session, Supplement no. 14 (A/4478), A/4478, 30 de junho de 1960, https://unispal.un.org/DPA/DPR/unispal.nsf/0/886668A54186108905 2565AA0051333C.

[2] Citado em Simon Reeve, *One Day in September* (New York: Arcade Publishing, 2011), 39, epub.

[3] A ideia do retorno palestino fica mais metafórica conforme o tempo passa, e aqueles que clamam pelo retorno referem-se a um lugar em que nunca estiveram e do qual nunca fugiram. Entretanto, por conveniência, ao longo do livro nós mantemos o uso do termo *retorno*, sem colocá-lo entre aspas, embora, de fato, para a geração nascida depois de 1949, não seja mais o mesmo tipo de retorno.

[4] Shay Fogelman, "Major Investigation Reveals New Details of Munich Massacre," *Haaretz*, 31 de agosto de 2012 [em hebraico]; Reeve, *One Day in September*; James Montague, "The Munich Massacre: A Survivor's Story," *CNN*, 5 de setembro de 2012; Sam Borden, "Long-Hidden Details Reveal Cruelty of 1972 Munich Attackers," *New York Times*, 1º de dezembro de 2015; Rex A. Hudson, *The Sociology and Psychology of Terrorism: Who Becomes a Terrorist and Why?* (Washington, DC: Library of Congress, 1999), 58.

[5] Edward W. Said, "Introduction: The Right of Return at Last," in *Palestinian Refugees - The Right of Return*, ed. Nasser Aruri (London: Pluto Press, 2001), 1.

[6] Walid al-Khalidi, "Reappraisal: An Examination of Certain Western Attitudes to the Palestine Problem," *Middle East Forum* 33, no. 8 (verão, 1958): 29; Edward Said, "The Burdens of Interpretation and the Question of Palestine," *Journal of Palestine Studies* 16, no. 1 (outono, 1986): 29-37; Nur Masalha, "Remembering the Palestinian Nakba: Commemoration, Oral History and Narratives of Memory," *Holy Land Studies* 7, no. 2 (2008): 123-156.

[7] Reeve, *One Day in September*, 50-52.

[8] Borden, "Long-Hidden Details.

[9] Reeve, *One Day in September*, 53.

[10] Ver ibid.

[11] Ibid.

[12] Ibid., 238.

[13] Ibid., 53.

[14] Emanuel Marx and Nitza Nachmias, "Dilemmas of Prolonged Humanitarian Aid Operations: The Case of UNRWA (UN Relief and Work Agency for the Palestinian Refugees)," *Journal of Humanitarian Assistance* (15 de junho de 2004), http://sites.tufts.edu/jha/archives/834.

[15] Yearbook of the United Nations 1965 (New York: United Nations, Office of Public Information, 1967), 220, 222-223; United Nations General Assembly Resolution 37/120 at Section I (16 de dezembro de 1982).

[16] "United Nations Relief and Works Agency for Palestine Refugees in the Near East," UNGAR 37/120, 37th session, 16 de dezembro de 1982, A/RES/37/120(A-K); Alex Takkenberg, *The Status of Palestinian Refu- gees in International Law* (Oxford: Oxford University Press, 1998), 72.

[17] Benjamin Schiff, *Refugees unto the Third Generation: UN Aid to Palestinians* (Syracuse, NY: Syracuse University Press, 1995), 53-54.

[18] "Protocol on the Treatment of Palestinians in the Arab States" de 11 de setembro de 1965, também conhecido como o Protocolo de Casablanca, adotado pela Liga dos Estados Árabes, aparece em Takkenberg, *The Status of Palestinian Refugees*, 396.

[19] Jalal Al-Husseini and Ricardo Bocco, "The Status of the Palestinian Refugees in the Near East: The Right of Return and UNRWA in Perspective," *Refugee Survey Quarterly* 28, nos. 2-3 (2010): 260-285.

[20] Jaber Suleiman, *Marginalised Community: The Case of Palestinian Refugees in Lebanon* (UK: University of Sussex, abril de 2006): 14-20.

[21] Viorst, *Reaching for the Olive Branch*, 95-106; Abbas Shiblak, "Residency Status and Civil Rights of Palestinian Refugees in Arab Countries," *Journal of Palestine Studies* 25, no. 3 (primavera, 1996): 36-45; Oroub El-Abed, "The Forgotten Palestinians: How Palestinian Refugees Survive in Egypt," *Forced Migration Review* 20 (maio de 2014): 29-31.

[22] O membro do Comitê Executivo da OLP Mohammed Nashashibi admitiu nos anos 1980 que "os refugiados têm casa, trabalho, renda, [e] educação". Ver Viorst, *Reaching for the Olive Branch*, 95-96.

[23] Don Peretz, "The Arab Refugees: A Changing Problem," *Foreign Affairs* 41, no. 3 (abril de 1963): 558-570; Buehrig, *The UN and the Palestinian Refugees*, 126-142; Yehoshafat Harkabi, *The Palestinians: From Slumber to Awakening* (Jerusalem: Magnes, 1979), 9 [em hebraico].

[24] Marx and Nachmias, "Dilemmas of Prolonged Humanitarian Aid Operations."

[25] Emanuel Marx, "Palestinian Refugee Camps in the West Bank and the Gaza Strip," *Middle Eastern Studies* 28, no. 2 (abril de 1992): 284.

[26] Thomas Brady, "Arab Refugees Still Yearn for Their Home," *New York Times*, 21 de março de 1966.

[27] Richard Eder, "US Gets a Pledge on Arab Refugees," *New York Times*, 14 de junho de 1966; United Nations General Assembly, Report of the Commissioner General of the United Nations Relief and Works Agency for Palestine Refugees in the Near East 1 July 1967–30 June 1958, A/7213 (15 de setembro de 1968), para. 13.

[28] Ver, por exemplo, Annual Report of the Director of the United Nations Relief and Works Agency for Palestine Refugees in the Near East for the period 1 July 1959–30 June 1960, UNGAOR 15th Session, Supplement no. 14 (A/4478) from 30 June 1960, footnote a to Table 1 of Annex to Part I; Annual Report of the Director of the United Nations Relief and Works Agency for Palestine Refugees in the Near East for the period 1 July 1961-30 June 1962, UNGAOR 17th Session, Supplement no. 14 (A/5214) from 30 June 1962, footnote a to Table 1 of Annex to Part I. Ver também Buehrig, *The UN and the Palestinian Refugees*, 39.

[29] Ver, por exemplo, Hassan Elnajjar, "Planned Emigration: The Palestinian Case," *International Migration Review* 27, no. 1 (1993): 34-47.

[30] Yann Le Troquer and Rozenn Hommery al-Oudat, "From Kuwait to Jordan: The Palestinians' Third Exodus," *Journal of Palestine Studies* 28, no. 3 (primavera, 1999): 38; Ann M. Lesch, "Palestinians in Kuwait," *Journal of Palestine Studies* 20, no. 4 (verão, 1991): 42; Buehrig, *The UN and the Palestinian Refugees*, 40.

[31] Elnajjar, "Planned Emigration"; Jamil M. Tahir, "An Assessment of Palestinian Human Resources: Higher Education and Manpower," *Journal of Palestine Studies* 14, no. 3 (primavera, 1985): 32-53; Antoine Zahlan and Rosemarie Zahlan, "The Palestinian Future," *Journal of Palestine Studies* 6, no. 4 (verão, 1977): 103-112.

[32] Muhammad Hallaj, "The Mission of Palestinian Higher Education," *Journal of Palestine Studies* 9, no. 4 (verão, 1980): 75-95.

[33] United Nations General Assembly, Report of the Commissioner General of the United Nations Relief and Works Agency for Palestine Refugees in the Near East 1 July 1978–30 June 1979, A/34/13 (13 de setembro de 1979), Table 1.

[34] Citado em Viorst, *Reaching for the Olive Branch*, 39.

[35] United Nations General Assembly, Annual Report of the Director of the United Nations Relief and Works Agency for Palestine Refugees in the Near East 1 July 1959–30 June 1960, A/4478 (30 de junho de 1960), paras. 8 and 11.

[36] United Nations General Assembly, Annual Report of the Commissioner General of the United Nations Relief and Works Agency for Palestine Refugees in the Near East 1 July 1961–30 June 1962, A/5214 (30 de junho de 1962), para. 5.

[37] Jalal Al-Husseini, "UNRWA and the Palestinian Nation-Building Process," *Journal of Palestine Studies* 29, no. 2 (inverno, 2000): 51-64.

[38] "Refugees' U. N. Guardian," *New York Times*, 23 de junho de 1967; Robert Phelps, "Mideast Lobbies Active in the US," *New York Times*, 6 de abril de 1970; Myer Feldman, recorded interview by John F. Stewart, August 20, 1966 (John F. Kennedy Library Oral History Program), 451; "Assessment at U.N.: UNRWA Director Prepared Pro-Arab Report," *Davar*, 22 de setembro de 1961 [em hebraico].

[39] "Western Policies on Israel Scorned," *New York Times*, 10 de maio de 1964.

40 Peter Grose, "US Aides Say Decision on Help May Be Spurred by Libyan Planes Deal," *New York Times*, 27 de janeiro de 1970; "Aid to Refugees in Mideast Drops," *New York Times*, 15 de junho de 1969; "Letters to the Editor of the Times," *New York Times*, 19 de agosto de 1970.

41 John H. Davis, *The Evasive Peace: A Study of the Zionist-Arab Problem* (New York: New World Press, 1970), 102-127.

42 Ibid., 114-115.

43 Ibid., 120.

44 Ver, por exemplo, Khaldun Bshara, "Spatial Memories: The Palestinian Refugee Camps as Time Machine," *Jerusalem Quarterly* 60 (2014): 14-30; Claudia Martinez Mansell, "Camp Code," *Places Journal* (abril de 2016), https://placesjournal.org/article/camp-code/; Ronny Shaked, *Behind the Keffiyeh: The Conflict from the Palestinian Viewpoint* (Rishon Lezion: Yediot Books, 2018), 123 [em hebraico].

45 Marx and Nachmias, "Dilemmas of Prolonged Humanitarian Aid Operations."

46 Ghassan Shabaneh, "Education and Identity: The Role of UNRWA's Education Programmes in the Reconstruction of Palestinian Nationalism," *Journal of Refugee Studies* 25, no. 4 (2012): 491-513.

47 Ibid., 493, 502.

48 Citado em ibid., 501.

49 A. L. Tibawi, "Visions of the Return: The Palestine Arab Refugees in Arabic Poetry and Art," *Middle East Journal* 17, no. 5 (outono, 1963): 523.

50 Ibid., 515.

51 Ibid., 516.

52 Ibid., 532.

53 Citado em ibid., 524; Nadia Latif, "Space, Power and Identity in a Palestinian Refugee Camp," *Asylon(s)*, no. 5 (setembro de 2008), https://reseau-terra.eu/article800.html.

54 Shabaneh, "Education and Identity," 493.

55 Unesco, "Co-Operation with the United Nations Relief and Works Agency (UNRWA)" (82 EX/8), 4 de abril de 1969, Anexo I, II.

56 Ibid.

57 Ibid.

58 Ibid.

59 Ibid.

60 Shabaneh, "Education and Identity," 17-18.

61 Citado em Silvan Shalom, "A Fence Built for Peace," *The Guardian*, 3 de fevereiro de 2004.

62 Kurt René Radley, "The Palestinian Refugees: The Right to Return in International Law," *American Journal of International Law* 72, no. 3 (julho de 1978): 586-614; UN Security Council Resolution 237, S/RES/237(1967) (14 de junho de 1967).

63 UN General Assembly Resolution 2535, A/RES/2535(XXIV) A-C (10 de dezembro de 1969), https://unispal.un.org/DPA/DPR/unispal.nsf/0/41F2C6DCE4DAA765852560DF004E0AC8.

64 UN General Assembly Resolution 2672, United Nations Relief and Works Agency for Palestine Refugees in the Near East, A/RES/2672(XXV) A-D (8 de dezembro de 1970); UN General Assembly Resolution 2792, A/ RES/2792(XXVI)A-E (6 de dezembro de 1971); UN General Assembly Resolution 2963, United Nations Relief and Works Agency for Palestine Refugees in the Near East, A/RES/2963(XXVII)A-F (13 de dezembro de 1972).

65 UN General Assembly Resolution 3089, United Nations Relief and Works Agency for Palestine Refugees in the Near East, A/RES/3089 (XXVII)A-E (7 de dezembro de 1973).

66 UN General Assembly Resolution 3236, United Nations Relief and Works Agency for Palestine Refugees in the Near East, A/RES/3236 (XXIX) (22 de novembro de 1974).

67 Radley, "The Palestinian Refugees," 595-599, 609-614; Kent, "Evaluating the Palestinians' Claimed Right of Return."

68 United Nations, General Assembly, 29th Session, Plenary Meeting 2296, Official Records, A/PV.2296 (22 de novembro de 1974), paras. 86-93.

69 UN General Assembly Resolution 3379, Elimination of all forms of racial discrimination, A/RES/3379(XXX) (10 de novembro de 1975). Essa equalização do direito dos judeus de autodeterminação com racismo, discriminação e superioridade racial foi repelida de forma esmagadora em 1991. Ver Paul Lewis, "U.N. Repeals Its '75 Resolution Equating Zionism with Racism," *New York Times*, 17 de dezembro de 1991.

70 Ver "Secretariat," http://www.un.org/en/sections/about-un/secretariat/index.html; "Division for Palestinian Rights," http://www.un.org/undpa /en/palestinianrights.

71 Ver Palestine National Covenant, 1964 version, *New York University Journal of International Law and Politics* 3, no. 1 (1970): 199-246.

72 Schiff, *Refugees unto the Third Generation*, 102; Helena Cobban, *The Palestinian Liberation Organization–People, Power and Politics* (Cambridge: Cambridge University Press, 1984), 16.

73 "E. F. Kennedy Opposes Aid for Liberation-Army Arabs," *New York Times*, 16 de junho de 1966.

74 Hedrick Smith, "Food for Refugees in Arab Army Investigated by Edward Kennedy," *New York Times*, 13 de junho de 1966.

75 Ibid.

76 Citado em Richard Eder, "US Gets a Pledge on Arab Refugees," *New York Times*, 14 de junho de 1966; Tom Brady, "Refugee Soldiers Problem for U.N.," *New York Times*, 15 de junho de 1966; Jalal al-Husseini, "UNRWA and the Refugees: A Difficult but Lasting Marriage," *Journal of Palestine Studies* 40, no. 1 (2010): 6-26.

77 Hisham Sharabi, *Palestine Guerillas: Their Credibility and Effectiveness* (Washington, DC: Center for Strategic and International Studies, Georgetown University, 1970); Cobban, *The Palestinian Liberation Organization*, 41.

78 Latif, "Space, Power and Identity."

79 Segundo a historiadora Helena Cobban, o texto do acordo nunca foi oficialmente publicado, mas um texto extraoficial apareceu no diário libanês *An-Nahar* em 20 de abril de 1970, cuja precisão nunca foi devidamente contestada. Ver Cobban, *The Palestinian Liberation Organization*, 47.

80 Baruch Kimmerling and Joel Migdal, *The Palestinian People: A History* (Cambridge, MA: Harvard University Press, 2003), 264-265.

81 "Perverting UNRWA," *New York Times*, 21 de junho de 1972; Schiff, *Refugees unto the Third Generation*, 103-4

82 Kimmerling and Migdal, *The Palestinian People*, 262; Eric Pace, "Amman Diary: Window on the War," *New York Times*, 24 de setembro de 1970; Eric Pace, "Amman Battle Fought from House to House," *New York Times*, 20 de setembro de 1970.

83 Ver Kimmerling and Migdal, *The Palestinian People*; Rex Brynen, *Sanctuary and Survival: The PLO in Lebanon* (Boulder, CO: Westview Press, 1990), 80.

84 Ver Kimmerling and Migdal, *The Palestinian People*; Moshe Shemesh, "The PLO: The Path to Oslo/1988: A Turning Point in the Annals of the New Palestinian National Movement," *Studies in Zionism, the Yishuv, and the State of Israel* 9 (1999): 196 [em hebraico].

Capítulo "Negociando a paz (1988-até o presente)"

1 Report of the Commissioner-General of the United Nations Relief and Works Agency for Palestine Refugees in the Near East, July 1, 1988– June 30, 1989, General Assembly Official Records: Forty-fourth Session, Supplement no. 13 (A/44/13), United Nations, New York, 1989, anexo I, número de pessoas registradas.

2 "Arafat Goes to Moscow," *Journal of Palestine Studies* 4, no. 4 (1975): 145-147.

3 Citado em Anatoly Chernyaev, *My Six Years with Gorbachev* (University Park: Pennsylvania State University Press, 2000), 147.

4 Michael M. Lasker e Hanuch Bazov, *Terror in the Service of Revolution: The Relationship between the PLO and the Soviet Union, 1968-1991* (Ramat Gan: Bar Ilan, 2016), 127-134 [em hebraico]; Efraim Halevy, *Man in the Shadows: Inside the Middle East Crisis with a Man Who Led the Mossad* (New York: St. Martin's Griffin, 2008).

5 Citado em Barry Rubin e Judith Colp Rubin, *Yasir Arafat: A Political Biography* (Oxford: Oxford University Press, 2005), 113; ver também Kimmerling e Migdal, *The Palestinian People*, 321-322.

6 Citado em Rubin e Rubin, *Yasir Arafat*.

7 Uri Avnery, "The First Time I Met Abbas in Tunis," *Haaretz*, 4 de janeiro de 2018 [em hebraico].

8 O texto da carta está em Zuhair Diab, ed., *International Documents on Palestine*, 1968 (Beirut: Institute for Palestine Studies, 1971), 393-95.

9 Sayigh, *Armed Struggle and the Search for State*, 343.

10 Yehoshafat Harkabi e Matti Steinberg, *The Palestinian Covenant in the Test of Time and Practice* (Jerusalem: Government Publication Service, 1987), 37-40 [em hebraico].

11 Howley, *The United Nations and the Palestinians*, 73-74.

12 Alain Gresh, *The PLO - The Struggle Within* (London: Zed Books, 1988), 179.

13 UNGAOR 25th Session, 2282nd Plenary meeting, November 13, 1974, A/PV.2282, para. 82.

14 Harkabi e Steinberg, *The Palestinian Covenant in the Test of Time and Practice*, 9-16.

15 "Palestine National Council: Resolutions at the 12th Session of the Palestine National Council (junho de 1974)," em Gregory S. Mahler e Alden R. W. Mahler, eds., *The Arab-Israeli Conflict: An Introduction and Documentary Reader* (New York: Routledge, 2010), 141-142; UNGAOR 25th Session, 2282nd Plenary meeting, 13 de novembro de 1974, A/PV.2282, paras. 18-19; ver também Paul A. Jureidini e William E. Hazen, *The Palestinian Movement in Politics* (Lexington, MA: Lexington Books, 1976), 22-23; *Filastin al-Thawra*, 20 de fevereiro de 1974, citado em Rubin e Rubin, *Yasir Arafat*, 301.

16 "Speech on US Policy for Peace in the Middle East," 1º de setembro de 1982, republicado em *International Legal Materials* 21, no. 5 (setembro de 1982): 1199-1202.

17 "Habash: We'll Liberate Haifa, Jaffa, and All of Palestine," *Maariv*, 11 de dezembro de 1978 [em hebraico]; Benny Morris, *One State, Two States* (New Haven, CT: Yale University Press, 2009), 117-123; "The Right of Return," *Davar*, 29 de abril de 1983 [em hebraico].

18 Citado em Rubin e Rubin, *Yasir Arafat*, 116.

19 Ver, por exemplo, Steve Lohr, "Arafat Says PLO Accepted Israel," *New York Times*, 8 de dezembro de 1988; Fouad Moughrabi et al., "Palestinians on the Peace Process," *Journal of Palestine Studies* 21, no. 1 (outono, 1991): 36-53.

20 Saeb Erekat, "Trump's Win Has Emboldened Racists - in Israel's Government," *Haaretz*, 14 de novembro de 2016.

21 A décima-nona sessão do encontro do Conselho Nacional Palestino em Algiers, em novembro de 1988 adotou uma Declaração de Independência ao lado de um Acordo Político. Nas citações seguintes, nós nos referimos a ambos como um só texto. Ver United Nations, General Assembly, Security Council, "Letter dated 18 November 1988 from the Permanent Representative of Jordan to the United Nations addressed to the Secretary-General," A/43/827, S/20278 (18 de novembro de 1988), ANNEX II & III.

22 Khalidi, "Observations on the Right of Return," 35.

23 "Political Communiqué," ANNEX II to "Letter dated 18 November 1988 from the Permanent Representative of Jordan to the United Nations addressed to the Secretary-General," A/43/827, S/20278 (18 de novembro de 1988).

24 Youssef M. Ibrahim, "A Palestinian Revolution Without the P.L.O.," *New York Times*, February 14, 1988.

25 "Political Communiqué," A/43/827, 4.

26 Ibid.

27 "The P.L.O: Less Than Meets the Eye," *New York Times*, 16 de novembro de 1988.

28 "PLO Chairman's news conference, Geneva, 14 December 1988," em *Approaches towards the Settlement of the Arab-Israeli Conflict and the Question of Palestine*, janeiro de 1988–março de 1991, Edição 1 (revisada), preparada pela United Nations Division for Palestinian Rights, 31 de março de 1991.

29 Al-Majalla Magazine, August 31–September 6, 1988, citado em Rubin e Rubin, *Yasir Arafat*, 309.

30 Kuwait News Agency, 23 de setembro de 1988, citado em ibid., 113.

31 Citado em Morris, *Righteous Victims*, 607.

32 Citado em Rubin e Rubin, *Yasir Arafat*, 119.

33 Ibid., 118-121.

34 Associated Press, 29 de março de 1990, citado em ibid., 122.

35 Ibid.

36 *International Herald Tribune*, 6 de novembro de 1990, citado em ibid., 123.

37 Morris, *Righteous Victims*, 612.

38 Entrevista com Daniel Reisner, 30 de julho de 2015.

39 "From the Foothills of the Mountain, It Looks Like There'll Be a Deal," *Haaretz*, 14 de julho de 2000 [em hebraico].

40 Entrevista com Daniel Reisner, 30 de julho de 2015.

41 United Nations Security Council Resolution 242, S/RES/242 (22 de novembro de 1967).

42 Moshe Elad, *The Core Issues of the Israeli-Palestinian Conflict* (Haifa: Pardes, 2014) [em hebraico].

43 Yossi Beilin, *Touching Peace: From the Oslo Accords to a Final Agreement* (London: Weidenfeld & Nicolson, 1999).

44 Peretz, "Who Is a Refugee?"; Elia Zureik, "Palestinian Refugees and the Middle East Peace Process" (artigo apresentado na conferência Middle East Peace Process: Costs of Instability and Outlook for Insecurity, University of Quebec, Montreal, 23 de outubro de 1998), http://prrn.mcgill.ca/research/papers/zureik.htmzureik.

45 "About BADIL," http://www.badil.org/en/about-us.html; "About Us," http://www.ai-doun.org/en/about-us/;"Our Aims and Objectives," https://al-awda.org/about/our-aims-and-objectives/; Elaine Hagopian, "Preface," in *Palestinian Refugees–The Right of Return*, ed. Nasser Aruri (London: Pluto Press, 2001), vii-x.

46 Danny Rubinstein, "The Return of the Right of Return," *Panim* 17 (2001): 23-29 [em hebraico].

47 Sobre a explosão de interesse sobre o *Nakba* na sociedade palestina no final do século XX, ver, por exemplo, o romance *Gate of the Sun*, de Elias Khoury (New York: Picador, 2007), originalmente publicado em árabe em 1998; Salman Abu-Sitta, *The Palestinian Nakba 1948: The Register of Depopulated Localities in Palestine* (London: Saki Books, 1998); Rashid Khalidi, "Fifty Years after 1948: A Universal Jubilee?", *Palestine-Israel Journal* 5, no. 2 (1998): 15-19. Ver também Rubinstein, "The Return of the Right of Return"; Shaked, *Behind the Kaffiyeh*, 88-152 [em hebraico].

48 Karma Nabulsi, ed., *Palestinians Register: Laying Foundations and Setting Directions, Report of the Civitas Project* (Oxford: Nuffield College, 2006), 187; Abbas Shiblak, "The Palestinian Refugee Issue: A Palestinian Perspective," Chatham House Briefing Paper, 2009.

49 Bill Clinton, *My Life* (New York: Knopf, 2004), 97. Ver também Rex Brynen, "The Past as Prelude? Negotiating the Palestinian Refugee Issue," Chatham House Briefing Paper MEP/PR BP 08/01, 2008, https://www.chathamhouse.org/publications/papers/view/108831.

50 Clinton, *My Life*, 97-98.

51 Entrevista com Daniel Reisner, 30 de julho de 2015.

52 "NSU Memo Regarding President Clinton's Proposals," 2 de janeiro de 2001, disponível em http://transparency.aljazeera.net/en/projects/thepalestinepapers/20121821232131550.html; Kent, "Evaluating the Palestinians' Claimed Right of Return."

53 "NSU Memo Regarding President Clinton's Proposals," 2 de janeiro de 2001.

54 Ibid.

55 "44 Reasons Why Fatah Movement Rejects the Proposals Made by US President Clinton," em Fatah Movement Central Publication, *Our Opinion*, 1-7 de janeiro de 2001, citado em Rubin e Rubin, *Yasir Arafat*, 211.

56 Ibid.

57 Yasser Arafat, "The Palestinian Vision of Peace," *New York Times*, 3 de fevereiro de 2002.

58 Ibid.; Adelman e Barkan, *No Return, No Refuge*, 213.

59 Rami Livni, "Axioms, Myths, and Political Lies," *Molad*, 12 de janeiro de 2017 [em hebraico].

60 Harkabi, *Arab Attitudes to Israel*, 9.

61 Ibid

62 Rubinstein, "The Return of the Right of Return."

63 TOI Staff and Rahael Ahren, "Abbas: I Wasn't Giving Up Right of Return; I Was Just Speaking Personally," *Times of Israel*, 4 de novembro de 2012.

64 Sobre as razões e motivações dessas marchas, ver "Report of the Independent International Commission of Inquiry on the Protests in the Occupied Palestinian Territory," 25 de fevereiro de 2019, Human Rights Council, 40th session (A/HRC/40/74), 4-5.

65 Ehud Olmert, *In the First Person* (Rishon Lezion: Miskal Yedioth Ahro- noth, 2018), loc. 3883. Kindle.

66 Condoleezza Rice, *No Higher Honor* (New York: Random House, 2011), 89.

67 "The Palestine Papers," http://www.aljazeera.com/palestinepapers/.

68 Greg Carlstorm, "Introducing the Palestine Papers," *Al Jazeera* website, 23 de janeiro de 2011.

69 Ian Black e Seumas Milne, "Papers Reveal How Palestinian Leaders Gave up Fight over Refugees," *The Guardian*, 24 de janeiro de 2011.

70 Ver, por exemplo, o documento de 2008 afirmando que "se os remédios adequados não forem providenciados para eles [os refugiados], a questão do refugiado pode conduzir ao fracasso de todo o processo"; "Talking Points for Meeting with Tal Becker Regarding Recognition of Refugees' Rights," 26 de março de 2008, http://transparency.aljazeera.net/en/projects/thepalestinepapers/201218231942453782.html.

71 Documentos internos repetidos fazem referência ao requisito de que qualquer solução para o problema do refugiado deve "respeitar a *escolha do refugiado*" (destaque no original); ver, por exemplo, "August 5, 2009 PLO Presentation," disponível em http://transparency.aljazeera.net/files/4758.pdf; e "o direito de retorno é em essência um direito de escolha," "NSU Fact Sheet on Refugees" de setembro de 2008, http://transparency.aljazeera.net/en/projects/thepalestinepapers/20121820454515191.html. Documentos internos repetidos também fazem referência ao requisito de que "a solução deve aplicar a justiça individual" com "retorno/reassentamento/integração baseado na livre escolha"; ver, por exemplo, "August 5, 2009 PLO Presentation," http://transparency.aljazeera.net/files/4758.pdf.

72 "NSU Recommendations on Refugees Issues," http://transparency .aljazeera.net/en/projects/thepalestinepapers/201218232838359587.html; "The Palestinian Refugees," 5 de agosto de 2009, http://transparency.aljazeera.net/files/4758.pdf; "NSU Outline of Refugees Issues," s/data, http://transparency.aljazeera.net/en/projects/thepalestinepapers/201218231832796687.html.

73 "The Palestinian Refugees," 5 de Agosto de 2009; "Talking Points for Meeting with Tal Becker Regarding Recognition of Refugees' Rights," 26 de março de 2008; "The Palestinian Proposal for Resolving the Palestinian Refugee Issue: The International Mechanism," abril de 2008, http://transparency.aljazeera.net/en/projects/thepalestinepapers/201218232232781830.html.

74 "Israel's Capacity to Absorb Palestinian Refugees," s/data, http://transparency.aljazeera.net/en/projects/thepalestinepapers/201218 23352531559.html.

75 Ibid.

76 "Terms of Reference: Israel's Capacity to Absorb Palestinian Refugees," 2 de abril de 2008, http://transparency.aljazeera.net/en/projects/thepalestinepapers/20121823209796387.html.

77 "Israel's Capacity to Absorb Palestinian Refugees," 28 de julho de 2008, http:// transparency.aljazeera.net/en/projects/thepalestinepapers/2012182 3352531559.html.

78 "Palestinian Talking Points Regarding Israeli Proposal," setembro de 2008, http://transparency.aljazeera.net/en/projects/thepalestinepapers/201218 203424421223.html.

79 "Note on Refugee Calculation," 19 de março de 2008, http://transparency.aljazeera.net/en/projects/thepalestinepapers/201218231912812894.html.

80 "Israel and Palestine Refugee Proposal," sem data, http://transparency.aljazeera.net/en /projects/thepalestinepapers/2012182321693412.html.

81 "Israel's Capacity to Absorb Palestinian Refugees," 28 de julho de 2008.

82 "NSU Memo Regarding Two States for Two Peoples," 3 de maio de 2009, http://transparency.aljazeera.net/en/projects /thepalestinepapers/201218205659671196.html.

83 "NSU Memo Regarding Talking Points on Recognition of Jewish State," 16 de novembro de 2007, http://transparency.aljazeera.net/en/projects/thepalestinepapers/201218238415476.html; "NSU Recommendations on Refugees Issues"; "NSU Memo Regarding Two States for Two Peoples," 3 de maio de 2009.

84 "NSU Memo Regarding Two States for Two Peoples," 3 de maio de 2009. Sobre o uso dessa fórmula, ver "Abbas: Two States 'Side by Side' Still Possible," *Jerusalem Post*, 25 de maio de 2013; Saeb Erekat, "What the PLO Has to Offer," *New York Times*, 1º de março de 2006.

85 "Talking Points for Meeting with Tal Becker Regarding Recognition of Refugees' Rights," 26 de março de 2008; "FAPS Based on Arab Peace Initiative," http://transparency.aljazeera.net/en/projects/thepalestinepapers/201218225348796889.html.

86 "Note on Refugee Calculation," 19 de março de 2008.

87 International Crisis Group, "Bringing Back the Palestinian Refugee Question," Report no. 156, 9 de outubro de 2014, https://www.refworld.org/pdfid/543787384.pdf.

88 Citado em Michael Slackman e Ethan Bronner, "Trapped by Gaza Blockade, Locked in Despair," *New York Times*, 14 de julho de 2010.

89 "Selfie Israel 2: The Palestinian Refugee Camps," televised report on Israel's Channel 10 [em hebraico], http://docu.nana10.co.il/Article/?ArticleID=1120035.

"Conclusão: Seguindo em frente"

1 "UNRWA in Figures 2018–2019," UNRWA website, https://www.unrwa.org/resources/about-unrwa/unrwa-figures-2018-2019.

2 Há uma abundante pesquisa palestina sobre como o retorno realmente será realizado. Ver, por exemplo, Salman H. Abu-Sitta, "The Feasibility of the Right of Return," ICJ e CIMEL artigo, junho de 1997; Salman H. Abu-Sitta, "The Implementation of the Right of Return," *Palestine-Israel Journal* 15, no. 4 (2008): 23-30; "Putting the Right of Return into Practice," Badil Resource Center, http://www.badil.org/phocadownloadpap/Badil_docs/publications/tools/practicalities-of-return-en-brochure.pdf; "Exhibition Explores Implementing Right of Return," *Electronic Intifada*, https://electronicintifada.net/content/exhibition-explores-implementing-right-return/10507#.TqZY0HUSzeJ.facebook.

3 Outro modelo frequentemente citado, a Iniciativa de Genebra de 2003, também não impede o retorno de refugiados para o Estado de Israel. Ela reconhece a Resolução 194 como a base para resolver a questão do refugiado, reconhecendo, assim, efetivamente o direito de retorno, ao mesmo tempo que separa a questão da implementação. Após duras críticas palestinas, Jamal Zaqt, um dos elaboradores árabes do acordo, afirmou que a seção sobre a questão dos refugiados tem "certa ambiguidade" e que o documento não renuncia o direito de retorno. Ver "The Geneva Accord - A Model Israeli-Palestinian Peace Agreement," http://www.geneva-accord.org/mainmenu/english. Ver também "Increased Palestinian Adherence to Right of Return Following the Geneva Initiative," MEMRI Special Dispatch no. 634, 26 de dezembro de 2003.

4 "Televised address given by Willy Brandt (7 December 1970)," Press and Information Office of the Federal Government, https://www.cvce.eu/content/publication/2002/5/22/01e80eb8-8929-4bc2-aa07-83c18e010c0c/publishable_en.pdf.

5   Para uma abrangente análise jurídica, ver Kent, "Evaluating the Palestinians' Claimed Right of Return," 149-275.
6   Ibid., 179.
7   "Convention and Protocol Relating to the Status of Refugees," UNHCR website, https://www.unhcr.org/en-us/3b66c2aa10.
8   Kent, "Evaluating the Palestinians' Claimed Right of Return," 195.
9   Ibid., 178.
10 Ibid., 198.
11 Universal Declaration of Human Rights, General Assembly Resolution 217 (III), A/RES/217(III), 10 de dezembro de 1948.
12 Kent, "Evaluating the Palestinians' Claimed Right of Return," 196, 209-210.
13 Security Council Resolution 2334 (2016) from December 23, 2016, S/RES/2334 (2016), https://www.un.org/webcast/pdfs/SRES2334-2016.pdf.
14 Gershon Baskin, *In Pursuit of Peace in Israel and Palestine* (Nashville, TN: Vanderbilt University Press, 2017), 266-270.
15 "The Palestinian Refugees," PLO Presentation from August 2009, Palestine Papers, http://transparency.aljazeera.net/files/4758.pdf.
16 "Palestine Refugees," UNRWA website, https://www.unrwa.org/palestine-refugees.
17 Mohamed Hadid, o incorporador imobiliário bilionário de Los Angeles e pai das supermodelos Gigi e Bella Hadid, colocou no Instagram, em dezembro de 2015 (Instagram @mohamedhadid), uma foto de sua família, na qual ele está com cerca de 18 meses de idade, e que serviu para seu cartão de refugiado palestino. Ver também "Mohamed Hadid Calls Trump's Jerusalem Move 'Saddest Day' of His Life," *Huffington Post*, 6 de dezembro de 2017, https://www.huffpost.com/entry/mohamed-hadid-jerusalem-trump_n_5a284a36e4b03ece02ffc3da.
18 "Palestine Refugees," UNRWA website, https://www.unrwa.org/palestine-refugees.
19 "Procedural Standards for Refugee Status Determination under UN- HCR's Mandate," https://www.refworld.org/pdfid/577e17944.pdf; ver também "Legal and Protection Policy Research Series: The 'Essential Right' to Family Unity of Refugees and Others in Need of International Protection in the Context of Family Reunification," https://www.unhcr.org/5a8c413a7.pdf.
20 "Convention and Protocol Relating to the Status of Refugees," Geneva, July 28, 1951, as amended by the Protocol Relating to the Status of Refugees, New York, 31 de janeiro de 1967, art 1C(3), https://www.unhcr.org/3b66c2aa10.
21 Åge A. Tiltnes and Huafeng Zhang, "Progress, Challenges, Diversity: Insights Into the Socio-economic Conditions of Palestinian Refugees in Jordan," *Fafo report*, 2013, no. 42, https://www.unrwa.org/sites/default/files/insights_into_the_socio-economic_conditions_of_palestinian_refugees_in_jordan.pdf.
22 "Convention and Protocol Relating to the Status of Refugees," Geneva, July 28, 1951, as amended by the Protocol Relating to the Status of Refugees, New York, 31 de janeiro de 1967, art 1A(2), https://www.unhcr.org/3b66c2aa10; UNHCR, Cessation of Refugee protection, https://www.unhcr.org/419dbce54.pdf.
23 "UNRWA in Figures 2018-2019," UNRWA website, https://www.unrwa.org/resources/about-unrwa/unrwa-figures-2018-2019.
24 Gideon Levy, "A Stuttering Response to a Palestinian Refugee," *Haaretz*, 4 de fevereiro de 2018.
25 "UNRWA in Figures 2018–2019," UNRWA website, https://www.unrwa.org/resources/about-unrwa/unrwa-figures-2018-2019.
26 Elise Harris, "Schedule for Pope's Holy Land Visit Released," *Catholic News Agency*, 27 de março de 2014.
27 Amira Hass, "Lebanon Census Finds Number of Palestinian Refugees Only a Third of Official U.N. Data," *Haaretz*, 25 de dezembro de 2017.
28 "Figures at a Glance," UNHCR website, https://www.unhcr.org/figures-at-a-glance.

[29] "UN Palestinian Refugee Agency 'Part of the Problem': Swiss Foreign Minister," *The Local*, 17 de maio de 2018, https://www.thelocal.ch/20180517/un-palestinian-refugee-agency-part-of-the-problem-swiss-foreign-minister.

[30] "Solutions," UNHCR website, https://www.unhcr.org/solutions.html.

[31] "How We Are Funded," UNRWA website, https://www.unrwa.org/how-you-can-help/how-we-are-funded.

[32] "Donor Charts," UNRWA website, https://www.unrwa.org/how-you-can-help/government-partners/funding-trends/donor-charts.

[33] Citado em International Crisis Group, "Bringing Back the Palestinian Refugee Question." Report 156, 9 de outubro de 2014, https://www.crisisgroup.org/middle-east-north-africa/eastern-mediterranean/israelpalestine/bringing-back-palestinian-refugee-question.

[34] "Working at UNRWA," UNRWA website, https://www.unrwa.org/careers/working-unrwa.

[35] "Figures at a Glance," UNHCR website, https://www.unhcr.org/figures-at-a-glance. https://www.unhcr.org/figures-at-a-glance.html.

[36] "Palestinians Respond with Outrage to 'Blackmail' Threat from Donald Trump and Nikki Haley," *Independent*, 3 de janeiro de 2018, https://www.independent.co.uk/news/world/americas/us-politics/us-palestine-refugees-un-agency-funding-nikki-haley-ambassa-dor-a8139981.html.

[37] Donald Trump, Twitter post, 2 de janeiro de 2018, https://twitter.com/realDonaldTrump/status/948322496591384576.

[38] "On US Assistance to UNRWA," State Department Press Statement, 31 de agosto de 2018, https://www.state.gov/r/pa/prs/ps/2018/08/285648.htm.

[39] Ibid.

[40] "Hamas Terror Tunnels—Built with Gazans' Stolen Money," Cogat, 18 de maio de 2017, http://www.cogat.mod.gov.il/en/Our_Activities/Pages/Hamas-Terror-Tunnels-18.5.17.aspx; "Cement for Rebuilding Gaza Diverted to Terror Tunnels," Times of Israel, 19 de dezembro de 2014, http://www.timesofisrael.com/cement-for-rebuilding-gaza-diverted-to-attack-tunnels/?fb_comment_id=831375633586844_831749573549450; "After Hamas Debacle—A Way Forward for the People of Gaza," *Forbes*, 12 de agosto de 2014, https://www.forbes.com/sites/realspin/2014/08/12/after-hamas-debacle-a-way-forward-for-the-people-of-gaza/#484ffb7c5314.

[41] Ver Tiltnes e Zhang, "Progress, Challenges, Diversity."

[42] Relatório financeiro e declarações financeiras auditadas para o ano finalizado em 31 de dezembro de 2017, da Agência das Nações Unidas de Assistência aos Refugiados da Palestina do Oriente Próximo, 31 de dezembro de 2017, e Report of the Board of Auditors, New York, United Nations, 2018, General Assembly Official Records Seventy-third Session supplement no. 5D, A/73/5/Add.4, p. 161, https://www.unrwa.org/sites/default/files/content/resources/financial_report_and_audited_financial_statements_2017.pdf.

[43] Resolution No. 260 of 1956, citada em Anaheed Al-Hardan, "The Right of Return Movement in Syria: Building a Culture of Return, Mobilizing Memories for the Return," *Journal of Palestine Studies* 41, no. 2 (inverno, 2012): 62; ver também Laurie Brand, "Palestinians in Syria: The Politics of Integration," *Middle East Journal* 42, no. 4 (outono, 1988): 621.

[44] Hass, "Lebanon Census."

[45] "Resettlement of Bhutanese Refugees Surpasses 100,000 Mark," UN-HCR, 19 de novembro de 2015, https://www.unhcr.org/news/latest/2015/11/564dded46/resettlement-bhu-tanese-refugees-surpasses-100000-mark.html.

[46] "Bhutanese Refugees in Nepal Frustrated by Lack of Progress," https://www.unhcr.org/en-us/news/latest/2005/7/42d6642f4/bhutanese-refugees-nepal-frustrated-lack-progress.html.

Os autores

Adi Schwartz é jornalista, pesquisador e escritor. Estudou História Europeia na Universidade de Tel Aviv e possui mestrado em Ciência Política pela Universidade de Bar-Ilan, também em Israel. Seu trabalho se concentra em assuntos relacionados ao conflito árabe-israelense, na história de Israel e em temas atuais.

Einat Wilf é PhD em Ciência Política pela Universidade de Cambridge e uma das mais importantes intelectuais públicas de Israel. Foi membro do Parlamento israelense entre 2010-2013, pelo Partido Independência e pelo Partido Trabalhista, e atuou como assessora de política externa de Shimon Peres. Publicou outros seis livros que tratam de questões centrais para a sociedade israelense.

GRÁFICA PAYM
Tel. [11] 4392-3344
paym@graficapaym.com.br